ART ESSENTIALS

FOTOGRAFIE

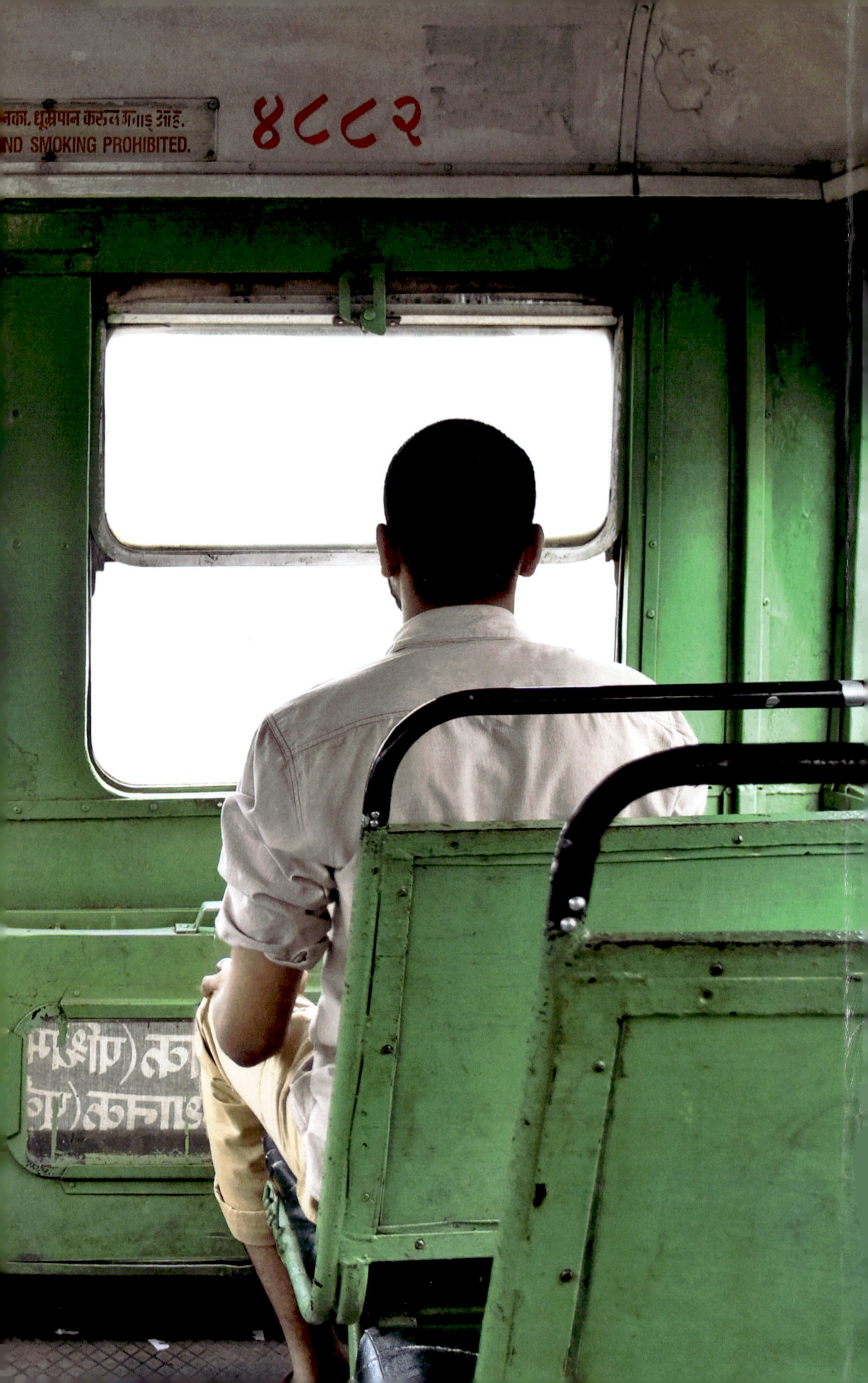
ND SMOKING PROHIBITED.
४८८२

ART ESSENTIALS

FOTOGRAFIE

—

DAVID BATE

—

INHALT

EINFÜHRUNG

Die Fotografie wird häufig als »demokratische« Kunst bezeichnet, denn so ziemlich jeder kann diese Technologie nutzen. Es wurden sogar schon Kameras an Tiere gegeben, um zu sehen, ob sie gute Bilder machen können (das gelingt ihnen normalerweise nicht). Wenn heute jeder eine Kamera in seinem Smartphone oder Computer hat, macht das dann jeden zum Fotografen? Wird er dadurch auch zum Künstler? Sicherlich gibt es heute viel mehr Fotos, die ständig auf fast allen Social-Media-Plattformen geteilt und von einem ebenso ununterbrochenen Strom von Worten begleitet werden. Eines der erstaunlichsten Dinge an der Fotografie ist jedoch, dass Bilder, die bei ein und demselben Ereignis von verschiedenen Personen aufgenommen wurden, immer anders aussehen, manchmal sogar bemerkenswert anders. Dieser Unterschied sollte mit der weitverbreiteten Vorstellung aufräumen, dass die Erfindung der Fotografie als »mechanische Kunst« im 19. und ihre anschließende Entwicklung zu einer elektronischen »digitalen Kunst« im 21. Jahrhundert zu weniger Originalität bei der Herstellung von Bildern im Allgemeinen und der Kunst im Besonderen geführt haben.

Die »Demokratisierung« der Fotografie hat alle möglichen unerwarteten Bilder hervorgebracht. Menschen fotografieren Menschen aus vielen verschiedenen Gründen, und es geht nicht explizit darum, »Kunst zu machen«. Dieses Buch zeigt, dass es eine Geschichte für solche Praktiken gibt und dass nicht jeder in der Geschichte der Fotografie darauf aus war, berühmt zu werden oder Künstler zu sein. In der Tat sind das Interessante an der Geschichte der Fotografie ihre unterschiedlichen Aufnahmetechniken, ihre Vielfalt an Formen und Anwendungen. Dieses Buch erkundet einige der besten Arbeiten von berühmten Meistern der Fotografie. Andere sind nicht so bekannt und werden häufig übersehen, obwohl ihre Leistungen zu ihrer Zeit legendär waren. Wie so oft ist die Auswahl hier sehr speziell, soll auf verschiedene Geschichten und Tendenzen hinweisen und etwas von der Vielfalt der großen und illustren, aber immer noch kurzen Geschichte der Fotografie zeigen. Die 1839 erfundene Fotografie ist noch nicht am Ende ihres zweiten Jahrhunderts angelangt, aber in dieser Zeit hat sie sicherlich zu den grundlegendsten Veränderungen im kulturellen Leben beigetragen.

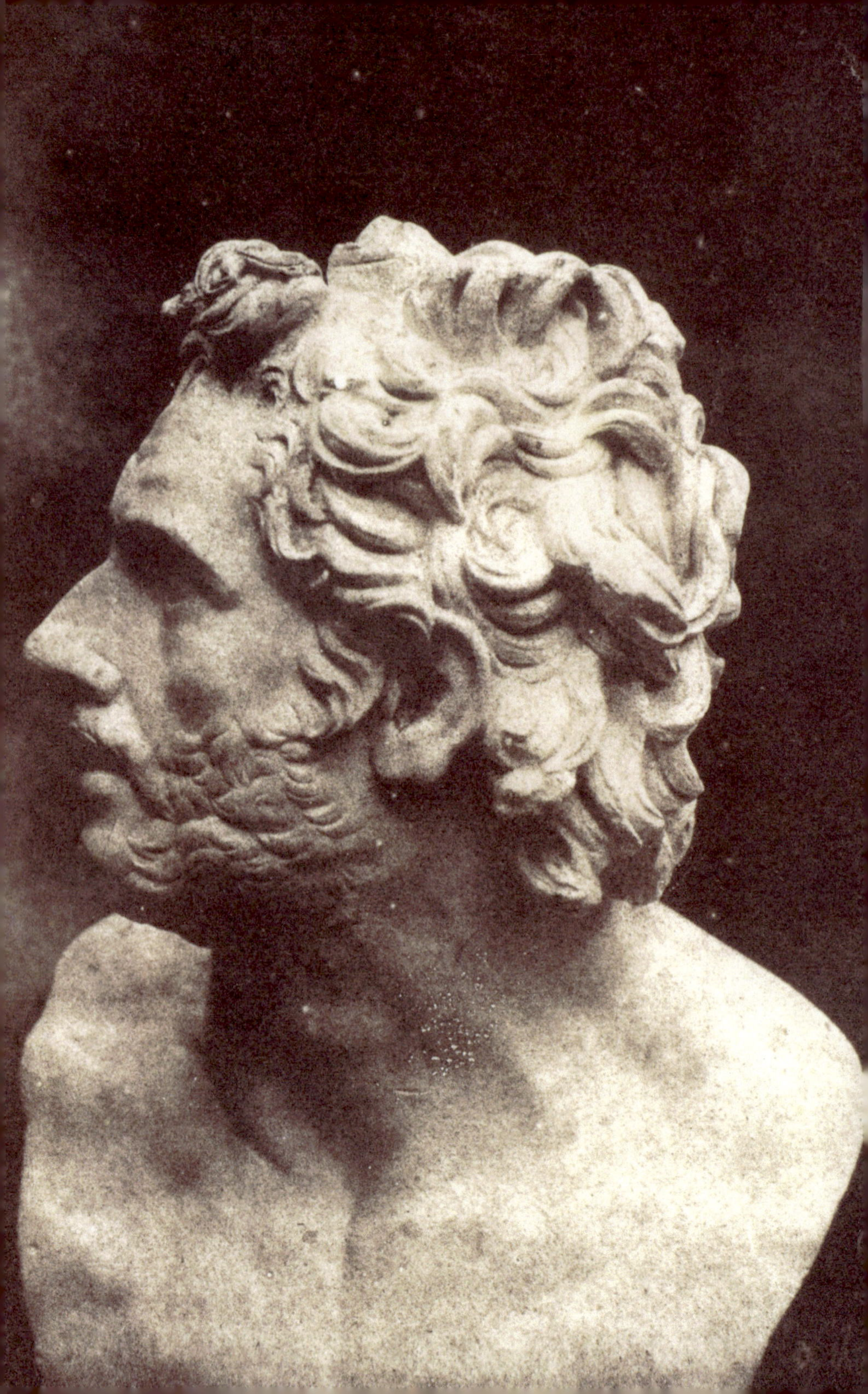

NEUE KUNST: PIONIERE 1822–1900

-

Die Pioniere der Fotografie gingen dorthin, wo niemand zuvor gewesen war, und änderten unsere Sehgewohnheiten für immer.

-

Die Erfindung der Fotografie war Teil einer Welle massiver Veränderungen der Gesellschaft am Anfang des 19. Jahrhunderts. Die Fotografie wurde in der industriellen Revolution zu einer wesentlichen Technologie, da sie als Möglichkeit erkannt wurde, den Vorgang des Sehens zu automatisieren. Genau wie Maschinen die Produktion von Textilien übernahmen, erlaubte die Fotografie die mechanische Reproduktion von Bildern. Die »Pioniere« der Fotografie waren diejenigen, die diese nicht nur als Technologie entwickelt hatten, sondern sie auch einsetzten, um die Gesellschaft voranzubringen. Die ersten Fotografen mussten Chemiker sein, die in der Lage waren, die Chemikalien zu berechnen, Belichtungszeiten zu messen und Lichtverhältnisse zu beurteilen und kompositorische Fragen zu lösen. Was machte dieses neue »Medium«, wie konnte es verbessert und, vor allem, wofür konnte es eingesetzt werden und wieso?

All diese Pioniere entwickelten und transformierten die Fotografie auf ganz unterschiedliche Weisen und hatten außerdem Einfluss auf die vorhandenen Vorstellungen von Kunst und Kultur. Mit der Fotografie kam nicht einfach nur eine neue künstlerische Praxis in diese Welt, sie verwandelte auch die Einstellungen und Beziehungen zu den bestehenden: Malerei, Zeichnen, Theater und Bücher. Zum allerersten Mal konnten »akkurate« Bilder, die mithilfe des fotografischen Prozesses erzeugt worden waren, in Bücher und Portfolios aufgenommen werden und mit der Miniaturmalerei konkurrieren. Die Fotografie veränderte im wahrsten Sinne des Wortes die Art und Weise, wie wir die Welt sehen.

WICHTIGE FRAGEN

- Wieso wurde die Fotografie erfunden?
- Wie unterscheidet sich die Fotografie von der Malerei und wofür kann sie verwendet werden?

LITERATUREMPFEHLUNGEN

- Mary Warner Marien, *Photography: A Cultural History* (2nd edn), London: Laurence King Publishing, 2006
- Karen Hellman (Hrsg.), *Real/Ideal: Photography in Mid-Nineteenth Century France*, Los Angeles: Getty Publications, 2016

JOSEPH NICÉPHORE NIÉPCE UND LOUIS-JACQUES-MANDÉ DAGUERRE

Frankreich, 1765–1833 & 1787–1851

ERFINDER DER ERSTEN FOTOGRAFISCHEN TECHNIKEN

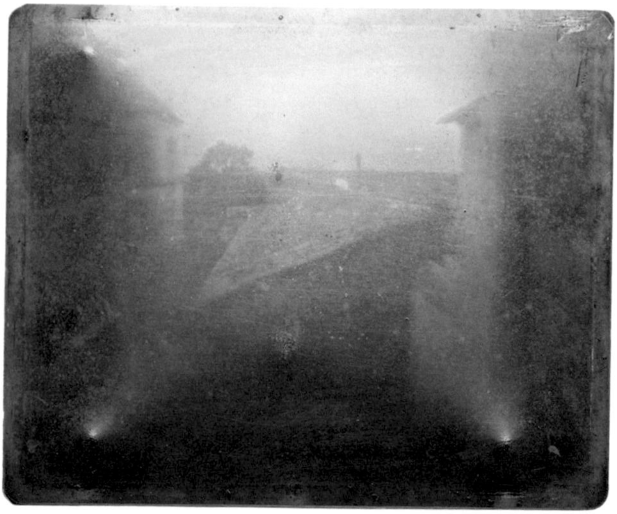

Joseph Nicéphore Niépce
Blick aus dem Fenster in Le Gras, 1826

Dies ist das erste bekannte Bild, das mit einer Camera obscura erzeugt und mithilfe eines fotografischen Prozesses festgehalten worden ist. Das Objekt hat ein schweres Leben hinter sich, ist von der Zeit gezeichnet und arg mitgenommen (beachten Sie die zwei Beulen am unteren Bildrand). Dennoch bewahrt es einen Eindruck von den faszinierenden Fähigkeiten des fotografischen Verfahrens, eine Illusion der Realität zu erzeugen.

Joseph Nicéphore Niépce war ein französischer Wissenschaftler und Erfinder (er erfand einen Verbrennungsmotor) und der erste Mensch, dem es gelang, ein mit Licht erzeugtes Kamerabild *permanent* festzuhalten. Er nutzte eine Mischung aus Chemikalien auf Zinn, später Glas und bezeichnete diesen Vorgang als Heliografie (Sonnenmalerei). Zudem erfand er ein Verfahren zum Reproduzieren des Bildes, die er 1827 der Royal Society in London vorstellte.

Ab 1829 arbeitete er mit dem Pariser Maler und Schausteller Louis-Jacques-Mandé Daguerre an der Weiterentwicklung des Prozesses. Nach Niépces plötzlichem Tod im Jahre 1833 setzte Daguerre die Arbeit fort und konnte die nötige Belichtungszeit von acht Stunden auf 20–30 Minuten verringern. Daguerre nannte den überarbeiteten Prozess nach sich selbst »Daguerreotypie« und verkaufte die Erfindung 1839 an den französischen Staat. Dieses Jahr gilt gemeinhin als Geburtsjahr der Fotografie. Binnen Jahresfrist breitete sich die Daguerreotypie auf der Welt aus. Im selben Jahr verkündete William Henry Fox Talbot, ein englischer Linguist und Wissenschaftler, seine Erfindung eines Negativ/Positiv-Verfahrens, für das Sir David Brewster die Bezeichnung Talbotypie prägte.

Für die unterschiedlichen Namen und Prozesse wurde in den 1840er-Jahren der Begriff »Fotografie« gebildet, abgeleitet von den griechischen Wörtern »photos« (Licht) und »graphein« (zeichnen).

Die beiden Verfahren, die von Daguerre und Fox Talbot erfunden worden waren, nutzten Silberverbindungen. Beide wurden im Laufe des 19. Jahrhunderts von anderen verbessert und weiterentwickelt. Schließlich wurde sowohl die Positiv- als auch die Negativtechnologie auf Zelluloid übertragen und bildete die Grundlage für die massentaugliche Filmfotografie des 20. Jahrhunderts. Die Beliebtheit der filmbasierten Fotografie nahm einen Abschwung, als in den 1980er-Jahren die elektronische Bilderfassung entwickelt wurde und die chemische Bildverarbeitung gegen Ende des 20. Jahrhunderts durch die »digitale« Bildverarbeitung ersetzt wurde. Smartphones und Internet beschleunigten den Niedergang der Filmfotografie. Heute besitzen viele der früheren Verfahren einen ganz eigenen Charme und werden oft von Künstlern in der zeitgenössischen Kunstfotografie wiederbelebt.

Nur wenige von Niépces Bildern haben überlebt. Die bekanntesten sind ein Blick aus seinem Fenster und eine Stillleben-Komposition. Daguerre war bereits ein erfolgreicher Maler in Paris, doch dies wird heute durch seine Erfindung der Daguerreotypie überschattet.

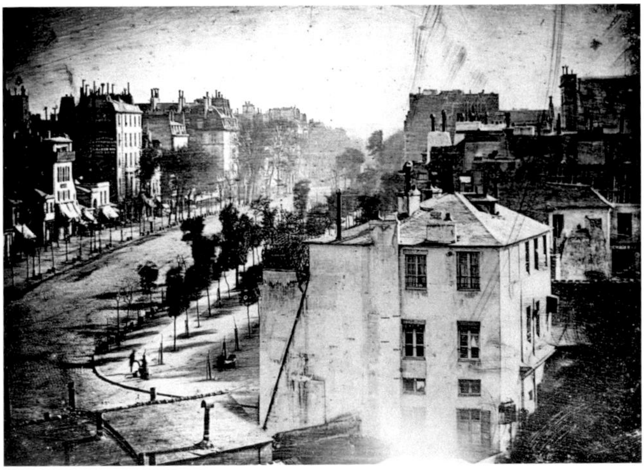

Louis-Jacques-Mandé Daguerre
Boulevard du temple, 1839

Daguerres Foto des Boulevard du temple in Paris aus dem Jahre 1839 ist die erste Fotografie, die das Vorhandensein von Menschen andeutet – hier als Spur eines Mannes, der sich die Schuhe putzen lässt, was offensichtlich lange genug gedauert hat, um seine Silhouette im Bild festzuhalten (wenigstens zehn Minuten). Diese interessante Tatsache sollte nicht den innovativen Blickwinkel des Bildes überschatten. Der Blick eine Straße hinunter war auch in der impressionistischen Malerei zu finden.

ANNA ATKINS

Großbritannien, 1799–1871

ERSTES SELBST HERAUSGEGEBENES FOTOBUCH
UND VERFECHTERIN DES CYANOTYPIE-VERFAHRENS

Anna Atkins ist eine der Pionierinnen der Fotografie. Sie war eine der ersten Fotografinnen in der Geschichte und veröffentlichte eines der ersten Bücher mit fotografischen Bildern. Es handelte sich dabei um Cyanotypien, die ohne Hilfe einer Kamera hergestellt werden – diese Art von Bildern wird auch als *Fotogramm* bezeichnet. Ein Fotogramm entsteht, indem man Objekte direkt auf eine lichtempfindliche Oberfläche (die auf Papier, Glas oder einen anderen Untergrund aufgebracht ist) platziert und dem Licht aussetzt. Der Schatten des Objekts fällt direkt auf die chemische Oberfläche und hinterlässt (nach dem chemischen Entwickeln und Fixieren) ein eingeprägtes Bild des Objekts.

Atkins' ursprüngliche Inspiration für die Bilder war die Tatsache, dass Details winziger Meeresalgen in Zeichnungen schwer zu erkennen waren. Obwohl ihre eigenen Motive wissenschaftlicher Natur waren, die die Unterschiede zwischen botanischen Proben zeigen sollten, werden ihre Fotografien heute vor allem wegen ihres ästhetischen Wertes geschätzt. Cyanotypien haben eine schöne bläuliche Farbe. In der Einleitung ihres Buches beschrieb sie die Herstellung der Cyanotypien als »wunderschönen Vorgang«, der auf die Erfindung ihres Freundes Sir John Herschel (im Jahre 1842) zurückging. *Photographs of British Algae: Cyanotype Impressions*, zwischen 1843 und 1853 in mehreren Bänden veröffentlicht, ist ein beeindruckendes Werk. Heute gilt Atkins als Inspiration für viele Künstler, die wieder mit Cyanotypien oder anderen alten oder sogar neuen kameralosen Verfahren arbeiten.

Atkins lebte und arbeitete in Kent und vermachte ihre Algen- und Pflanzensammlung 1865 dem British Museum. Sie starb 1871.

Anna Atkins
Cystoseira foeniculacea,
1843

Atkins' Cyanotypie-Drucke sind ganz bezaubernd und können sowohl wegen ihres dekorativen Wertes als auch wegen ihres ursprünglichen botanischen Zwecks genossen werden, als Dokumentation der Meeresalgen, die rund um die britischen Inseln zu finden sind.

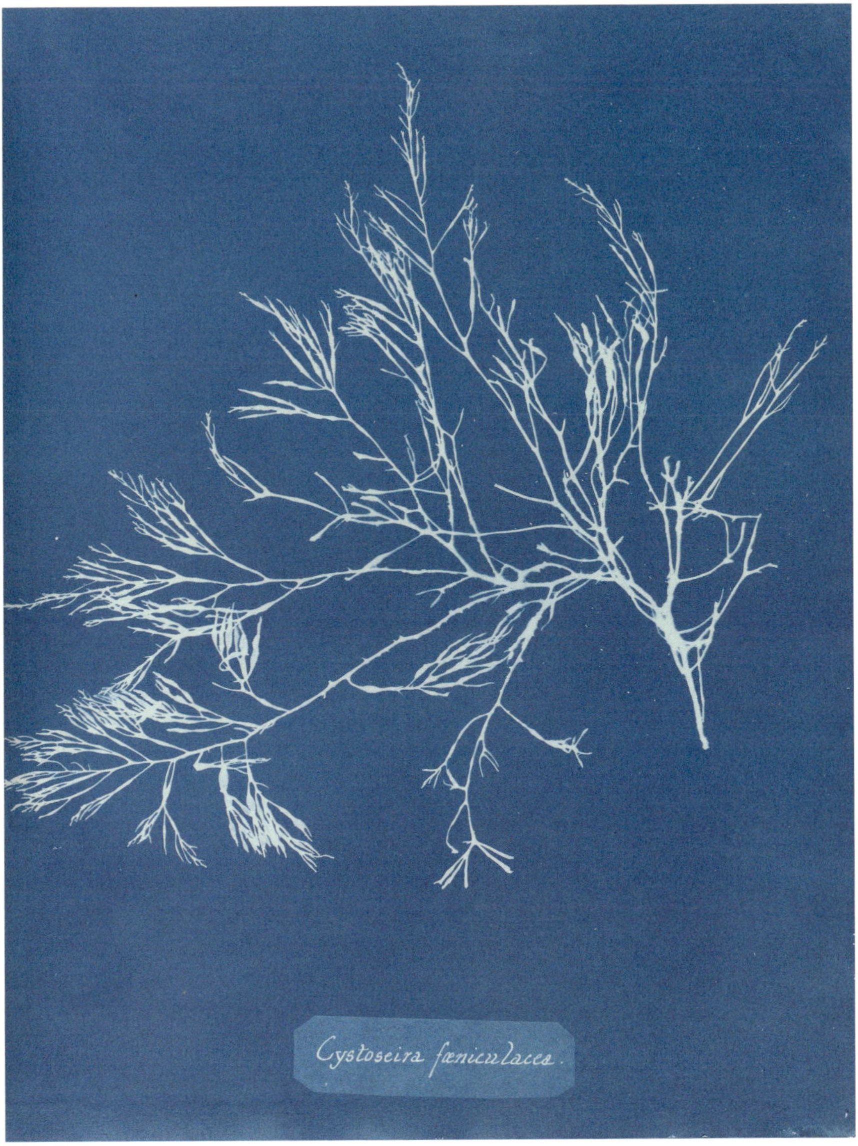
Cystoseira fœniculacea.

WILLIAM HENRY FOX TALBOT

Großbritannien, 1800–1877

ERFINDER DES NEGATIV-/POSITIV-KALOTYPIE-VERFAHRENS

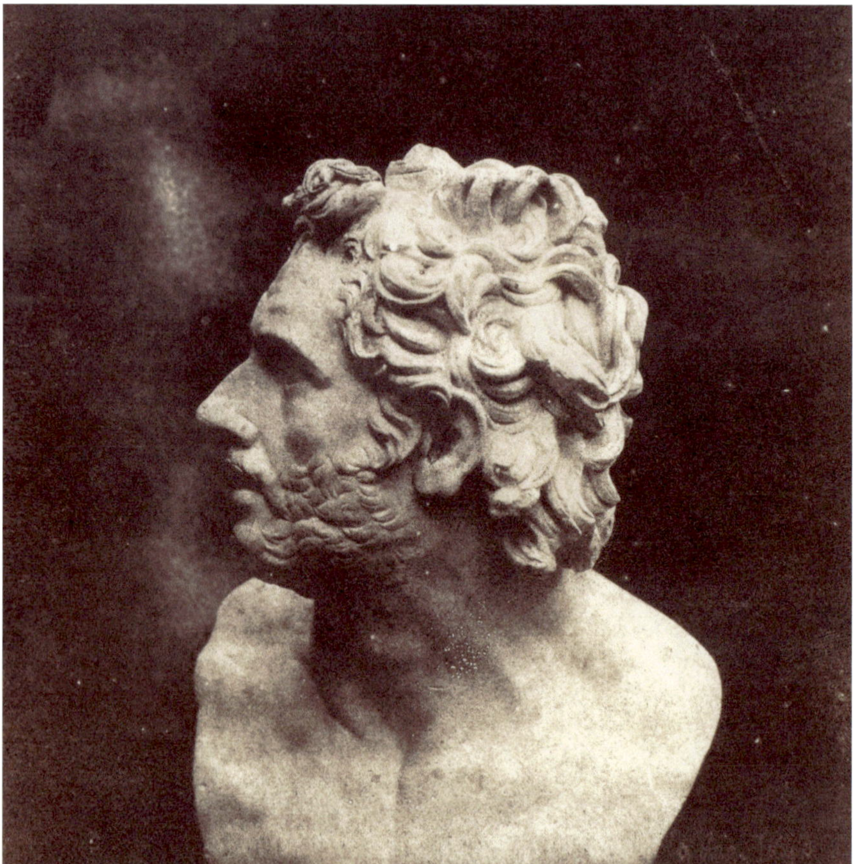

William Henry Fox Talbot
Büste des Patroklos,
9. August 1843

Fox Talbot fotografierte die Büste des Patroklos viele Male. Wir könnten uns vorstellen, dass sein Interesse am Kopf dieses mythischen griechischen Kriegers nicht nur der Skulptur an sich gilt, sondern auch der bedeutsamen kulturellen Figur, deren Kopf in dieser Fotografie »zum Leben« erweckt wird.

Obwohl Fox Talbots Interessen vor allem in alter Geschichte, Linguistik und den Naturwissenschaften lagen, ist es erstaunlich, dass das Spektrum seiner Fotografien so weit über diese Disziplinen hinausgeht, ohne sie je ganz hinter sich zu lassen. In seinem berühmten Fotobuch *The Pencil of Nature* (1844–46) wird jedes Bild von einem Text begleitet, der die Vorzüge und Möglichkeiten der Fotografie für alle vorstellbaren Einsatzgebiete und Anwendungen, einschließlich der Kunst, diskutiert. Historiker und Kunstkritiker sind sich bei vielen der Bilder immer wieder uneins darüber, ob Talbots Intentionen wissenschaftlicher oder künstlerischer Art waren. Dabei ist die Diskussion müßig, da der Akt des Herstellens eines fotografischen Bildes zu dieser Zeit eine Vielzahl von Fähigkeiten verlangte. Um ein erfolgreicher »Fotograf« zu sein, musste man Chemiker (zum Mischen der Chemikalien und Entwickeln des Bildes), Optiker (zum Fokussieren der Linse), Mathematiker (zum Berechnen der Linse und der Belichtungszeit) und Regisseur (zum Einrichten des Blickpunkts und des Motivs) sein.

Fox Talbots Bilder zeigen eine erstaunliche Vielfalt von Interessen und Motiven und reichen von »Stillleben« mit Früchten über Landschaften, der Szene in einer Bibliothek bis zum gedeckten Teetisch und Menschen in sozialen oder Arbeitsumgebungen. Ganz eindeutig ist Fox Talbots Interesse an Linguistik (er hatte Bücher dazu veröffentlicht), Antike und wissenschaftlichen Erkenntnissen untrennbar mit der Leidenschaft verbunden, diese in Fotografien darzustellen.

Die Tatsache, dass Fox Talbot das Negativ-/Positiv-System erfunden hat, durch das man aus einem Negativ mehrere Abzüge herstellen konnte, zeigt sein Interesse an den Möglichkeiten, alle Dinge als fotografisches Bild zu reproduzieren. Als leidenschaftlicher Archäologe war er der Erste, der die Fotografie als Mittel erkannte, Artefakte aus der Vergangenheit festzuhalten. Mehr als einmal fotografierte er die *Büste des Patroklos*, um den Krieger der griechischen Mythologie aus unterschiedlichen Blickwinkeln zu zeigen. Außerdem sah er die Fotografie als eine Form des Sammelns, mit der man den flüchtigen Eindruck von Erlebnissen als fotografisches Bild bewahren konnte, ohne sie sich merken zu müssen.

Fox Talbots frühere Arbeiten in Mathematik, Optik und Chemie zahlten sich in seinen Erfindungen aus, auch wenn er kaum finanzielle Vorteile aus ihnen zog. Er hielt anders als Daguerre an dem Patent für sein Verfahren fest (dieser verkaufte es an den französischen Staat, der es kostenlos der Allgemeinheit überließ), sodass potenzielle Benutzer direkt eine Erlaubnis von ihm erwirken mussten.

AUGUSTUS WASHINGTON
USA, 1820–1875
FRÜHER AFROAMERIKANISCHER PORTRÄTFOTOGRAF

Augustus Washington, geboren in New Jersey, war einer der ersten afroamerikanischen Fotografen. Der Sohn eines Sklaven lernte als Student am Dartmouth College im Jahre 1841 das Daguerreotypie-Verfahren kennen. Ende 1846 eröffnete Washington mit 26 Jahren sein eigenes Daguerreotypie-Porträtatelier in Hartford, Connecticut. Fotoateliers waren zu dieser Zeit ein blühendes Geschäft. Washington verdiente seinen Unterhalt mit Porträts von Einzelpersonen, Würdenträgern und Familiengruppen verschiedener Klassen und Kulturen. Die meisten Studios boten einen Komplettservice mit Bildern in Rahmen, Medaillons oder Armbändern. Während dieser Zeit fotografierter er John Brown, einen der berühmtesten amerikanischen Gegner der Sklaverei. Brown war 1859 der Erste, der in den USA wegen Verrats gehängt wurde – gemeinsam mit seinen Mitstreitern nach einem gescheiterten Überfall auf ein Waffenarsenal der Armee und dem Versuch, in Virginia einen Aufstand gegen die Sklaverei anzuzetteln. Das Ereignis lenkte die Aufmerksamkeit der ganzen Nation auf die Frage der Sklaverei und den Widerstand dagegen und wurde in dem bekannten Marsch *John Brown's Body* verewigt. Oft gilt es sogar als Auslöser des amerikanischen Bürgerkriegs.

Nach sechs Jahren siedelte Washington 1852 mit seiner Familie nach Westafrika über, um sich den anderen freien Afroamerikanern anzuschließen, die in einem neu gegründeten Staat ein neues Leben beginnen wollten: der Republik Liberia. Er wurde ein bekannter Bürger, eröffnete ein Fotoatelier in der Hauptstadt Monrovia und war später Landbesitzer und Zuckerrohrfarmer.

Augustus Washington
John Brown, 1846–47

Das Porträt von John Brown in einer Passepartout zeigt die typische Präsentation eines Daguerreotypie-Porträts zu dieser Zeit. Es überrascht nicht, dass John Brown sein Porträt vom Sohn eines Sklaven aufnehmen ließ. Obwohl diese Porträtfotografie oft in historischen Dokumentationen über John Brown verwendet wird, wird nur selten erwähnt, dass der Fotograf der Afroamerikaner Augustus Washington war.

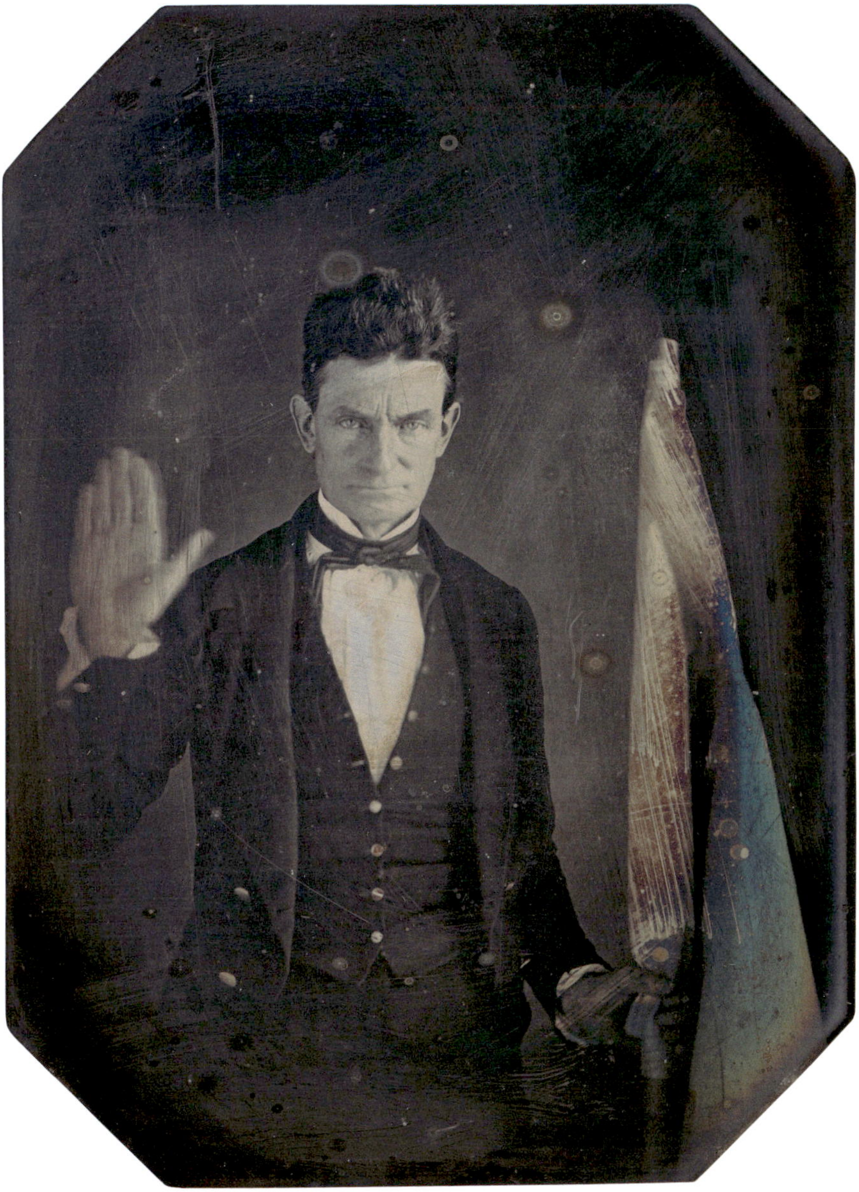

CHARLES H. FONTAYNE UND WILLIAM S. PORTER

USA, 1814–1858 & unbekannt

FOTOGRAFEN, DIE GEMEINSAM FRÜHE PANORAMA-FOTOGRAFIEN SCHUFEN

Daguerreotypie-Ansicht von Cincinnati, aufgenommen von Newport, Ky, entstand im September 1848 und zeigt einen erstaunlichen 3,2 Kilometer langen Streifen des Flussufers in einer detailreichen Panoramaansicht. Das Panorama setzt sich aus acht kompletten (6½ x 8½ Zoll) Platten-Daguerreotypien zusammen, die Abschnitt für Abschnitt den Fluss zeigen. Fontayne und Porter waren fasziniert von großräumigen Arbeiten, und dieses Interesse spiegelt sich im Thema des Panoramas wider, dem Flussufer.

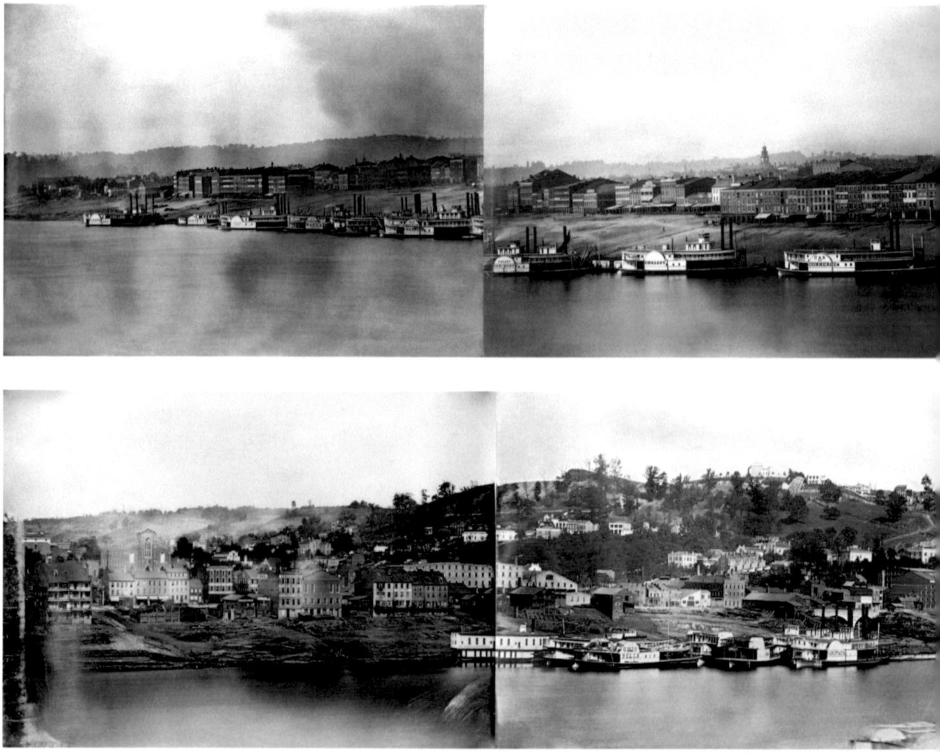

Die Entwicklung von Dampfschiffen und der Bau des Miami-Kanals trugen zum schnellen Wachstum der Stadt bei, wie das Panorama zeigt. Die geografischen Gegebenheiten des Flussufers ließen es für Panoramaaufnahmen geeignet erscheinen, die eine großartige Werbung für die Fotografen und die Stadt waren.

Die Stadt galt zu dieser Zeit außerdem als Treffpunkt zwischen Ost und West, da Dampfschiffe und Eisenbahnen verschiedene Teile des Landes miteinander verbanden, wie man am geschäftigen Uferbereich erkennen kann, wo Reisende und Abenteurer zusammenkamen. Als Stadt an der Grenze zwischen Sklavenhalter- und Nichtsklavenhalter-Staaten war sie eine Fluchtstation für entlaufene Sklaven, die auf der sogenannten Underground Railway nach Norden, sogar bis Kanada, unterwegs waren.

Heute streift man für ein Panorama einfach mit dem Smartphone über eine Landschaft. In den 1840ern dagegen, ohne moderne Technik, war eine solch weit gefasste Ansicht etwas Besonderes. Dieses Panorama war eines der Ausstellungsstücke der USA auf der 1. Weltausstellung im Crystal Palace 1851.

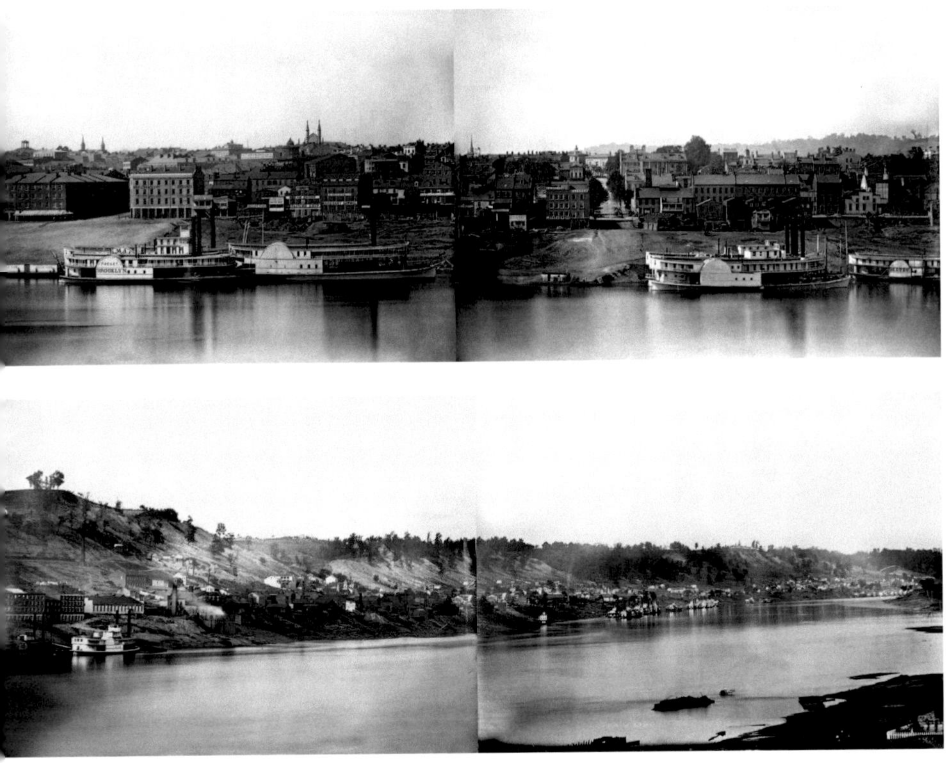

Charles H. Fontayne und William S. Porter
Daguerreotypie-Ansicht von Cincinnati, aufgenommen von Newport, Ky, 1848

Dies ist eines der frühesten Daguerreotypie-Panoramen. Diese zusammengesetzte Landschaft soll die erstaunliche Fähigkeit der Fotografie demonstrieren, den schnell wachsenden, neuen Ort am Ufer des Ohio zu zeigen. Cincinnati war die erste Stadt, die nach der Amerikanischen Revolution gegründet wurde.

DIE GREAT EXHIBITION
Crystal Palace, London, 1851
DIE ERSTE INTERNATIONALE FOTOGRAFIE-AUSSTELLUNG

Die Great Exhibition oder Industrieausstellung präsentierte alle neuen Technologien dieser Zeit, darunter natürlich auch die Fotografie. Es war ein entscheidender Augenblick: An einem Ort wurden Fotografien als wichtige neue Form des Bildes und viele verschiedene Anwendungen für Fotografien vorgestellt. Zu sehen waren etwa 700 Fotos aus den sich entwickelnden Industriestaaten. Man konnte die beiden wichtigsten Verfahren – Daguerreotypie und Talbotypie (Kalotypie) vergleichen. Die Ausstellung enthielt außerdem unterschiedliche Kameras und Objektive sowie neue Techniken, Prozesse und Ausrüstungen zum Aufnehmen von Fotos. Eine der großen Neuheiten waren die Stereokamera zum Herstellen von 3D-Bildern sowie Mikroskopbilder von Pflanzen und kleinen Tieren, die diese zum bequemeren Anschauen vergrößerten.

ANTOINE FRANÇOIS JEAN CLAUDET
FRANKREICH, 1797–1867

Antoine Claudet wurde in Frankreich geboren, lebte und arbeitete aber in London, wo er wegen des Lichts auf einem Dach ein Porträtstudio betrieb. Er verbesserte das Daguerreotypie-Verfahren und eröffnete noch weitere Studios in London.

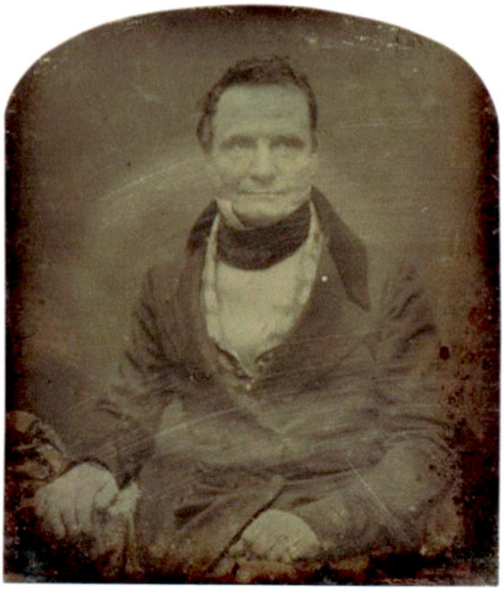

Antoine François Jean Claudet
Charles Babbage,
1847–51

Dieses Bild im Westentaschenformat ist ein Daguerreotypie-Porträt von Charles Babbage, dem Mathematiker und Erfinder der mechanischen Rechenmaschine.

Gustave Le Gray
Eichbaum und Felsen, Wald von Fontainebleau,
1849–52
25,2 x 35,7 cm

Der Wald von Fontainebleau südlich von Paris war ein beliebtes Ziel für Künstler. Le Gray lässt den Bäumen und Felsen in der Szenerie, die zusammen in einem Zustand sanfter Spannung dargestellt werden, eine »malerische« Behandlung angedeihen. Das gesprenkelte Licht, das durch die Blätter fällt, findet sein Echo im dunkel getönten Moos auf den Felsen: eine Allegorie der idealisierten Harmonie und Existenz zwischen Natur und Menschheit.

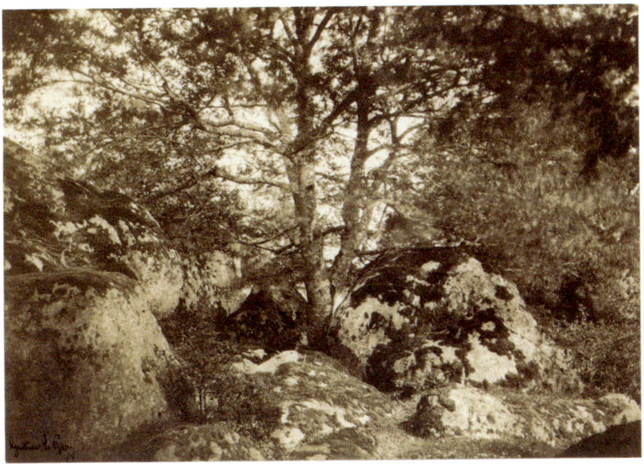

GUSTAVE LE GRAY

FRANKREICH, 1820–1884

Gustave Le Gray ist einer der großen frühen französischen Fotografen. Im selben Jahr, in dem seine Fotos in der Great Exhibition zu sehen waren (1851), erhielt Le Gray den Auftrag, als Teil der Mission héliographique historische Gebäude und Denkmäler in ganz Frankreich zu fotografieren (damals wurde die Fotografie oft noch nach Niépce als »Heliografie« bezeichnet). Das Projekt wollte die Fotografie als Mittel zum Aufbau eines historischen Bildarchivs Frankreichs nutzen.

Le Gray, der ursprünglich bei Paul Delaroche die Malerei erlernt hatte, entwickelte die Landschaftsfotografie, bildete später eine ganze Generation von Fotografen aus und war Mitbegründer der Heliografischen Gesellschaft, der ersten fotografischen Gesellschaft der Welt. Als Fotograf reiste er durch Europa, Syrien und den Nahen Osten, später lebte er in Kairo.

Le Gray ist berühmt für seine Landschaften, faszinierenden Seestücke und Porträts solch unterschiedlicher Würdenträger wie Garibaldi und Napoleon. Er entwickelte eine Version von Fox Talbots Negativ-/Positiv-Abzugsverfahren, das schärfere Ergebnisse lieferte. Ungeachtet des traditionellen Strebens nach Schärfe in der kommerziellen Fotografie plädierte er für Fotografie als Kunstform und die Jury der Great Exhibition beschwerte sich, dass es seinen Werken an »Details« mangele.

JAMES ROSS & JOHN THOMSON

GROSSBRITANNIEN, GEST. 1878 & 1809–1881

Ross und Thomson eröffneten 1848 ein Fotostudio in einem gemieteten Raum auf dem Calton Hill in Edinburgh, direkt auf dem Gelände des berühmten National Monument. Ihr Studio lag nahe dem der oft zitierten Porträtfotografen David Octavius Hill und Robert Adamson, die das Talbotypie- (oder Kalotypie-) Verfahren nutzten und bei der Great Exhibition eine »ehrenvolle Erwähnung« für ihr Werk fanden. Ross und Thomson dagegen nutzten sowohl den Daguerreotypie- als auch den Talbotypie-Prozess. James Ross war Porträt- und Landschaftsmaler gewesen, doch er und Thomson wurden erfolgreiche Studiofotografen, die bis 1864 aktiv waren. Ross und Thomson sind zwar heute in der Geschichte der Fotografie weniger bekannt als Hill and Adamson, wurden aber zu ihrer Zeit zu Fotografen der Königin (Victoria) ernannt. Sie gewannen eine Medaille für die Qualität ihres Beitrags zur Great Exhibition und für »große Verbesserungen in der Fotografie«.

James Ross und John Thomson
Edinburgh vom Castle aus, ca. 1850

Edinburgh Castle, einst eine Königsburg und mittelalterliche Militärfestung, bietet heute einen nicht nur bei Touristen beliebten Überblick über die Stadt.

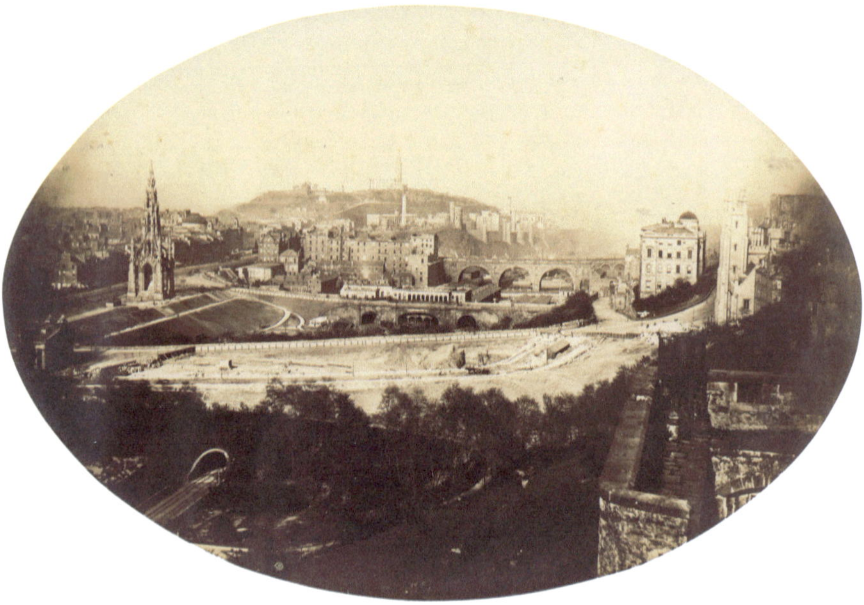

FRANCES BENJAMIN JOHNSTON

USA, 1864–1952

PRODUKTIVE VORREITERIN DER STUDIOFOTOGRAFIE

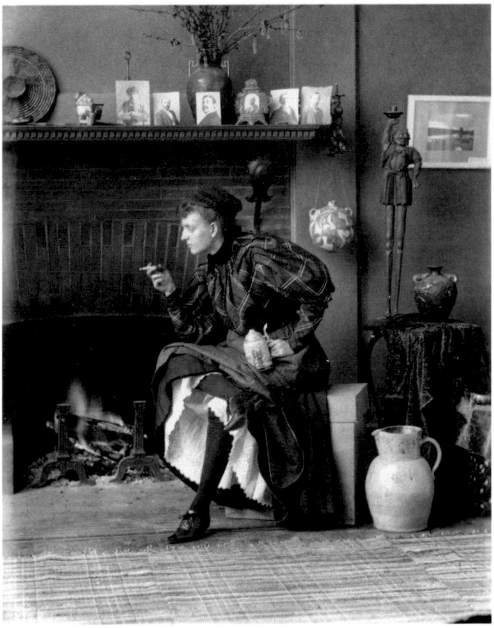

Frances Benjamin Johnston
Selbstbildnis (als Neue Frau), 1896

Trotz der vielen Menschen, die sie fotografiert hat, von Schauspielern bis zu Präsidenten, ist dieses Foto, das sie selbst als »Neue Frau« zeigt, eines von Johnstons faszinierendsten Bildern. Sie posiert elegant im Profil mit einer Zigarette in der einen und einem Bierkrug in der anderen Hand, den Rock hochgezogen. Das Foto besitzt zwei Ebenen: Sie und die Objekte um sie herum, die den perfekten Gegensatz zwischen der »gemütlichen« Umgebung und dieser frischen Figur bilden, die mit tatkräftigem Optimismus gefüllt ist und fest auf etwas blickt, das wir nicht sehen können.

Frances Benjamin Johnston war eine echte Pionierin des späten 19. Jahrhunderts. In Washington, DC, wo sie aufgewachsen war, richtete sie ein eigenes Porträtstudio ein und war nicht nur mit ihren Studioporträts gesellschaftlicher und politischer Figuren erfolgreich, sondern auch als eine der ersten Pressefotografinnen der USA. Sie interessierte sich aber nicht nur für die höheren Kreise der Gesellschaft, sondern bereiste die gesamten USA und fotografierte Bergleute, Fabrikarbeiter, Lehrer, Schüler und viele Menschen mehr. Auch nach Europa reiste sie. Sie kuratierte und unterstützte andere Fotografinnen in Ausstellungen, vor allem bei der Weltausstellung im Jahre 1900 in Paris. Darüber hinaus fotografierte sie Architektur in New York und im Süden der USA und wurde gemeinsam mit ihrer Partnerin Mattie Edwards Hewitt (selbst spezialisiert auf Fotografien von Haus und Garten) eine anerkannte Architektur- und Gartenfotografin.

OSCAR GUSTAVE REJLANDER

Schweden, 1813–1875

BEGABTER STUDIOFOTOGRAF UND DUNKELKAMMER-»ZAUBERER«

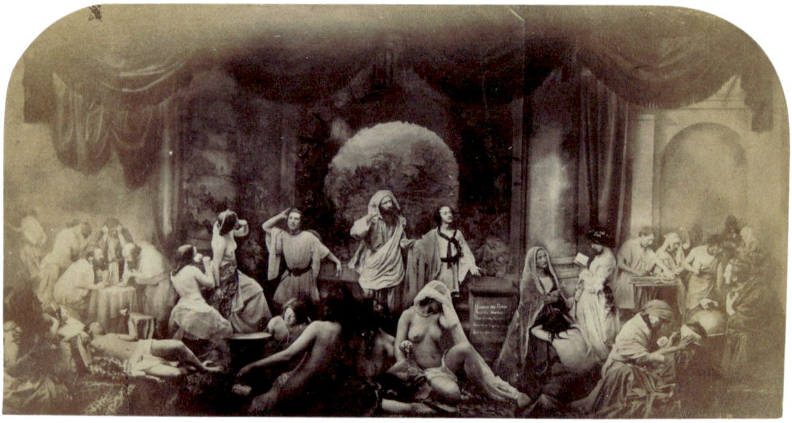

Oscar Gustave Rejlander
Zwei Lebensweisen oder Hoffnung in Reue, 1857

Dieses epische Tableau wurde aus 32 Negativen gefertigt. Die verschiedenen Figuren und Teile der Szene wurden separat fotografiert, anschließend in der Dunkelkammer sorgfältig zusammengesetzt und schließlich in der gewünschten Größe auf Fotopapier ausbelichtet. Die fertige Montage ist ein Moraldrama, das Sünde und Tugend als zwei Lebensweisen gegenüberstellt. Königin Victoria gefiel das Bild so gut, dass sie es für ihren Ehemann kaufte.

Der in Schweden geborene Oscar Rejlander kam mit 26 Jahren nach England. Wie viele Maler seiner Zeit wechselte er zur Fotografie. Er eröffnete ein Porträtstudio in Wolverhampton und später in London. Rejlander machte Aktstudien, mit denen Künstler arbeiten konnten, und oft dienten ihm Theaterschauspieler als Modelle. Nackte Figuren wurden zwar in Gemälden abgebildet, in Fotos dagegen galten sie als skandalös. Rejlander wurde für seine »Fotomontagen« berühmt, für die er Negative kombinierte, wie in seinem »Moral«-Fototableau *Zwei Lebensweisen*. Solche »fiktionalen« Kompositionen waren eine Neuheit in der Fotografie, auch wenn diese Kompositionstechniken oft die Grundlage der Tableau-Malerei bildeten, mit der Rejlander aus seiner Ausbildung als Maler vertraut war. Rejlander war mit Lewis Carroll befreundet, den er ebenso fotografierte wie Charles Dickens und Charles Darwin. Darwin verwendete Rejlanders Fotografien später in seinem 1872 erschienenen Buch *Der Ausdruck der Gemüthsbewegungen bei dem Menschen und den Thieren*. Rejlanders Werk zeigt sein Interesse an den gesellschaftlichen Themen seiner Zeit: Sein Bild eines obdachlosen Kindes spiegelt die Themen, von denen auch Dickens' Romane handeln, während die Fantasiewelt von Carroll und anderen sich in seinen anderen Fotos wiederfindet. Rejlander arbeitete wie ein heutiger Fotograf – er sprach kulturelle und gesellschaftliche Themen an, war sich aber gleichzeitig der Geschichte der Kunst bewusst.

JOSÉ MARTÍNEZ SÁNCHEZ

Spanien, 1807–1874

FOTOGRAF DER DAMALIGEN INDUSTRIALISIERUNG

José Martínez Sánchez
Puerto del Grao de Valencia, ca. 1867
Albuminabzug von der Kollodium-Nassplatte
23,3 x 66 cm

Die Fotografie betont die atmosphärischen Bedingungen der Szene. Sie lässt Wasser und Rauch weich erscheinen, verwischt die Präzision des Bildes und verleiht der Hafenanlage, dem Pier und den Schiffen einen etwas schmutzigen Eindruck.

José Martínez Sánchez war ein wichtiger Studiofotograf mit Studios in Madrid und Valencia, erlangte aber besondere Bekanntheit für seine Darstellungen der Industrialisierung Spaniens. Viele seiner Arbeiten wurden auf der Weltausstellung 1867 in Paris gezeigt. Er erfand (mit Jean Laurent) und patentierte außerdem eine Methode für Positivabzüge namens »Leptographie-Papier« als Alternative zum populäreren Negativverfahren des Albumindrucks. Er wurde im Namen der regierenden Königin Isabella II. beauftragt, die neue Infrastruktur Spaniens, wie Brücken, Viadukte, Straßen, Eisenbahnen, Häfen, Leuchttürme und andere öffentliche Bauten, zu dokumentieren.

Eines der bekanntesten Bilder von José Martínez Sánchez zeigt den Hafen im Stadtteil Grao von Valencia. Das Bild ist aus zwei Fotos zusammengesetzt, die einen Panoramablick zeigen. Valencia war damals eine wachsende Stadt und der Hafen ein wichtiger Standort für den Handel und die Fischerei. Das Foto weist ein Gefühl von Weite auf, das oft mit Seestücken assoziiert wird – eine alles umfassende Ansicht, die auch eine gewisse Leere mit einschließt. Und während es die einzigartigen monochromatischen Details betont, nutzt es diese gleichzeitig, um der Szene Stimmung und Atmosphäre zu verleihen. In dieser Beziehung ist das Foto ein ungewöhnliches Stück aus Sánchez' Werk, das normalerweise ziemlich präzise ist, aber ein Interesse an fotografischer »Atmosphäre« signalisiert, das man später bei den piktorialistischen Fotografen sowie den impressionistischen Malern finden würde.

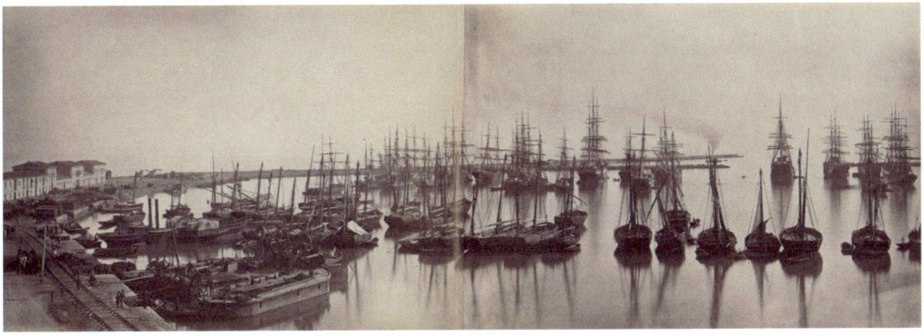

FELICE BEATO

Italien/Großbritannien, 1832–1909

PRODUKTIVER REISEFOTOGRAF MIT SCHWERPUNKT ASIEN

Felice Beato aus Venedig ist einer der ersten europäischen »Orient«-Fotografen, die ausgedehnte Reisen »in den Osten« unternahmen und sich vor allem für Porträts und das Militär interessierten. Er fotografierte den Krimkrieg (1853–56), den indischen Aufstand von 1857 und seine Folgen sowie den 2. Opiumkrieg in China (1856–60). In den 1880er Jahren arbeitete er in Burma. Fast 15 Jahre lang lebte er im japanischen Yokohama, wo er Hunderte von Porträts und Szenen der japanischen Kultur aufnahm, darunter dieses Porträt eines Samurai.

Die Samurai waren eine adlige Militärkaste, die oft als Leibwächter oder Krieger dienten und in Japan die gleiche mystische Verklärung erfuhren wie der Cowboy in der amerikanischen Kultur. Als militärische Gruppierung wurden die Samurai in den 1870er-Jahren aufgelöst (zusammen mit den Privilegien, die diese Position genoss). Beatos Fotografie ist eine von vielen, die er vor dem Ende der Samurai aufnahm. Er fotografierte viele verschiedene gesellschaftliche Gruppierungen in Japan. Die Fotos gelten heute als wichtige Dokumente dieser Zeit.

Beato arbeitete zunächst mit dem englischen Graveur und erfahrenen Fotografen James Robertson zusammen und sie eröffneten ein Porträtstudio in Pera, Konstantinopel, dem heutigen Istanbul, von dem aus sie Expeditionen unternahmen, darunter auch die in den Krimkrieg. Beatos Fotografien in China und Japan gehören zu den frühesten, die dort aufgenommen wurden. Ein Feuer im Jahre 1866 zerstörte sein Studio in Yokohama und den Großteil von dessen Inhalt.

Felice Beato
Samurai, Yokohama,
1864–65

Der hier abgebildete anonyme Samurai starrt ernst in die Kamera. Die Hand, die bedrohlich auf seinem Schwert ruht, bildet einen deutlichen Gegensatz zu der anderen Hand, die einen Fächer hält.

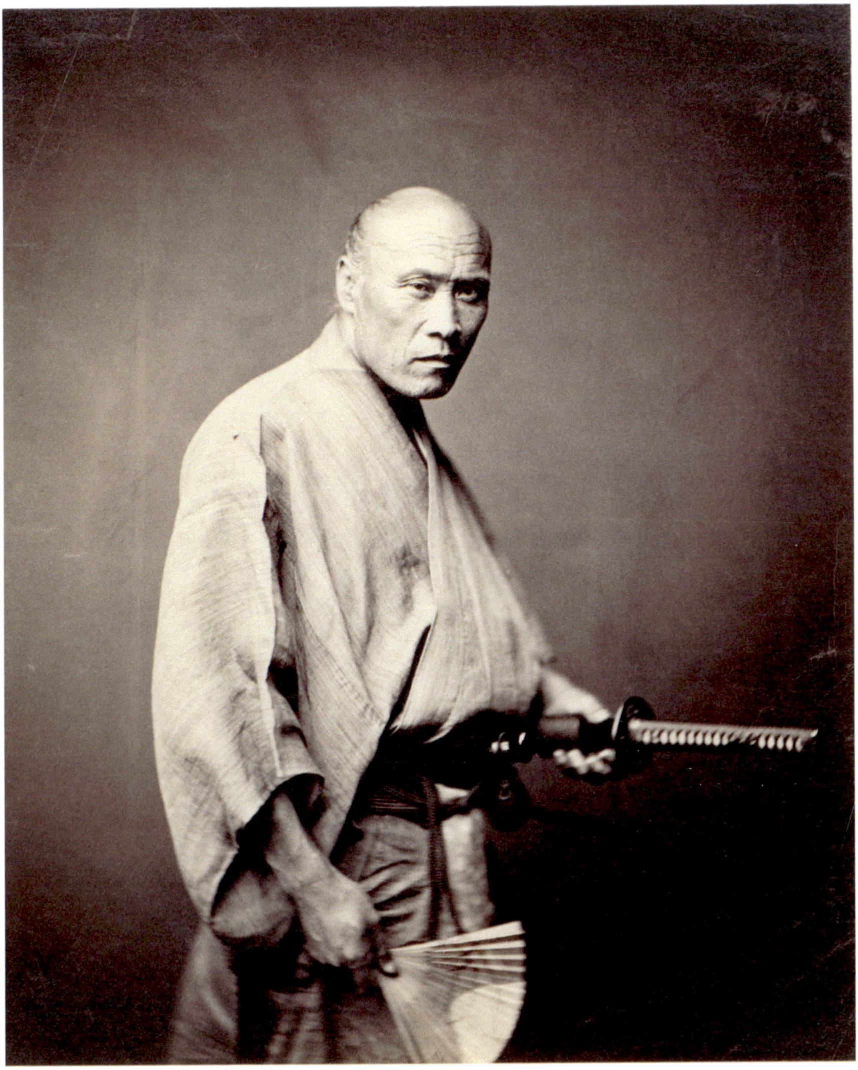

JULIA MARGARET CAMERON
Großbritannien, 1815–1879
PIONIERIN DER PORTRÄTFOTOGRAFIE MIT FLACHEM FOKUS

Julia Margaret Cameron ist in der Geschichte der Fotografie eine der wenigen frühen Porträtfotografinnen mit größerer Bekanntheit. Sie ist zwar sicher nicht die erste Frau in der Fotografie (siehe z. B. Anna Atkins, S. 14-15), doch sie ist eine der wichtigsten und einflussreichsten. Camerons Fotografien zeichnen sich häufig durch einen flachen oder weichen Fokus aus, der ihnen etwas Träumerisches verleiht. Manche Kritiker haben diese Technik mit irgendeiner Art von »technischem Fehler« auf ihrer Seite verwechselt, der ihr angeblich unterlaufen sei, weil sie eine Frau war. Dabei lehnte Cameron ganz einfach die Vorstellung ab, dass die Fotografie nur dazu da sei, ein »Maximum an Details« aus dem Motiv zu ziehen. Stattdessen versuchte sie, eine subjektive und emotionale Interpretation des Motivs zu erschaffen, was den Werten der Kunst zu dieser Zeit viel eher entsprach. Der flache Fokus ist eine Methode, um Bildern mehr Atmosphäre zu verleihen. Und tatsächlich nehmen ihre Fotos die Verbindung der piktorialistischen Bewegung mit dem Impressionismus vorweg.

Cameron verwendete eine Großformatkamera mit einer 12 x 15-Zoll-Glasplatte, was dieser Weichheit eine ganz besondere Qualität gibt. Der knappe Beschnitt der Figuren in ihren Bildern lässt die Fotos nachgerade modern wirken. Die Figuren werden also oft an der Kante des Bildes beschnitten – eine damals ganz neue Praxis. Spätere impressionistische Maler kopierten diese Art der Gestaltung, um ihre Bilder realistischer, »unmittelbarer« und modern wirken zu lassen.

Julia Margaret Cameron
Sir John Herschel,
April 1867

John Herschel ist der Gelehrte, der das Wort »Fotografie« prägte, als er es 1839 in einer Vorlesung gebrauchte. Herschel erfand die Cyanotypie (Eisenblaudruck) und half sowohl Daguerre als auch Fox Talbot bei chemischen Verbesserungen (Verwendung von Natriumhyposulfit) des Verfahrens zum permanenten Fixieren von Bildern.

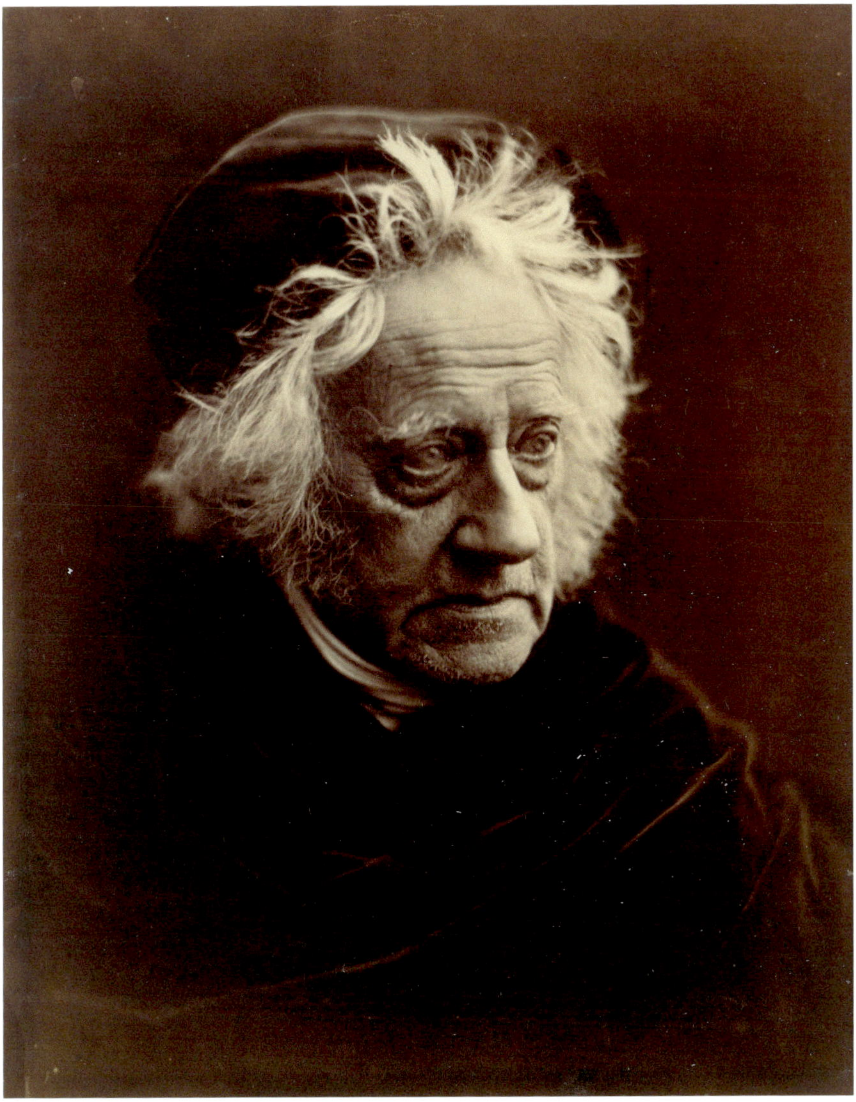

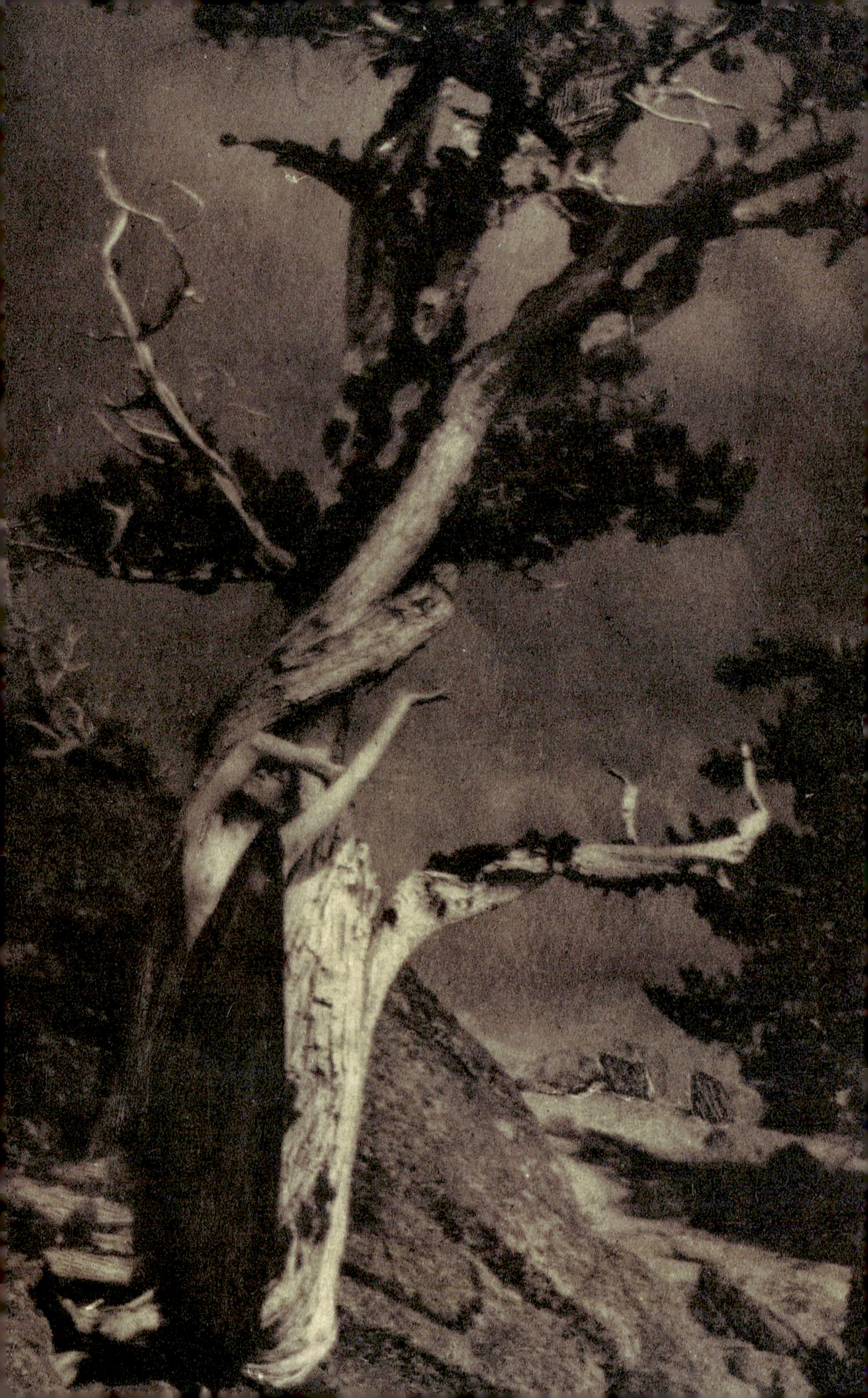

PIKTORIALISMUS

-

Inspiriert durch die Malerei, verwandelten die Piktorialisten Fotografie in Kunst.

-

Vorherige Seite:

Anne W. Brigman
The Dying Cedar (aus *Camera Work*), 1909

Der Baum als spirituelle Heimat der menschlichen Natur erhält eine neue formelle Dynamik. Der sterbende Baum ist mit der weiblichen Form verwoben, als Metapher für die Wildheit der Natur, die von allen ertragen wird.

Im späten 19. Jahrhundert mussten Fotografen, die als Künstler wahrgenommen werden wollten, die Hauptströmungen der damaligen Kunst berücksichtigen. Der Piktorialismus ist die allgemeine Bezeichnung für den Stil, den viele Kunstfotografen damals annahmen. Die Piktorialisten versuchten, individuell gefertigte fotografische Abzüge als grafische Kunstobjekte herzustellen. Diese waren oft stark strukturiert und verwendeten Techniken wie Gummi-, Platindruck und Fotogravuren. Die Herstellung dieser Abzüge nahm viel Zeit in Anspruch und beinhaltete oft das Zerkratzen von Negativen, das Übermalen von Teilen davon, das erneute Fotografieren und das Anfertigen neuer Abzüge, um den gewünschten Effekt zu erzielen. Viele der bekanntesten Fotografen dieser Zeit waren mit dem Aufkommen des Impressionismus vertraut, der die Konventionen der akademischen Malerei erschüttert hatte. In fast exakter Anlehnung an den Impressionismus vertrat der Piktorialismus die Ansicht, dass Bilder Szenen aus dem alltäglichen Leben abbilden sollten, aber mit Farb- und Oberflächeneffekten durchsetzt sein sollten, die Bewegung suggerierten. Das »malerische« Bild sollte sich von der zunehmenden alltäglichen Schnappschussfotografie von Urlaubs- und rituellen Familienereignissen abheben, wie sie von Kodak-Kameras mit dem Motto »Sie drücken den Knopf, wir machen den Rest« beworben wurde. Obwohl dem Piktorialismus in der Fotografie oft nachgesagt wird, er sei Ende der 1900er-Jahre unmodern geworden, hielt er sich bis in die 1930er-Jahre und in einigen Teilen der Welt sogar noch länger. Heute ist der Piktorialismus in Abwandlung als eine Art »langsame Fotografie« zurückgekehrt, die alte und analoge Prozesse, oft Techniken aus dem 19. Jahrhundert und handgemachte oder »handwerklich« orientierte malerische Effekte verwendet, die das Alltagsfoto und den häufig pixeligen Realismus der digitalen Medien abzulehnen scheint.

WICHTIGE FRAGEN

- Wollten Piktorialisten, dass die Fotografie wie Malerei oder wie Kunst wirkt?
- Welche Techniken verwendeten sie, um ihre Fotografien in Kunst zu verwandeln?

LITERATUREMPFEHLUNGEN

- David Bate, »The Pictorial Turn«, in *Art Photography*, London: Tate Publications, 2015
- Alison Nordstrom & Thomas Padon, *Truth Beauty: Pictorialism and the Photograph as Art, 1845–1945*, Vancouver: Vancouver Art Gallery & Douglas & McIntyre, 2008

ZEITSCHRIFT *CAMERA WORK* UND GALERIE 291

USA, 1903–1917

EINFLUSSREICHE KUNSTZEITSCHRIFT UND -GALERIE AUS NEW YORK

Die Zeitschrift *Camera Work* brachte es immerhin auf 50 Ausgaben zwischen 1903 und 1917. Von Alfred Stieglitz selbst finanziert, hatte sie eine kleine Auflage, die meist auf Abonnenten und bereits Beteiligte beschränkt war, obwohl er dafür sorgte, dass wichtige Organisationen zu dieser Zeit, zum Beispiel die New York Public Library und die Royal Photographic Society in England, komplette Sätze aller Ausgaben hatten. Trotz ihrer geringen Auflage, die nie mehr als tausend Exemplare betrug, hatte die Zeitschrift einen immensen Einfluss auf die Kunstfotografie. Sie war nie als gewinnbringendes Unterfangen gedacht, auch wenn sie Werbung enthielt, sondern sollte das bestmögliche Schaufenster für die bestmögliche Fotografie und Kunst sein. Stieglitz betrieb von 1905 bis 1917 auch die Galerie 291 (benannt nach der Hausnummer der Galerie an der Fifth Avenue). Sie lief parallel zum Programm von *Camera Work* und wurde zu einem Treffpunkt für Fotografen und Künstler. Stieglitz schien einen Diktator-ähnlichen Einfluss auf die Menschen um ihn herum zu haben, während er Zeitschrift und Galerie in Richtung seiner eigenen Interessen lenkte. Er war Mitinhaber einer Fotogravur-Firma und wusste genau, wie ein qualitativ hochwertiger Druck aussah.

Camera Work war ein Schaufenster für das, was Stieglitz zu jener Zeit für die beste Fotografie hielt, und zeigte Portfolios der Arbeiten einzelner Fotografen – eine Tradition, die bis heute in den meisten Fotomagazinen fortgesetzt wird. Entgegen der landläufigen Meinung, *Camera Work* sei eine Bastion der Elite gewesen, schuf sie wohl eher Eliten, die lediglich durch das Erscheinen in der Zeitschrift bestätigt wurden.

Alfred Stieglitz war New Yorker, in Deutschland ausgebildet und begeisterte sich für Fotografie und Kunst. Er ist eine Schlüsselfigur

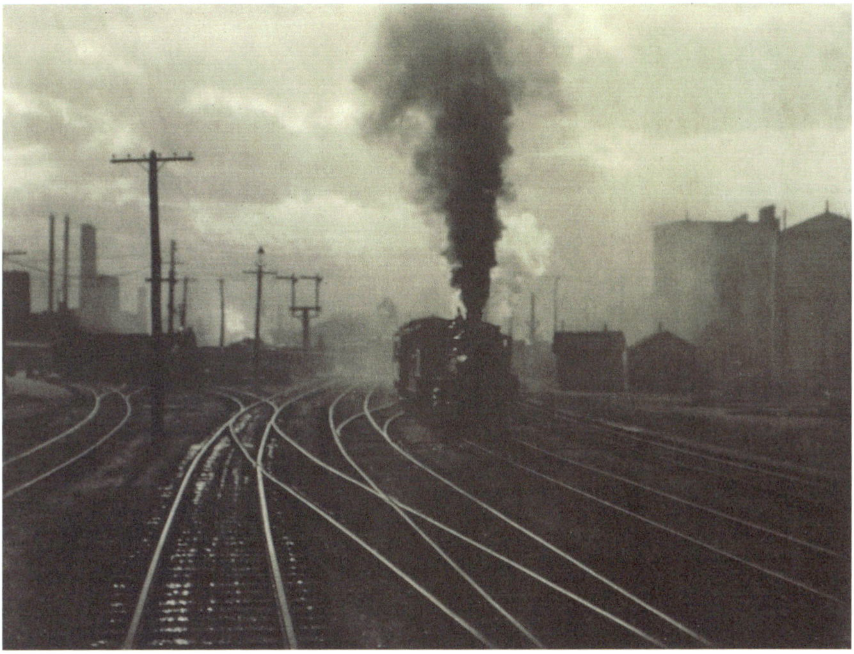

Alfred Stieglitz
The Hand of Man, 1902

The Hand of Man **war die einzige Fotografie von Stieglitz selbst, die in der ersten Ausgabe der Zeitschrift** ***Camera Work*** **erschien, und es ist eines seiner bedeutendsten Bilder. Von der Rückseite eines fahrenden Zuges aufgenommen, macht es die Eisenbahn zu einem Objekt der Schönheit. Der schwarze Rauch und der kontrastierende weiße Dampf nähren die bereits dichte Atmosphäre und stehen für die Energie und Bewegung des industriellen Lebens, das sich in Telegrafendrähten und -masten widerspiegelt.**

beim Übergang des europäischen Piktorialismus und Impressionismus des 19. Jahrhunderts zur »amerikanischen« Moderne des 20. Jahrhunderts. Er holte Picassos Arbeiten in die Galerie 291 und die Zeitschrift *Camera Work* und brachte damit den Kubismus in die USA, gleichzeitig eine neue moderne fotografische Sichtweise, die »straight« Fotografie, wie sie oft genannt wurde. Dieser Wandel in *Camera Work* tritt plötzlich ein, denn über die verschiedenen Ausgaben hinweg herrschte hier eher eine piktorialistische als eine modernistische Tendenz vor. Am deutlichsten zeigt sich der Wandel jedoch in der letzten Ausgabe von *Camera Work*, in der Stieglitz das Portfolio eines Newcomers bewirbt: Paul Strand.

Alfred Stieglitz gibt Strand eine Stimme, indem er seinen Essay über Fotografie ebenso wie sein Portfolio veröffentlicht. Darin erörtert Strand die »Objektivität« und schreibt, dass ein Fotograf »wirklichen Respekt vor dem Ding vor ihm« [sic] haben muss … und dass »dessen vollkommenste Umsetzung ohne fotografische Tricks oder Bildbearbeitung, sondern durch den Gebrauch von geradliniger fotografischer Methoden erreicht wird« [mein Fokus]. Die »geradlinige« (Straight) fotografische Methode steht hier in völligem Gegensatz zum handwerklich-intensiven Ansatz des Piktorialismus, Negative und Abzüge mit Tusche und manchmal Farbe oder durch Weichzeichner-Objektive zu überarbeiten.

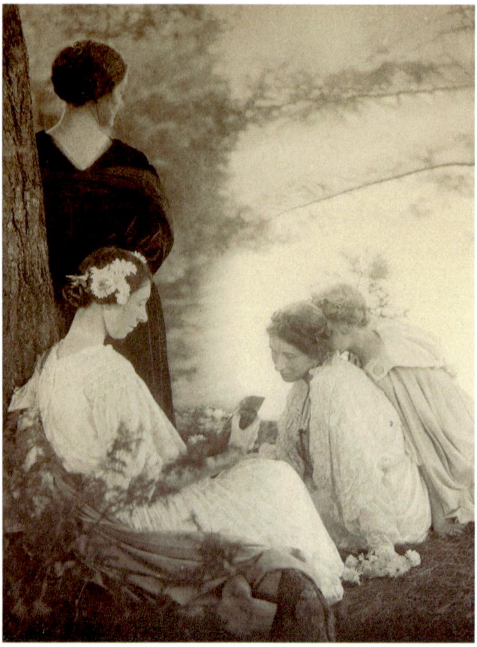

Alice Boughton
The Seasons, 1909

In dieser Fotografie verwendet Boughton eine Allegorie, wobei die Personen die vier Jahreszeiten darstellen. Als aktives Mitglied der »New Woman«-Bewegung sah Boughton dieses Bild als eine positive Bestätigung der Weiblichkeit, die ganzjährig Bestand hat. Ein Buch, das in frühen Fotografien gezeigt wurde, war immer ein Zeichen für Wissen oder Bildung.

ALICE BOUGHTON

USA, 1866–1943

Alice Boughton wurde in New York geboren und studierte Kunst am Pratt Institute, wo sie auch die Fotografin Gertrude Käsebier kennenlernte und in deren Studio als Assistentin arbeitete. Boughton entwickelte sich zu einer brillanten Porträtfotografin und war ein bedeutendes Mitglied der Photo-Secession-Gruppe um Alfred Stieglitz. Stieglitz bewunderte ihre Arbeit und veröffentlichte ihre Schriften über Fotografie sowie ihre Bilder in *Camera Work*.

Boughton engagierte sich auch in der »Neue Frau«-Bewegung, um Vorurteile über Frauen, ihre Rolle und ihren Wert in der Kunst wie auch in der Gesellschaft insgesamt zu bekämpfen. Ihre Fotografien spiegeln diese Leidenschaft oft wider, sowohl in ihren Motiven als auch in deren Darstellung in der Porträtfotografie. Sie glaubte und argumentierte auch, dass die Fotografie eine ausdrucksstarke Kunst sei, und versuchte, dies mit ihrer Bildlyrik zu zeigen, wobei sie häufig die atmosphärischen Techniken des Impressionismus durch Weichzeichner und Vignettierung einsetzte. Ihre allegorischen Themen der Natur und der Weiblichkeit mögen heute sentimental wirken.

Boughton betrieb 40 Jahre lang ein Fotostudio, in der hart umkämpften High-End-Porträtfotografie keine leichte Aufgabe.

ROBERT DEMACHY

FRANKREICH, 1859–1936

Robert Demachy war einer der Führenden des französischen Piktorialismus. Geboren in einer wohlhabenden französischen Familie, konnte er freizügig seinen Leidenschaften nachgehen. Demachy erlangte eine hohe Kompetenz in der Fotografie und wurde, beflügelt durch seine Bekanntschaft mit der Pariser Bohème, Direktor des avantgardistischen Photo-Clubs von Paris. 1905 wurde er auch Mitglied der Royal Photographic Society. Rund 30 Jahre lang beschäftigte er sich intensiv mit der Fotografie. Er experimentierte mit verschiedenen Verfahren wie Gummidruck, Öldruck und dann Bromöldruck, alles Verfahren, die eine Nachbearbeitung des Bildes als Teil des Druckprozesses ermöglichten. Als einer der ersten Menschen, die in Frankreich ein Auto besaßen, entwickelte Demachy auch eine Vorliebe für Geschwindigkeit, die das Bild hier verdeutlicht. Er wurde zu einer Inspiration in der französischen Fotografie und international, korrespondierte mit Stieglitz in New York und schrieb über die von ihm verwendeten Techniken und die Bedeutung einer besseren Fotokunst. 1914 gab er die Fotografie plötzlich auf und stiftete später seine Abzüge der Royal Photographic Society und dem Photo-Club de Paris.

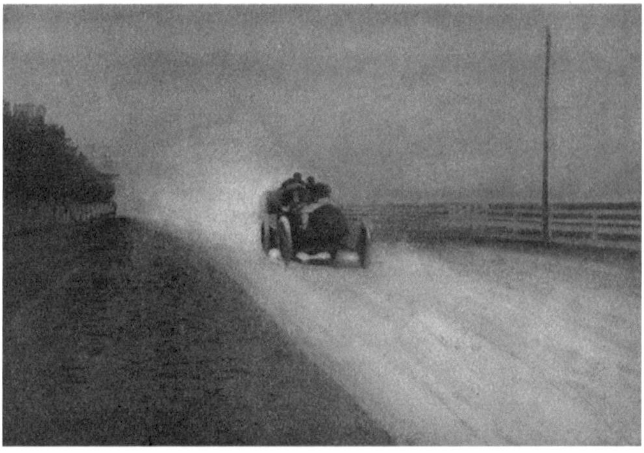

Robert Demachy
Speed, 1904

Der Abzug von Demachy zeigt seine Faszination für das neue Automobil. Er verwendete ein Gummibichromat-Verfahren, um die Töne des Drucks beim Trocknen besser kontrollieren zu können und so die tiefen, satten und düsteren Töne des Autos und seiner Umgebung zu erreichen. Die kontrastierende weiße Fahrbahn, der Staub und der Rauch hinter dem Auto verstärken das Gefühl von Dramatik der Geschwindigkeit.

CLARENCE HUDSON WHITE

USA, 1871–1925

Clarence Hudson White wuchs in Ohio auf und war Autodidaktin, wurde aber durch ihre Kompositionen und ihr technisches Können international bekannt. Sie war Gründungsmitglied der Photo-Secession-Gruppe und mit Alfred Stieglitz befreundet, bis Stieglitz vom Piktorialismus Abstand nahm und sich der »straight« Fotografie von Paul Strand zuwandte. White zog 1906 mit ihrer Familie nach New York. Als lebenslange Sozialistin gründete sie 1914 eine Fotoschule, um die Fotografie als Kunst (und nicht als Nachrichten- oder Industriefotografie) zu fördern. Dies wurde die erste Schule für Kunstfotografie in den USA und zu ihren Schülern gehören viele bekannte Fotografen wie Dorothea Lange, Paul Outerbridge, Margaret Bourke-White und Laura Gilpin.

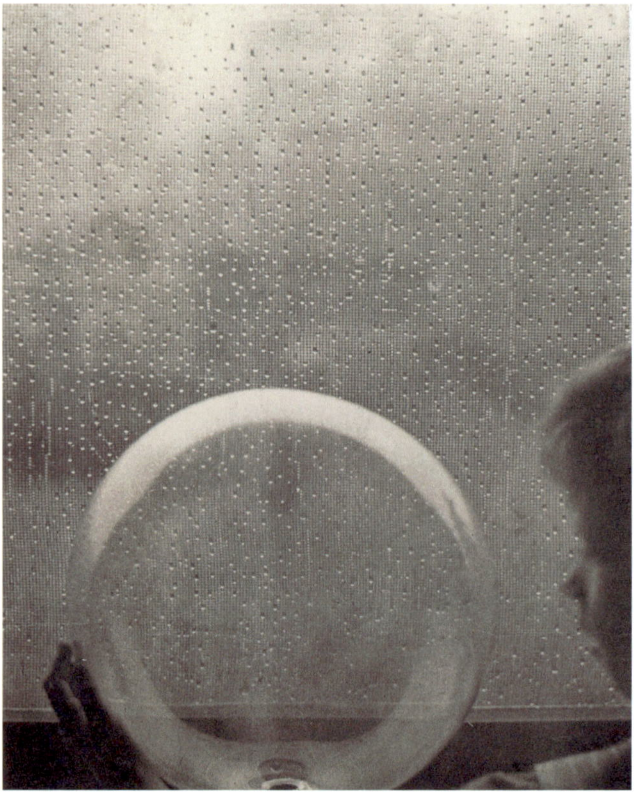

Clarence Hudson White
Drops of Rain, 1903

Dieses Foto greift ein einfaches Thema auf – die Faszination der Kindheit für die Wirkung von Wasser – und verwandelt es in eine kompositorische Meditation, wobei die große Glasschale als übergroße Metapher für die Wassertropfen auf dem Fenster fungiert.

HAROLD CAZNEAUX

Neuseeland/Australien, 1878–1953

BAHNBRECHENDER PIKTORIALISTISCHER FOTOGRAF

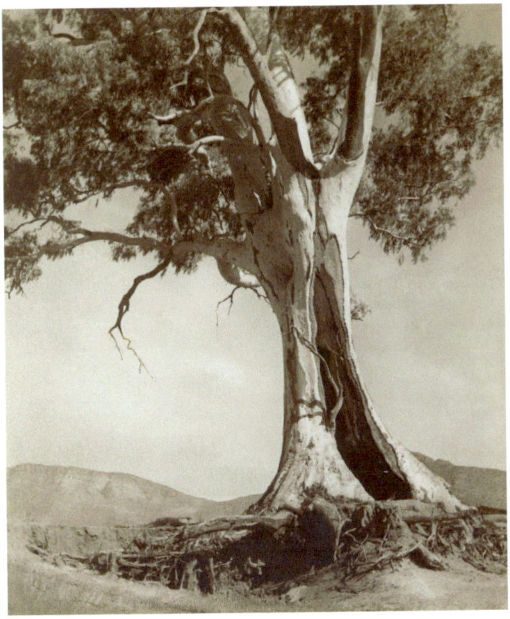

Harold Cazneaux
The Spirit of Endurance,
1937

Diese Fotografie zeigt den typischen Eukalyptusbaum, der in Australien zu finden ist, hier dargestellt als einsame, heldenhafte, überlebende Figur, ein Bild, das leicht als metaphorisch für die Werte einer Pionierkultur zu verstehen ist. In der Kultur der Aborigines haben Bäume vielfältige Verwendungszwecke, als Material, aus dem Werkzeuge hergestellt werden, als Markierungen von Standorten und als kulturelle Symbole.

Harold Cazneaux wurde in Neuseeland geboren, ist aber eher als Pionier des australischen Piktorialismus bekannt. Sein Vater war ein Studiofotograf und seine Mutter eine Miniaturporträtmalerin, so lernte er zu Hause die bildenden Künste kennen. Er begann selbst zu fotografieren, nachdem er eine Ausstellung piktorialistischer Fotografie aus Europa gesehen hatte, leistete in der südlichen Hemisphäre jedoch Pionierarbeit, für die er bald weltbekannt wurde.

Als einer der Mitbegründer des Sydney Camera Circle trug Cazneaux dazu bei, die australische Fotografie auf ihre eigenen piktorialen Werte auszurichten, die dem charakteristischen Licht und dem spezifischen Terrain Australiens angemessen sind. Die zarteren und helleren Tonwerte seiner Bilder stehen in Kontrast zu den eher dunklen und schweren Tonwerten des europäischen Piktorialismus, wie sie auch von der nordamerikanischen Fotografie übernommen wurden. Cazneaux schrieb ausgiebig über Fotografie, und obwohl er als Werbefotograf für Zeitschriften arbeitete, behielt er typisch australische Werte bei.

GERTRUDE KÄSEBIER
USA, 1852–1934
WICHTIGE PIKTORIALISTISCHE FOTOGRAFIN

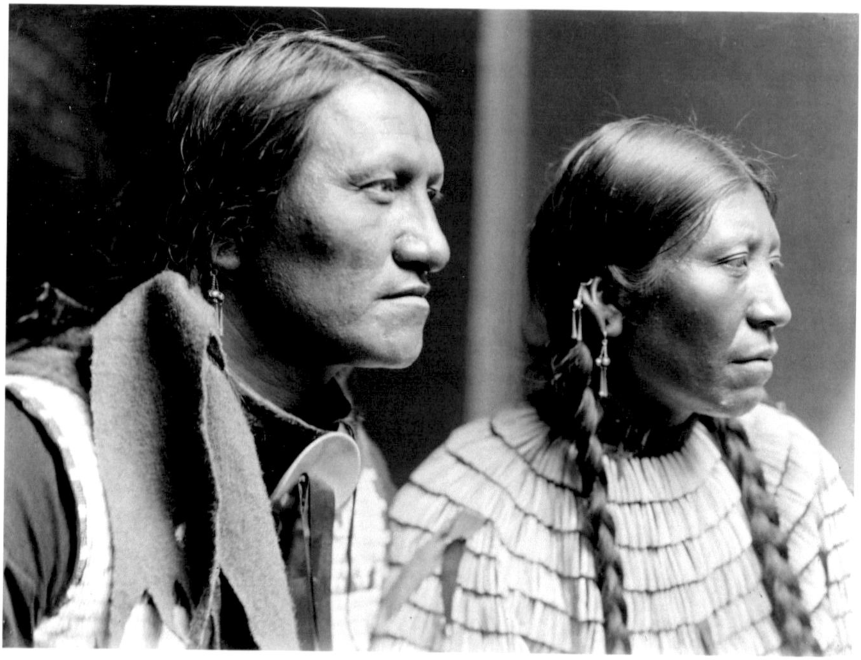

Gertrude Käsebier ist eine von mehreren Fotografinnen, die von Alfred Stieglitz bewundert und publiziert wurden. Später geriet sie aber bei den Fotohistorikern in Vergessenheit. Ihre Arbeiten erschienen mehrfach in Stieglitz' prestigeträchtiger Zeitschrift *Camera Work*. Sie war eine Schlüsselfigur für den Piktorialismus in den USA. Ähnlich wie Julia Margaret Cameron in England begann Käsebier erst spät mit der Fotografie, wurde aber schnell zu einer Expertin und war sehr produktiv. Sie fotografierte vor allem Ureinwohner Amerikas in ihrem New Yorker Fotostudio in der Fifth Avenue, nachdem sie diese 1898 in Buffalo Bills Wildwest-Show gesehen hatte. Heute gibt es viel Misstrauen über die »Authentizität« solcher Fotografien, denn die Gezeigten waren Darsteller, sie mussten das öffentliche Bild vertreten, das ihnen von der amerikanischen Kultur bereits vorgegeben worden war. Käsebier versucht, sie gleichberechtigt zu zeigen, aber die eigentlichen Betrachter dieser Bilder waren vielleicht nicht so neutral.

Gertrude Käsebier
Charging Thunder (Lakota Sioux) und Gattin, 1900
20,32 x 25,4 cm

Käsebier hatte in ihren Studioaufnahmen hauptsächlich Frauen und Kinder abgebildet, überredete aber die Mitglieder von Buffalo Bills Wildwest-Show, sich bei einem Besuch in New York ebenfalls fotografieren zu lassen, Charging Thunder soll in Großbritannien geblieben sein, nachdem er 1903 dort auf Tournee war. Er arbeitete in einem Zirkus und starb 1929 in Manchester.

BOLETTE BERG & MARIA HØEG

Norwegen, 1872–1944 & 1866–1949

INNOVATIVE STUDIOFOTOGRAFINNEN

Bolette Berg & Maria Høeg
In the Boat, 1894–1903

In verschiedenen Versionen dieser Szene tauschen die beiden Figuren von Maria Høeg und Bolette Berg die Rollen, doch hier hält Berg das Ruder, während beide eine Zigarette rauchen. Die Tatsache, dass die Szene »Rudern in einem See« so offensichtlich gestellt aussieht, macht die Zigarettenpause noch unerwarteter.

Bolette Berg und Maria Høeg verdienten ihren Lebensunterhalt mit Studioporträts von Einheimischen in Horten, Norwegen. Sie entwickelten jedoch auch ihre eigene bedeutende Praxis, indem sie Szenen in eindeutig fiktiven Studiosituationen inszenierten. Ihre Bilder sind eher weniger Porträts, sondern inszenierte Fantasieszenen, die vielen der zeitgenössischen puritanischen Konventionen über Frauen und Weiblichkeit entgegenwirken. Auch wenn es zu dieser Zeit Mode war, sich für Partys und Theaterbesuche geschlechtsübergreifend zu kleiden, deuten diese Fotografien auf intimere Fragen über das Selbst hin: Wer bin ich? Wie würde ich als Mann aussehen, als Frau, die sich als Mann ausgibt, oder als Frau, die sich wie ein Mann verhält? »Könnte es ein drittes Geschlecht geben, in dem beide Identitäten in einer vereint sind?«, war in der Tat eine Frage dieser Zeit.

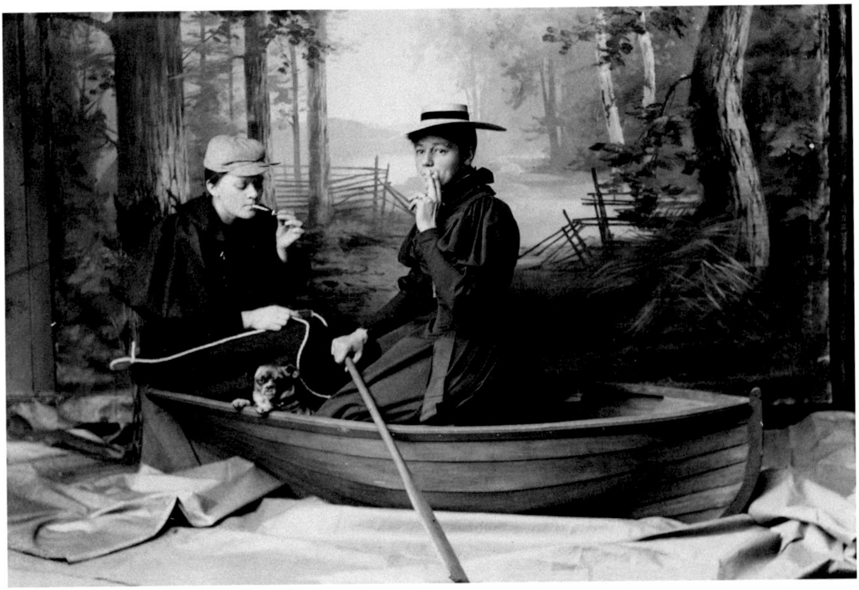

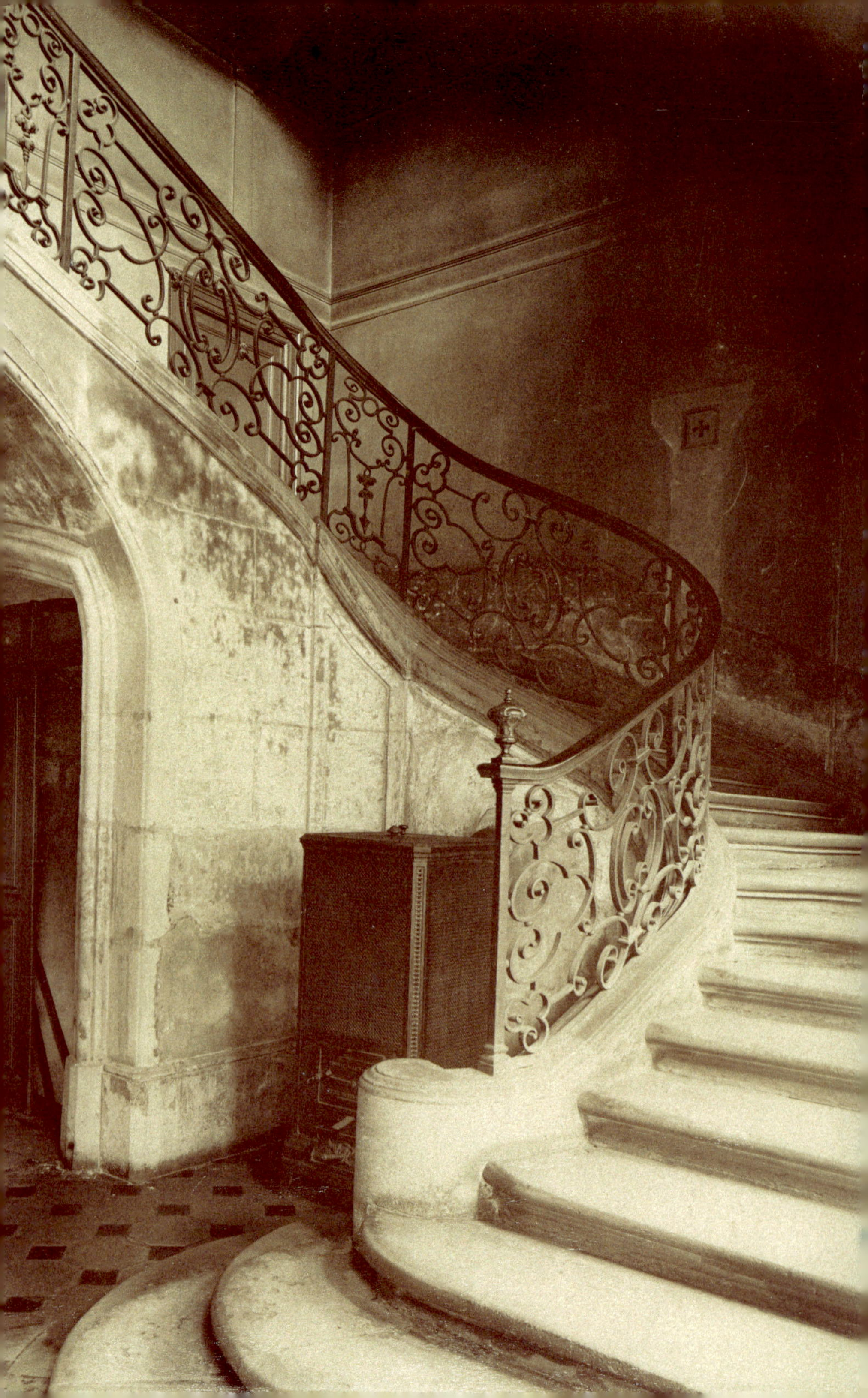

NEUE SACHLICHKEIT, MODERNE UND AVANTGARDE

-

Fotografen feiern die Kameraperspektive als Form der radikalen Dokumentation.

-

Der Erste Weltkrieg hatte viele bedeutende Auswirkungen, die noch lange nach seinem Ende anhielten. Eine davon war die beschleunigte Entwicklung neuer Kommunikationstechnologien wie Fotografie, Kino und Telefon. Damit verflochten war eine ganze Reihe neuer sozialer, kultureller und politischer Befindlichkeiten. Neue Arten des Sehens und Denkens begannen sich durch die Fotografie auszudrücken, eine Technologie, die nun grundlegend demokratisch zu sein schien, einfach weil jeder Zugang zu ihr hatte und sie nutzen konnte. Die Darstellung von Fotografien als »Tatsachendokumente« und der Glaube, das Dargestellte existiere wirklich (wie beim Mikroskop und Teleskop), festigten sich als Grundeinstellung dieser neuen Realitäten.

Doch gleichzeitig schien die Vorstellung von unsichtbaren Kräften jenseits der menschlichen Wahrnehmung, wie die Entdeckung der Röntgenstrahlen 1895 und die Nutzung der Elektrizität im häuslichen Umfeld zeigten, auch diese Gewissheiten zu untergraben. Der Philosoph Walter Benjamin sprach von der Fotografie als Enthüllung eines »optischen Unbewussten«. Er meinte damit, dass die Fotografie Dinge zeigen kann, die der Mensch nicht wahrnehmen kann. Die Vorstellung, dass einige Realitäten jenseits der menschlichen Wahrnehmung existieren, gab dem Sichtbaren eine neue Mystik und schuf den Nährboden für alle Arten von experimentellen Bildern und Praktiken.

In den 1920er-Jahren inspirierte die Russische Revolution neue Denkweisen über die Rolle der Fotografie bei der Konstruktion der sozialen Realität, den sogenannten Konstruktivismus. Der Surrealismus spielte in Frankreich und darüber hinaus eine bedeutende Rolle und betonte den Zusammenhang von Bildern mit Wünschen.

WICHTIGE FRAGEN

- Wie unterscheidet sich die Perspektive der Kamera von der des Menschen?
- Warum veränderte die massenhafte Reproduktion von Fotos unsere Sicht auf die Welt?

LITERATUREMPFEHLUNGEN

- Walter Benjamin, *Das Kunstwerk im Zeitalter seiner technischen Reproduzierbarkeit*, Suhrkamp, 2010
- Beaumont Newhall, *Die Geschichte der Fotografie, Schirmer/Mosel, 1998*
- Christopher Phillips, *Photography in the Modern Era*, New York: Aperture, 2004

EUGÈNE ATGET

Frankreich, 1857–1927

ARCHIVAR DES ALTEN PARIS

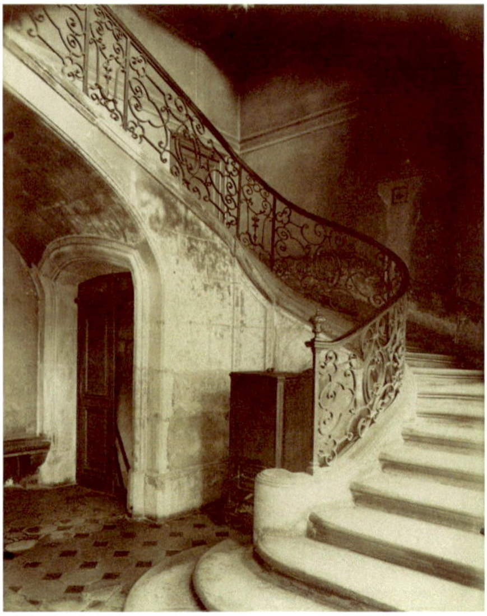

Eugène Atget
Treppenhaus, 1927

Atgets Foto ist eines von vielen, die eine Treppe mit Metallgeländer zeigen. Die schlichte Eleganz der Szene könnte als Metapher für das Gehen stehen, aber die Abwesenheit von Menschen gibt ihr ein gespenstisches Gefühl, als ob das Leben selbst entfernt wurde und »woanders« hingegangen ist.

Eugène Atget ist eine Art Pate der modernen Fotografie, obwohl er selbst das nie wusste. Er war sehr bescheiden. Der junge amerikanische Fotograf Man Ray, der in der gleichen Straße in Paris wohnte, entdeckte seine Arbeit. Atget sagte, er fertige die Fotos lediglich als »Dokumente«. Das war in der Tat wahr: Atget verdiente seinen Lebensunterhalt mit Fotos, die seine Kunden kaufen würden, er nahm Aufträge von Malern an, die ein Foto einer Ladentür oder einer Straße als Grundlage für ihr Gemälde haben wollten, oder von Metallarbeitern, die es für die Herstellung eines neuen Tores benötigten. Die Kunstfertigkeit in Atgets Fotografien rührte daher, dass er sich intensiv darauf konzentrierte, das Objekt als solches abzubilden, und nicht versuchte, es in ein Kunstobjekt zur ästhetischen Betrachtung zu verwandeln. Seine Arbeit entsprach den Werten und Mottos der neuen aufstrebenden Radikalen: »Kunst ins Leben!« statt »Kunst um der Kunst willen«.

Atgets Bilder inspirierten nicht nur die avantgardistischen Pariser Surrealisten, die sie in ihren Magazinen als Traumbilder verwendeten, sondern auch die Idee, dass alltägliche Szenen in der Straßenfotografie »unheimlich« werden, wenn sie menschenleer sind. Rückblickend kann er als ein wichtiger Begründer des neuen Vertrauens in die Fotografie mit ihren eigenen Werten gesehen werden: eine Ästhetik des Dokuments.

ILSE BING

Deutschland, 1899–1998

DIE KÖNIGIN DER LEICA-FOTOGRAFIE

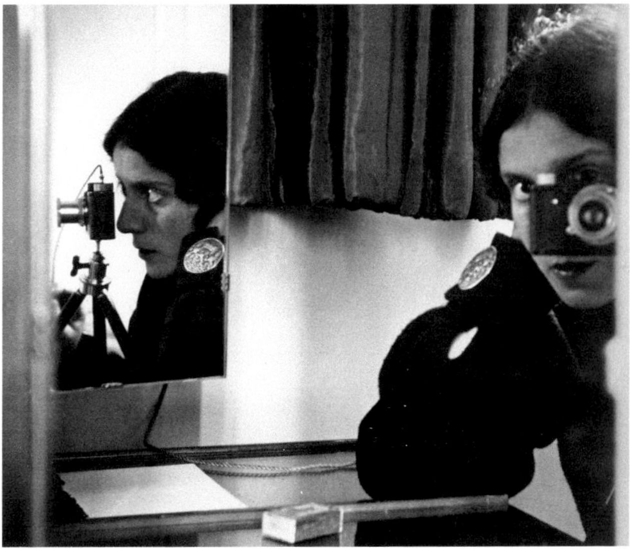

Ilse Bing
Selbstporträt, 1931

Diese Fotografie ist eine Hommage an die Messsucherkamera und die neue duale Sicht von Mensch und Kamera, die sie ermöglichte. Bings Foto zeigt diese doppelte Sicht auf geschickte Weise, indem sie die Spiegelung ihrer selbst in das Bild einbezieht. Das Foto ist auch eine Hommage an die Identität der »Neuen Frau« als Fotografin, die Bing zu dieser Zeit war, bekannt als »Königin der Leica«.

Ilse Bing begann mit der Fotografie, um ihre Doktorarbeit über Architektur zu illustrieren, wurde aber schnell Fotografin. Heute oft vernachlässigt, war sie eine der wichtigsten freiberuflichen und fotojournalistischen Fotografinnen in Europa und eine der ersten professionellen Fotografinnen, die die neue Kleinbildkamera Leica in die Hand nahmen. Sie übernahm Strategien der Avantgarde, des Bauhauses und der Moderne und arbeitete oft in verschiedenen Bereichen (wie Werbung, Architektur und Mode), während sie gleichzeitig ihre eigene unverwechselbare Praxis als unabhängige Fotografin beibehielt.

Bings dynamische Straßenfotografien mit der Leica sind Wegbereiter für die spätere Generation von Fotografen, die ähnlich arbeiteten, wie zum Beispiel Henri Cartier-Bresson.

Ihre Auftragsarbeiten waren sehr erfolgreich und wurden in den neuen illustrierten Fotomagazinen in Deutschland, Frankreich und den USA veröffentlicht. 1940 floh sie vor den Nazis aus Paris und ging, wie viele andere, in die USA. Glücklicherweise nahm sie die meisten ihrer Negative mit, verlor aber viele ihrer eigenen Abzüge.

JAMES VAN DER ZEE

USA, 1886–1983

FOTOGRAF DES AFRO-AMERIKANISCHEN HARLEM

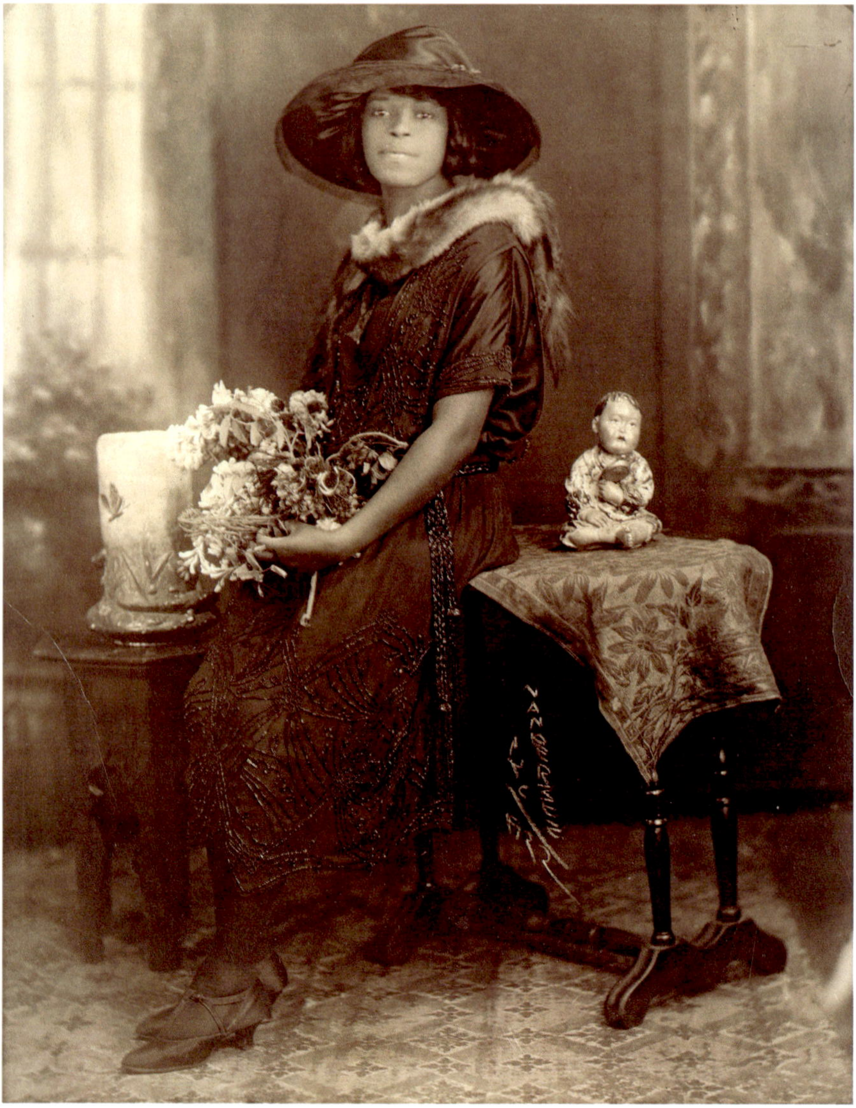

James Van Der Zee
Evening Attire, 1922
25,4 x 20,3 cm

Van Der Zees Fotografien zeigen alle eine bemerkenswerte Kombination seiner Fähigkeiten in Technik, Studio und im Umgang mit Menschen. Seine Kompositionen lassen die Person im Studio mühelos entspannt und bequem aussehen. Für den Abend gekleidet, posiert die junge Frau, als würde sie gleich ausgehen, und blickt selbstbewusst in die Kamera, während die Requisiten und der künstliche Hintergrund einen sozialen Kontext schaffen.

James Van Der Zee war einer der wichtigsten Fotografen Anfang des 20. Jahrhunderts im schwarzen New Yorker Stadtteil Harlem. Er war ein ausgebildeter Musiker und die Fotografie war zunächst seine zweite Leidenschaft, aber ein Teilzeitjob in einer Dunkelkammer brachte ihn dazu, Fotograf zu werden. Seine Fotografien sind eine erstaunliche Aufzeichnung des Lebens und der Liebe in der Welt der »Harlem Renaissance«. Das 1978 veröffentlichte *Harlem Book of the Dead* (mit einer Einführung der Romanautorin Toni Morrison) ist eine der bemerkenswertesten und bewegendsten Sammlungen von Fotografien, die sich mit Verlust und Tod beschäftigen. Als hochqualifizierter Porträtfotograf zeigen Van Der Zees Arbeiten eine unglaubliche Empfindsamkeit für seine Modelle und geben ihnen die verdiente Würde. Wie bei Eugène Atget vor ihm entstanden seine Arbeiten für die Kunden, für die er arbeitete und die in derselben Gemeinde lebten. In ähnlicher Weise wurden die Fotografien erst später für ihren ästhetischen Wert von Kunst- und Kulturinstitutionen geschätzt. Die Idee eines einzelnen Fotografen, der eine Gemeinschaft repräsentiert, ist heute durch die Tatsache, dass jeder seine eigene Kamera hat, zunichtegemacht. Aber aufgebaut über einen Zeitraum von Jahren gehören Van Der Zees Bilder wirklich zu einer anderen Zeit, in der die Werte, Ideale und Wünsche einer Gemeinschaft durch die Darstellungen eines einzelnen Fotografen vergegenwärtigt werden konnten. Der französische Kritiker Roland Barthes, der für seine kurzen kritischen Essays über Fotografie bekannt ist, bespricht in seinem Buch *Camera Lucida* eine Fotografie von James Van Der Zee. Angesichts der Kleidung auf einem Bild aus dem Jahr 1926 fragt er: »Warum berührt mich diese veraltete Mode?« Barthes zeigt, wie wir alle unsere persönlichen Interessen in den Fotografien anderer finden können, die in Wirklichkeit nichts mit uns zu tun haben.

ALEXANDER RODTSCHENKO

Russland, 1891–1956

WICHTIGER RADIKALER FOTOGRAF UND GRÜNDER DES KONSTRUKTIVISMUS

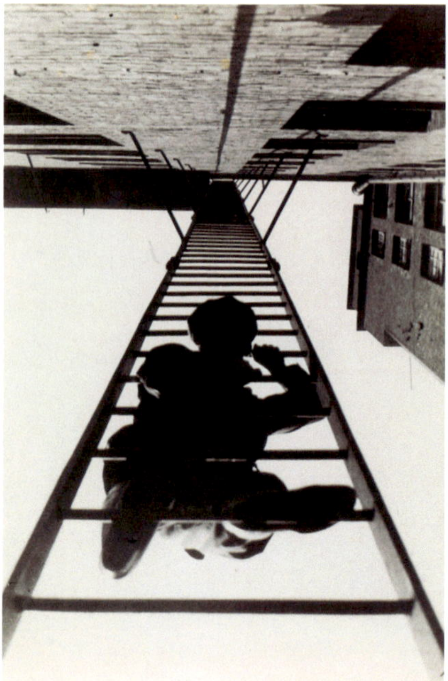

Alexander Rodtschenko
Feuerleiter, aus der Serie »Haus in der Mjasnitzkaja«, 1925

Die Idee eines »revolutionären« Blickwinkels war in Rodtschenkos Fotografie nicht nur eine Metapher, sondern auch wörtlich zu nehmen. Die Fotografie konnte genutzt werden, um die Dinge tatsächlich anders zu sehen, wie in diesem desorientierenden Blickpunkt unter der Leiter. Wir sehen die Figur, die sie hinaufklettert, als Silhouette gegen das Gebäude, ein perfektes Beispiel für konstruktivistische Vision und das Vertraute, das fremd geworden ist.

Der aus St. Petersburg stammende Alexander Rodtschenko war einer der Begründer des Konstruktivismus. Der Blickwinkel der Kamera in der Fotografie wurde selbst als maßgeblich für diesen Wandel angesehen, da seine Veränderung entscheidend beeinflusste, wie wir die Welt sehen. Die Fotografie konnte genutzt werden, um diese neue kühne Sichtweise in Bildern zu zelebrieren, wobei breite und diagonale Linien verwendet wurden, um die neue Dynamik des modernen sowjetischen Lebens zu symbolisieren. Als Stalin allmählich die Macht über die sowjetische kommunistische Partei übernahm, wurde der Idealismus dieser zukunftsorientierten Bewegungen entweder gebändigt oder durch die ideologischen Regeln der Staatspropaganda zerschlagen. Rodtschenko litt – wie andere auch – darunter, dass er vor eine harte Wahl gestellt wurde: sich anzupassen oder zu verschwinden. Dennoch schuf Rodtschenko in den frühen 1920er-Jahren eine dynamische Idee der »Neuen Fotografie«, die zusammen mit seinen Schriften das ganze 20. Jahrhundert hindurch sehr einflussreich war.

CLAUDE CAHUN
Frankreich, 1894–1954

GENDERTHEORETIKERIN, AUTORIN, DARSTELLERIN, FOTOGRAFIN UND KÜNSTLERIN

Claude Cahun war eine avantgardistische Fotografin und symbolistisch inspirierte Schriftstellerin, die mit den Surrealisten in Verbindung stand. Sie änderte ihren Namen von Lucy Schwob, um das geschlechtsneutrale Claude anzunehmen. Schriftstellerinnen benutzten in dieser Zeit oft ein Pseudonym, um Vorurteilen von Verlegern zu entgehen, und in der Tat haben spätere Historiker des Surrealismus ihren Namen manchmal mit dem eines Mannes verwechselt. Viele, aber nicht alle ihrer Fotografien können als Demontage von Geschlechterkategorien oder als deren Kritik gesehen werden. Die Wiederentdeckung verschollener Archive nach ihrem Tod hat viel dazu beigetragen, ihre Bedeutung als radikale Schlüsselfigur der Fotografie und der Beziehung des Selbst zu Geschlecht und Politik wiederherzustellen. Cahuns Werk verweigert sich den üblichen Einteilungen in Kategorien wie Schriftstellerin, Künstlerin, Schauspielerin, Fotografin oder politische Aktivistin, da sie all dies tat und die üblichen Grenzen ablehnte, die mit solchen beruflichen Identitäten verbunden sind.

Claude Cahun
Aveux non avenus (Verleugnete Bekenntnisse), 1930

Cahuns Fotocollage zerlegt das kohärente Bild des Selbst in verschiedene Körperteile und schafft einen Körper in Fragmenten. In diesen neuen »Selbstbildern« entspricht der Körper nicht mehr der üblichen zweidimensionalen bildlichen Darstellung des Menschen. Stattdessen entsteht eine Faszination für bestimmte Körperteile, die über das Bild verstreut sind wie die Bauteile eines Autos, die in einer Fabrik zur Montage bereitliegen.

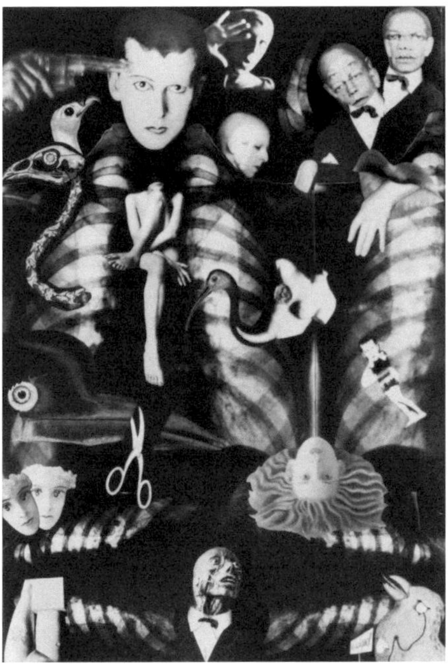

»FILM UND FOTO«-AUSSTELLUNG

Deutschland, 1929

EPOCHALE AUSSTELLUNG ZU FILM UND FOTOGRAFIE

Die Ausstellung »Film und Foto« im Jahr 1929 war ein enorm wichtiges und einflussreiches Großereignis. Organisiert von der Künstlergruppe Deutscher Werkbund in Stuttgart, zielte sie darauf ab, die modernen Ansätze des 20. Jahrhunderts in Bezug auf Fotografie und Kino zu zeigen. Die Ausstellung umfasste die deutsche Neue Sachlichkeit, die Bauhaus-Bewegung und Arbeiten von Fotografen aus ganz Europa und den USA, darunter Eugène Atget, Berenice Abbott, Florence Henri, Germaine Krull, Alexander Rodtschenko, Albert Renger-Patzsch und August Sander. Aus Stuttgart ging die Ausstellung dann von 1929 bis 1931 auf Tournee und besuchte Zürich, Berlin, Danzig (heute Gdańsk), Wien, Zagreb, München und schließlich Tokio und Osaka. Sie hatte Einfluss auf die Fotografie in der ganzen Welt und bleibt eine der bedeutendsten, mit Fotografien, die bis heute in die Geschichte eingehen. Die meisten der fast 1.000 ausgestellten Fotos stammen von Fotografen, die heute als Schlüsselfiguren in der Geschichte der Fotografie gelten.

Die Filmsektion wurde von Hans Richter kuratiert und umfasste so unterschiedliche Darsteller wie Charlie Chaplin und experimentelle Kunstwerke von Marcel Duchamp, Germaine Dulac, Fernand Léger und Walter Ruttmann.

Unten links:

Willi Ruge
»Film und Foto« Ausstellungsplakat, 1929
84 x 58,5 cm

Dieses Werbeplakat stellt alles in einen dynamischen Winkel und präsentiert den modernen Fotografen als eine riesige Figur, die auf den Betrachter herabschaut. Der Fotograf hält eine Großbildkamera, die auch den Dreh- und Angelpunkt zwischen den beiden Themen »Film« und »Fotografie« im Ausstellungstitel bildet.

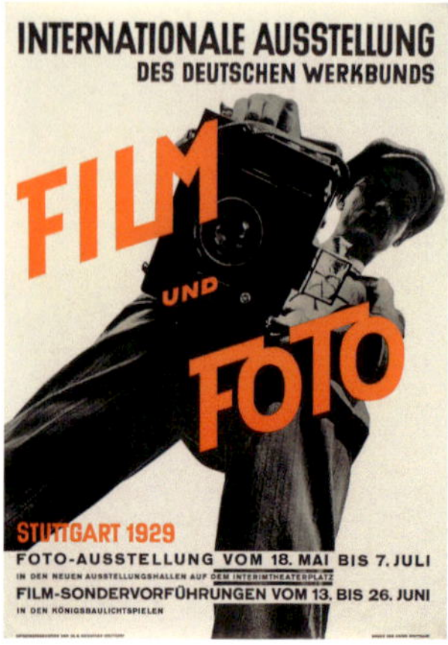

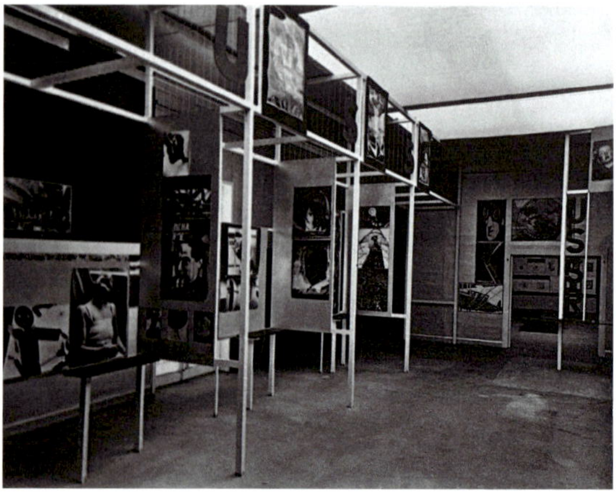

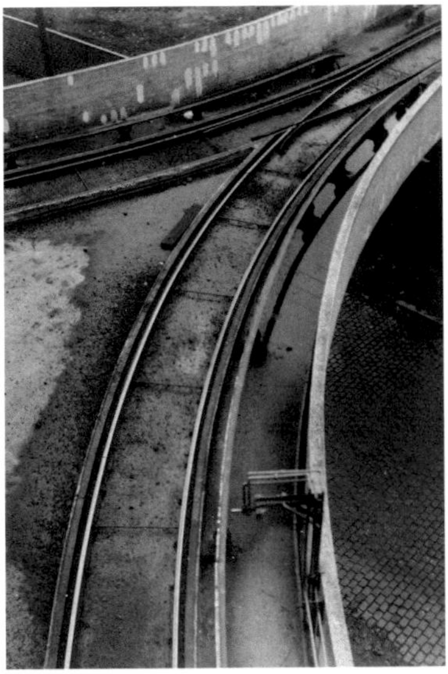

Germaine Krull
Rails, 1927

Krulls Fotografie zeigt ihr Interesse an den neuen industriellen Strukturen und der modernen fotografischen Sichtweise. Die Kamera zeigt nach unten, um einen Kontrast zwischen den modernen geschwungenen Linien der Straßenbahnschienen (und ihrer Betonfassung) und den geraden Linien der alten Straße mit Kopfsteinpflaster darunter herzustellen.

GERMAINE KRULL

NIEDERLANDE/DEUTSCHLAND, 1897–1985

Krull gehörte zu den Pionieren der New-Vision-Fotografie und verkörperte die »Neue Frau«, mit freien Werten und einer erstaunlich aktiven Karriere in Fotografie, politischer Aktivität und radikaler Avantgarde-Kultur. Sie eröffnete ihr eigenes Fotostudio in München, wurde aber aufgrund ihrer Unterstützung für den Kommunismus des Landes verwiesen. Später wurde sie auch in Moskau als Konterrevolutionärin verhaftet.

Ihre Fotos erschienen scheinbar überall, in Magazinen ebenso wie in ihren eigenen Büchern, darunter das berühmte Portfolio-Fotobuch *Métal* von 1928, das die neue fotografische Sicht der modernen Strukturen feierte. Viele weitere Bücher folgten. In den frühen 1920er-Jahren arbeitete sie in einem Berliner Fotostudio, zog aber 1925 nach Amsterdam und 1926 nach Paris, wo sie mit vielen Künstlern, Intellektuellen und Schriftstellern befreundet war und sie auch fotografierte. Ihre Arbeit umfasste die Bereiche Kunst, Mode und Journalismus, sie war als Fotografin äußerst gefragt.

Während des Zweiten Weltkriegs war sie als Fotografin der für *France Libre* in Afrika, sie gelangte über Brasilien dorthin. Sie reiste ausgiebig und lebte nach dem Weltkrieg zurückgezogen unter Mönchen in Tibet, hörte aber nicht auf zu fotografieren. Ihr Buch *Tibetans in India* wurde 1968 veröffentlicht. Nachdem sie in Thailand und Indien gelebt hatte, endete ihre rastlose Karriere in Deutschland, wo sie 1985 starb.

Gegenüber rechts:

Ausstellung – Installationsansicht
Der Sowjetische Raum, gestaltet von El Lissitzky

Die innovative »konstruktivistische« mehrdimensionale Darstellung sorgte für eine dynamische Erfahrung der Besucher der Ausstellung. Durch die Position der Bilder in drei verschiedenen Winkeln und Höhen musste das Publikum ständig in Bewegung bleiben und wurde durch die Bilder abgelenkt.

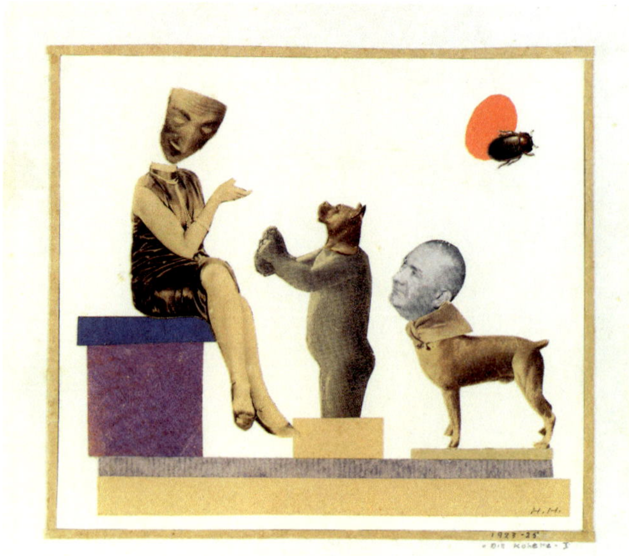

Hannah Höch
Die Kokette, 1923–25

In Höchs Fotomontage wird das Bild einer »koketten« Frau, definiert als jemand, der Männer anzieht, indem er mit ihnen flirtet, schräg persifliert, denn die Figur sitzt und hält Hof. Das Bild zeigt, dass die Vorstellung einer koketten Frau auch Männer einschließt, die vor ihr Schlange stehen – arbeitsam wie Käfer oder Tiere –, während die Frau sich auf ein Podest gestellt sieht.

HANNAH HÖCH

DEUTSCHLAND, 1889–1978

Hannah Höch war eine gelernte Künstlerin und Malerin, sie hatte Buchgestaltung und Grafik studiert. Ihr fotografisches Werk ist stark mit den ästhetischen Strategien der Berliner Dada-Avantgarde-Gruppe verbunden, die die konventionelle Sprache in Fragmente zerlegte und damit eine ähnliche Schockwirkung erzielte wie der Kubismus. Das Publikum erwartete eher konventionelle Bilder. Als einziges weibliches Mitglied der Dada-Gruppe zerschnitt und bearbeitete Hannah Höch gezielt Bilder der »Neuen Frau« aus verschiedenen populären Zeitschriften. Sie war eine Pionierin der Fotomontage und der politischen Collage als Technik zur Demontage bestehender Deutungen und zur hybriden Neuschöpfung. Die Bilder verweigern sich oft einer singulären Sichtweise und erzeugen multiple Bedeutungen. Höch arbeitete in Serien, und jede verfolgte bestimmte Themen. Sie lebte und arbeitete in Berlin und setzte die Fotomontagen ihr ganzes Leben lang fort, trotz der Zensur ihrer Arbeit während der Naziherrschaft. So wie sich das Werk im Laufe der Jahre entwickelte, änderte sich auch die Ikonografie ihrer Arbeit, da sie verschiedene Themen, die sie in den Zeitschriften fand, aufgriff und behandelte. In diesem Sinne reflektiert Höchs Arbeit sowohl den visuellen Inhalt und die sozialen Themen der Zeitschriften, die sie als kulturelle Quelle für ihre Arbeit nutzte, als auch deren Neuinterpretation. Von der Satire des Kapitalismus bis hin zur kritischen Rolle von Frauen, Ethnizität und Klasse wirkt ihr Werk auf den Betrachter wie eine Rätselserie. Ihre frühen Montagen können als Kritik an den männlichen Berliner Dadaisten verstanden werden, deren verlogenes Frauenbild einschlägig dokumentiert ist.

LUCIA MOHOLY

TSCHECHISCHE REPUBLIK, 1894–1989

Lucia Moholy studierte Kunstgeschichte, Philosophie und Sprachen in Prag, bevor sie zum Arbeiten und Studieren in verschiedene deutsche Städte zog: zunächst nach Wiesbaden, dann nach Leipzig, wo sie als Redakteurin arbeitete, und schließlich nach Berlin. Dort lernte sie Lázlo Moholy-Nagy kennen und sie heirateten, den Namen behielt sie nach ihrer Trennung 1929 bei. Ihre umfangreiche fotografische Dokumentation der »Neuen Sachlichkeit« über das Bauhaus beanspruchte Bauhaus-Gründer Walther Gropius für sich, der ihr Archiv mit Negativen erbte, als sie in den 1930er-Jahren vor den Nazis floh. Gropius benutzte die Fotografien und trat als deren Urheber auf. Erst in den 1960er-Jahren konnte Moholy einen Teil davon zurückfordern. 1934 floh sie nach London, wo sie (in englischer Sprache) das Buch *A Hundred Years of Photography, 1839–1939* schrieb. Nach dem Zweiten Weltkrieg arbeitete sie im Nahen Osten für Film- und Dokumentationsprojekte der UNESCO. 1959 ließ sie sich schließlich in der Schweiz nieder, wo sie bis zu ihrem Tod 1989 im Alter von 95 Jahren hauptsächlich als Kunstkritikerin lebte und arbeitete.

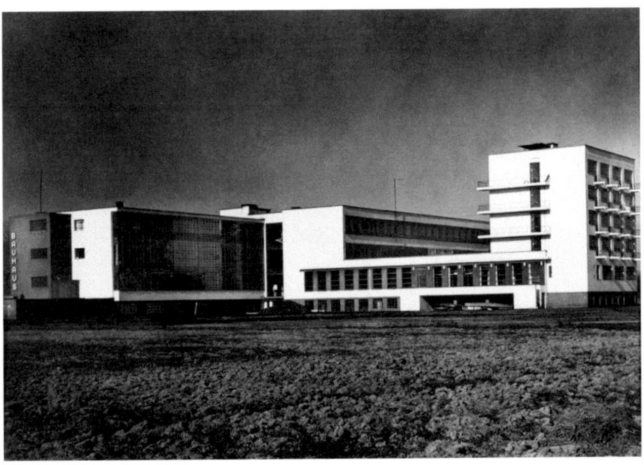

Lucia Moholy
Bauhaus, Dessau,
1925–26

Das berühmte Bauhaus-Gebäude in Dessau ist hier in der Art des Design-Mottos fotografiert: »Form folgt Funktion«. Die kantigen Linien, die die Struktur des Gebäudes zelebriert, werden im Kontrast zum stark verdunkelten Himmel hervorgehoben.

AUGUST SANDER

Deutschland, 1876–1964

BEGRÜNDER DER FOTOGRAFISCHEN »TYPOLOGIE« ALS METHODE DER SOZIALEN PORTRÄTKUNST

August Sanders Fotobuch *Menschen des 20. Jahrhunderts* wurde 1929 nach einer Ausstellung von 1927 mit 60 Fotoporträts von Menschen in Deutschland veröffentlicht. Obwohl Sander viele verschiedene Dinge fotografierte (einschließlich Landschaften, Architektur und Straßen), sind es diese wunderbaren Porträts, für die er heute am bekanntesten ist. Die Porträts kennzeichnen die Personen durch ihre Berufe, wobei einige als »Arbeitslose«, »Obdachlose« oder sogar, im Fall eines Bildes von Sanders Sohn aus dem Jahr 1926, als »Teilzeitstudent« beschrieben werden. Sanders Projekt war eine fotografische Typologie von Menschen, ein Katalog der sozialen Rollen und Gesichter, die an einem Ort fotografiert wurden, der mit ihrem Leben oder ihrer Arbeit zu tun hat. Ein Koch wird in seiner Küche fotografiert, ein Maler in seinem Atelier und so weiter. Sander gelingt es, all diese Menschen so darzustellen, dass der Betrachter das Gefühl hat, dabei zu sein. Ihre Pose ist sorgfältig, ja sogar ergreifend, und meist elegant. Wenn wir auf ihre Hände schauen, sehen wir, dass auch diese eine Rolle im Bild spielen. Sander lässt diese Menschen ernst, aber sehr lebendig wirken. Als brillanter Techniker gibt er seinen Figuren einen ausgewogenen Maßstab, sodass die Menschen eine Gruppe zu bilden scheinen, allein durch die Art und Weise der Aufnahme.

August Sander
Berliner Kohlenträger, *Berlin*, 1929

Die normalerweise statische, frontale Porträthaltung erhält hier eine dynamische Anmutung durch die Art und Weise, wie Sander den Kohlenträger nach einer Lieferung mitten im Gehen zeigt. Er ist im Begriff, ins Licht der Straße zu treten, und mit je einem Fuß auf jeder Seite der erhöhten Schwelle sieht es nicht so aus, als wäre es eine leichte Aufgabe.

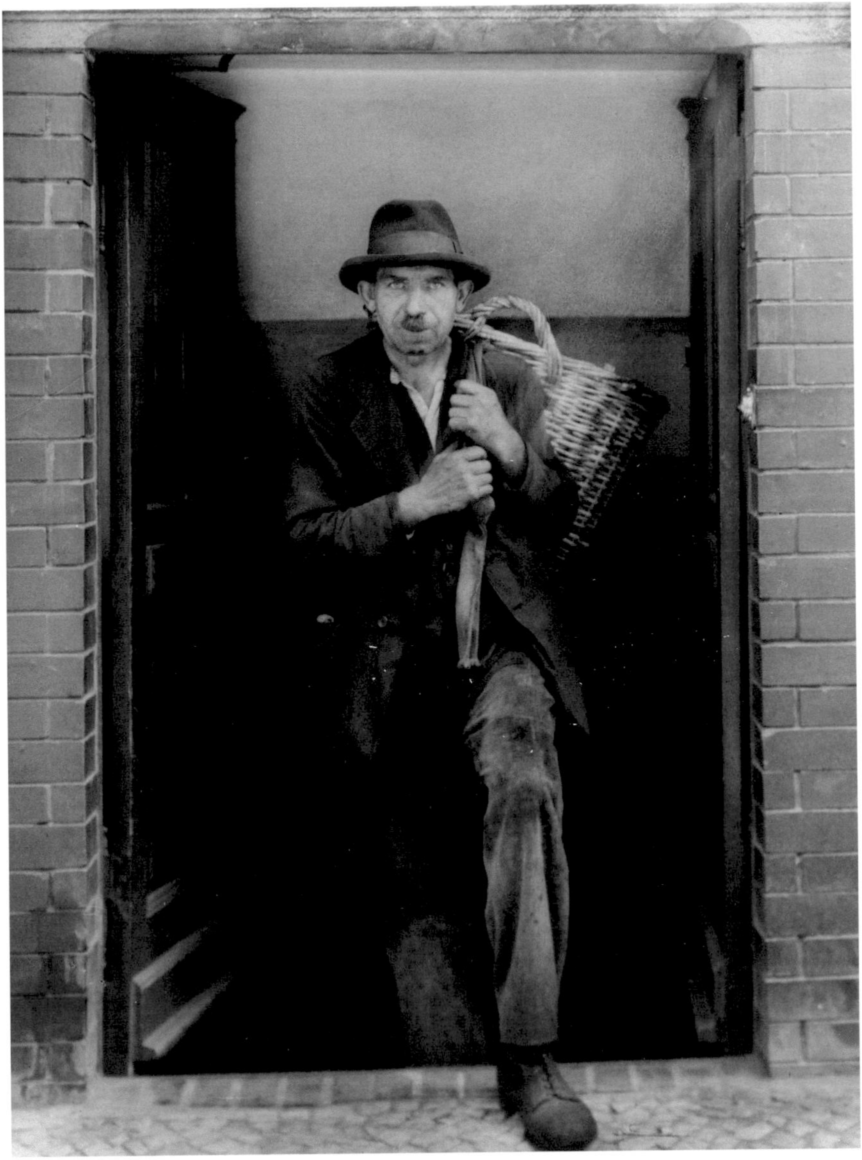

BRASSAÏ

Ungarn, 1899–1984

ERFINDER DER PARISER NACHTFOTOS

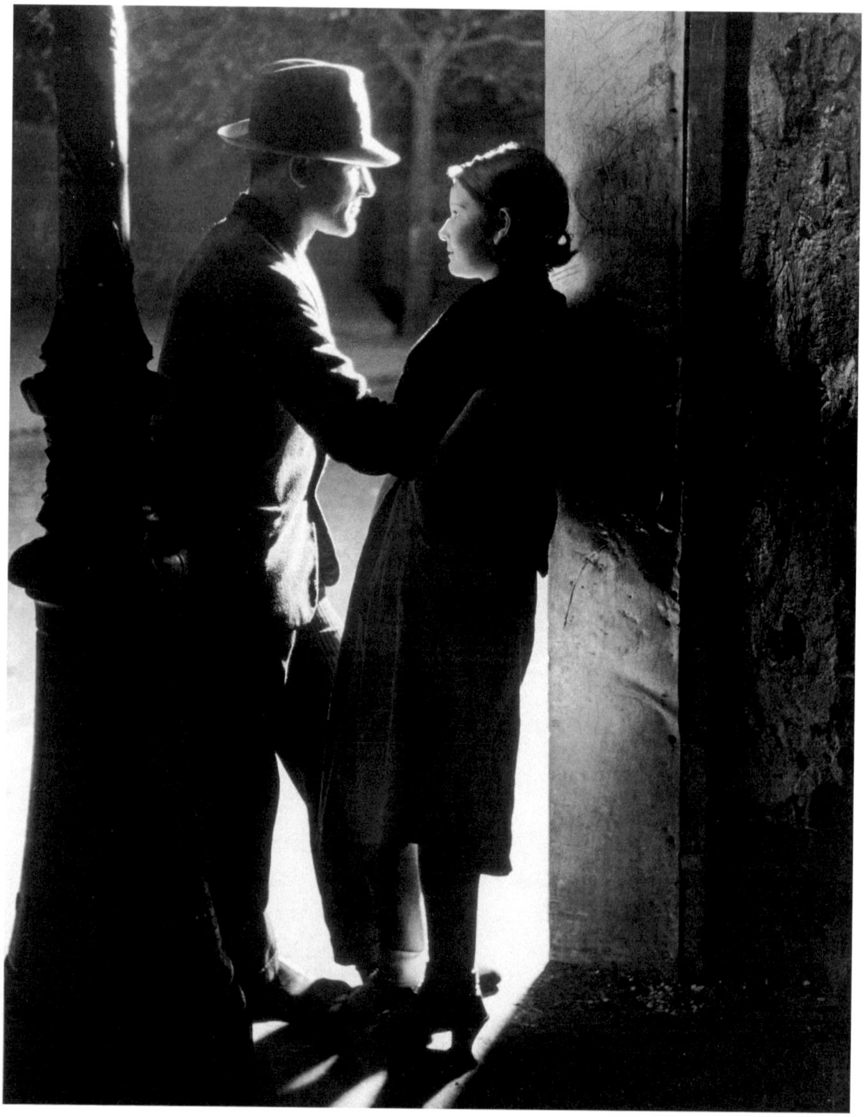

Gyula Halász, einfach als Brassaï bekannt (eine Referenz an seine Heimatstadt Brassó in Siebenbürgen), war einer der ersten Fotografen, der Paris bei Nacht erkundete. Seine Bilder sind stark mit der Kunst und Literatur dieser Stadt verbunden. Tagsüber war Brassaï Journalist, aber seine nächtlichen Fotografien zeugen von einer Affinität zu den Surrealisten und zeigen sein Interesse an der nächtlichen Stadt als einem Raum der Sehnsucht. André Breton, der selbsternannte Führer der Surrealisten in Paris, nahm Brassaïs Fotografien 1937 in sein Buch *Mad Love* auf. Brassaï machte eines der ersten Fotobücher, das die nächtliche Stadt wirklich als soziales Thema behandelte, als eine Art, die ungesehene Kehrseite des Pariser Lebens zu betrachten. Seine Fotografien mystifizieren die Stadt auf wunderbare Weise. Oft gestellt, hallen die Bilder mit dem starken Gefühl eines voyeuristischen Detektivromans nach, in dem die düsteren, dunklen Orte die Atmosphäre der Stadt verstärken. Die Nacht bringt alle Arten von Lebensstilen zum Vorschein, die tagsüber ungesehen oder unsichtbar sind. Brassaïs Fotografien strahlen eine sinnliche Dunkelheit aus, die in der westlichen Fotografie zu diesem Zeitpunkt ungewöhnlich ist. Obwohl sie scheinbar in dunklen Ruß gehüllt sind, machen sie die Vorgänge der Nacht sichtbar. Das Buch *Paris de Nuit* aus den 1930er-Jahren war die erste Publikation, die die Popularität dieser Nachtfotografie auslöste, obwohl viele von Brassaïs berühmteren Fotografien, die mit dem nächtlichen Paris in Verbindung gebracht werden, erst später entstanden, als er die ursprünglichen Motive weiterentwickelte. Diese Fotografien wurden schließlich 1976 in dem mittlerweile klassischen Fotobuch *The Secret Paris of the 30s* veröffentlicht.

Brassaï
Liebe unter einer Straßenlaterne, 1932

Brassaï verwendet in diesem Bild einen Hell-Dunkel-Kontrast (Chiaroscuro) mit brillanter Wirkung. Der Mann ist halb in der Dunkelheit und halb im Licht, das Gesicht der Frau wird von ihm erhellt. Ein intimer Moment in einer unsicheren Beziehung, und Brassaïs Fotografie gibt uns das Gefühl, wir versteckten uns im Schatten, um das Paar zu betrachten, auch wenn diese Szenen zuweilen gestellt sind.

KIYOSHI KOISHI

Japan, 1908–1957

PROMINENTER FOTOGRAF DES FRÜHEN 20. JAHRHUNDERTS

Der in Osaka geborene Kiyoshi Koishi war einer der führenden Avantgarde-Fotografen der neuen Ära in Japan. Als Vertreter der »Neuen Fotografie«-Bewegung in Japan in den 1930er-Jahren experimentierte er mit einer Reihe verschiedener Techniken, darunter Fotomontagen, Fotogramme und Solarisation (Positiv/Negativ-Bildumkehrungen). Diese Techniken ähnelten denen, die von den Surrealisten in Paris und anderswo in Europa angewandt wurden und die zu dieser Zeit in Japan bereits bekannt waren. Koishis Arbeit kann tatsächlich parallel zu den Surrealisten betrachtet werden, mit seinem Interesse an Themen wie Identität, Träume, Objekte und Begehren. Sein Fotobuch mit 10 Fotografien namens *Shoka Shinkei* (Frühsommernerven), das zu einer Ausstellung im Jahr 1933 erschien, ist ein Meilenstein in der Geschichte der Fotografie. Auffallend ist der Bezug der Themen seiner Fotografie zu bestehenden japanischen Kulturtraditionen. Der »saubere« Look vieler moderner Fotografien in Europa sprach an und konnte leicht mit einer Reihe traditioneller japanischer ästhetischer Philosophien in Verbindung gebracht werden: die Schönheit der Strenge, schlichte Eleganz oder auch die Unvollkommenheit. Die schöne Eleganz von Koishis Kompositionen mildert oft die beunruhigenden Themen im Werk. Die Frage der Identität und ihre Verbindung zur Fotografie ist in seinem Werk stark präsent, ein Motiv, das auf unterschiedliche Weise wiederkehrt. Koishi arbeitete als angestellter Fotograf der Zeitschrift *Shashin Shūhō* (Photo Weekly), wurde aber später Kriegsfotograf. Kameraclubs waren in dieser Zeit sehr wichtig für die Entwicklung der Fotografie in Japan, während sie in Europa oft schon zu stagnieren begannen und sich auf den Piktorialismus zurückzogen. In Japan hatten die verschiedenen Clubs alle ihre eigenen Charakteristika und behielten, obwohl sie im Dialog miteinander standen, ihre eigenen Ideen bei.

Kiyoshi Koishi
Shoka Shinkei
(Frühsommernerven), 1933

Dieses Buch strotzt nur so vor avantgardistischem Widerstand gegen Piktorialismus und traditionelle Fotografie. Mit seinem Cover aus Zink kombiniert es einen Sinn für düsteren Realismus und dunkle Sinnlichkeit, wobei die Gewalt nie weit entfernt ist.

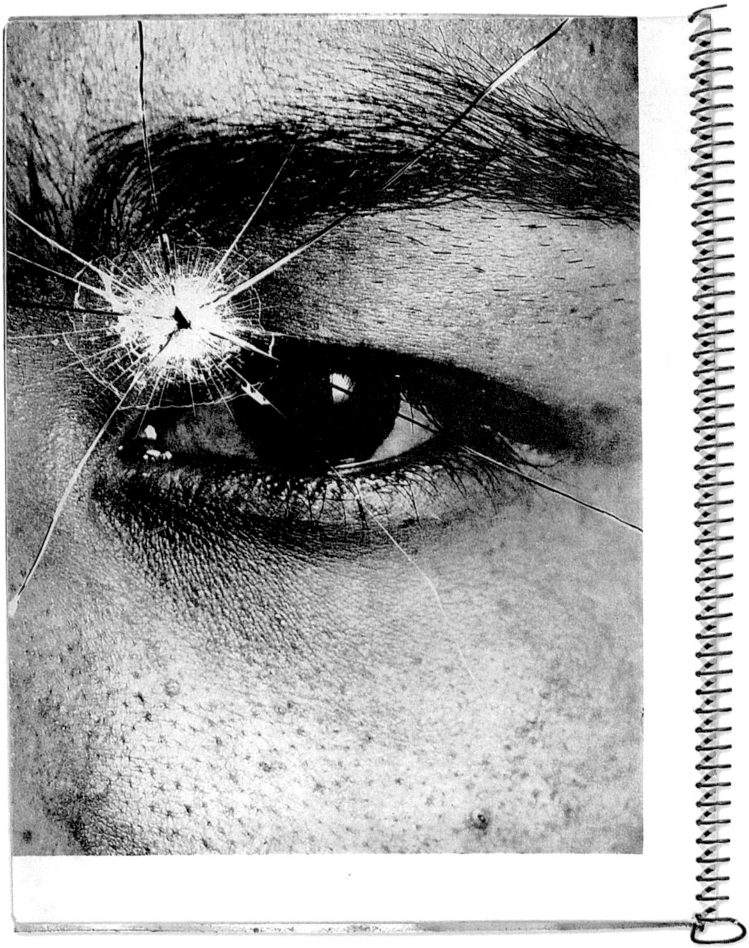

EDWARD STEICHEN

Luxemburg/USA, 1879–1973

EINFLUSSREICHER KURATOR UND FOTOGRAF DES 20. JAHRHUNDERTS

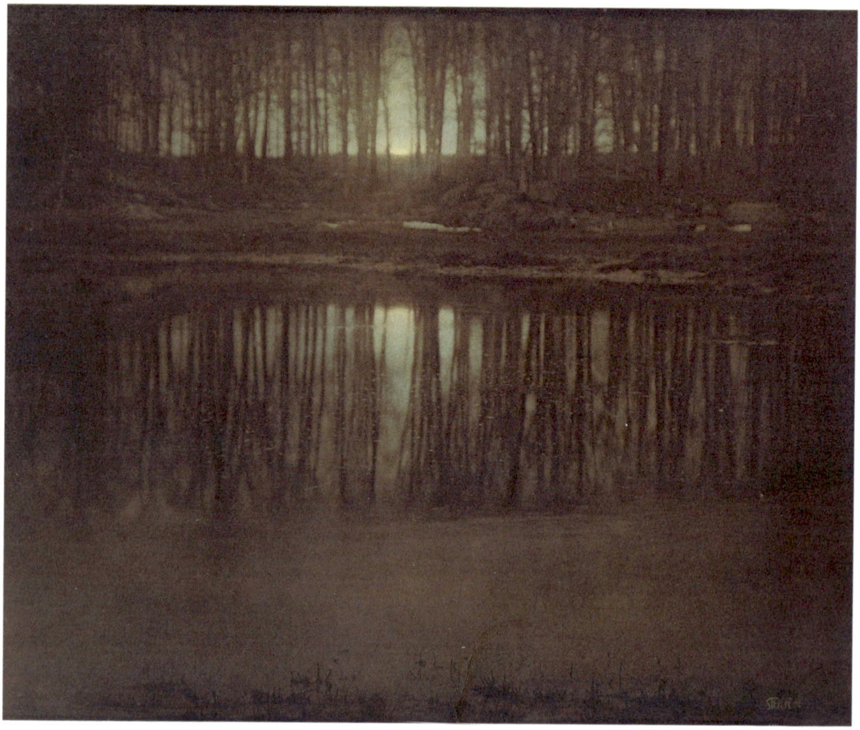

Edward Steichen
The Pond – Moonlight, 1904

Einer von drei Drucken dieses elegischen Fotos von Edward Steichen wurde 2006 für den Rekordpreis von 2,9 Millionen Dollar verkauft.

Edward Steichen ist eine der bedeutendsten Figuren in der Geschichte der Fotografie des 20. Jahrhunderts. Er ist nicht nur wegen seiner langen Karriere und seinen umfangreichen Werkes als vielseitiger Industrie-, Werbe- und Kriegsfotograf wichtig (mit dem Ruf, einer der bestbezahlten Fotografen der Welt zu sein), sondern auch als einer der einflussreichsten Kuratoren der Fotografie. Von 1947 bis 1961 war er in der Fotografieabteilung des Museum of Modern Art (MoMA) in New York tätig und kuratierte viele Ausstellungen, die auch heute noch von großer Bedeutung sind, darunter die weltweite Wanderausstellung »The Family of Man« von 1955, die von etwa 9 Millionen Menschen auf der ganzen Welt gesehen wurde.

Als talentierter Künstler war er einer der ersten, die die Modefotografie vorantrieben. Seine Fotografien der Kollektion von Paul Poiret wurden 1911 in *Art et Décoration* und seitdem in *Vogue*, *Vanity Fair* und vielen anderen Zeitschriften veröffentlicht. 1932 war Steichen der erste Fotograf, der ein Farbfoto auf dem Cover der *Vogue* (USA) hatte. Während des Zweiten Weltkriegs arbeitete er für die US-Marine, baute eine Fotoeinheit auf und drehte 1945 die oscarprämierte Kriegsdokumentation »The Fighting Lady«. Zwei Jahre später wurde er zum Director of Photography am MoMA ernannt. Einige kritisierten die Richtung, in die Steichen die Abteilung führte, als Abkehr von der Frage der »Fotografie als Kunst« hin zur Fotografie als Massenmedium. Sein größtes Vermächtnis aus dieser Ära ist die Ausstellung »The Family of Man«, ein zuweilen sentimentaler Blick auf die Menschen der Nachkriegszeit, auf das Leben als eine Geschichte von der Geburt bis zum Tod, sowohl von Leid als auch von Freude, manchmal ohne offensichtliche Ursachen. Neben seinen kuratorischen Errungenschaften sollten wir jedoch nicht seine eigene lange, illustre und brillante fotografische Karriere vergessen, die Mode, Militärfotografie und eindringliche Prominentenporträts sowie seine früheren und berühmtesten Bilder des Piktorialismus wie »The Pond« umfasst, die von Alfred Stieglitz in *Camera Work* veröffentlicht wurden.

EXPOSITION INTERNATIONALE DE LA PHOTOGRAPHIE

Museé des arts décoratifs, Louvre, Paris, 1936

EPOCHALE FOTOAUSSTELLUNG IN FRANKREICH

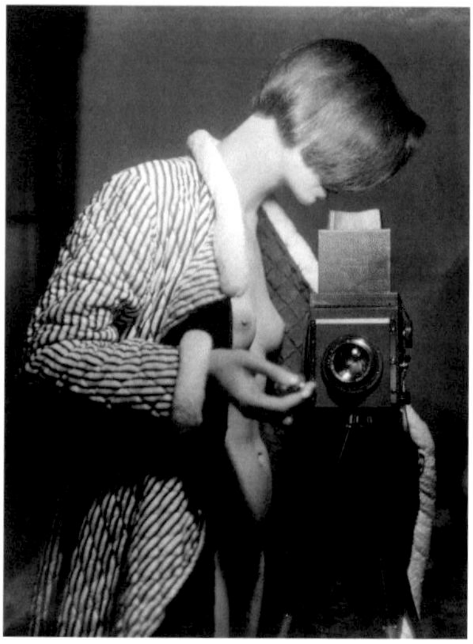

Marianne Breslauer
Selbstporträt, 1933

Breslauers modebewusstes Bild schafft es, sich selbst wie eine locker gekleidete Schaufensterpuppe aussehen zu lassen, was an die surrealistische Fotografie erinnert. Das gespiegelte Selbstporträt zeigt auch etwas von dem neuen Selbstbewusstsein und der Unabhängigkeit, die die Fotografinnen der Neuen Frauen in dieser Zeit verspürten, hier als Selbstbildnis reflektiert.

Die Internationale Fotoausstellung von 1936 zeigte etwa 1.500 Fotografien, die von einer Jury ausgewählt wurden, um die beste »Neue Fotografie« zu feiern. Die Auswahl war eigentlich eine Bestätigung der bereits bekannten Erfolge, sodass die Ausstellung eher retrospektiv als prospektiv war (man müsste dazu die internationale Avantgardeausstellung der Surrealisten betrachten, die im selben Jahr stattfand).

In gewisser Weise kann die Ausstellung als Antwort auf die Ausstellung »Film und Foto« von 1929 in Deutschland betrachtet werden. Die Jury bestand aus Mitarbeitern großer Zeitschriften und kultureller Institutionen, und die Auswahl spiegelte das Wachstum der Fotografie in den Bereichen Mode, Reisen, Zeitschriftenillustration und Werbung wider. Die Ausstellung nimmt einen bedeutenden Platz in der Geschichte ein, denn sie bestätigt die Fotografie in Frankreich als Kunstrichtung und wichtige kulturelle Praxis. Historisch bedeutsam war sie auch, weil der New Yorker Kurator Beaumont Newhall einige der Fotografen und Werke für seine im folgenden Jahr stattfindende Schau im Museum of Modern Art in New York mit dem Titel »Photography 1839–1937« auswählte.

MARIANNE BRESLAUER

DEUTSCHLAND, 1909–2001

Breslauer gehört zu der Generation von Fotografinnen, die sich in den späten 1920er- und 1930er-Jahren in Deutschland mit der Fotografie des Neuen Sehens beschäftigten. Sie lernte Man Ray in Paris kennen, entwickelte aber ihre eigene unabhängige »Straßenfotografie«, während sie auch für Zeitschriften in Deutschland arbeitete. Sie reiste viel, doch ihre Karriere wurde durch den Aufstieg der Nazi-Partei und der Besetzung Hollands jäh unterbrochen, wo sie in den späten 1930er-Jahren lebte. Sie emigrierte in die neutrale Schweiz, wo sie die Fotografie aufgab.

ANDRÉ KERTÉSZ

UNGARN, 1894–1985

André Kertész kaufte seine erste Kamera in Budapest im Alter von 18 Jahren. Er lehnte eine mögliche Karriere im Bankwesen ab, zog nach Paris und begann als freier Fotograf zu arbeiten. Die »Stadt des Lichts« lieferte ihm viel Material für seine Arbeiten, die er als Bücher veröffentlichte. Einige davon wurden später neu aufgelegt, als er in die USA übersiedelte; die Sammlung von Fotografien in seinem Buch *Day of Paris* zum Beispiel 1945. Im Gegensatz zu Brassaïs Faszination für die Nacht und die Dunkelheit spiegeln Kertész' Fotografien einen hellen Optimismus. Oft klar, sauber und knackig im Gesamtton haben sie das stilisierte Gefühl von Werbung, aber er konnte auch Fotografien mit einem düsteren, alltäglicheren, realistischen Look anfertigen. Sein 1971 erschienenes Buch *On Reading* ist eine faszinierende Sammlung von Bildern. Aufgenommen in der ganzen Welt zwischen 1920 und 1970 zeigt es Menschen, die in unterschiedlichen Situationen lesen.

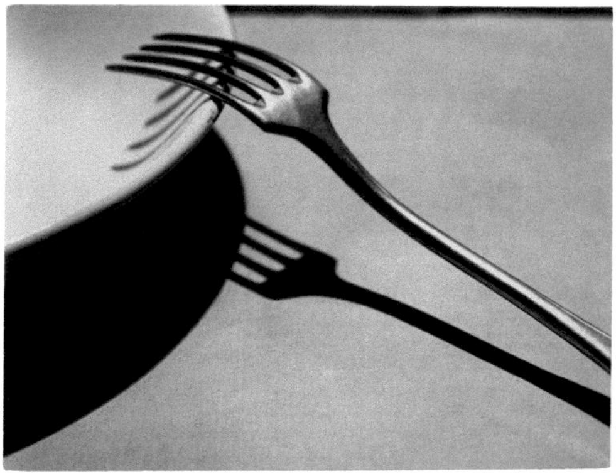

André Kertész
The Fork, 1928

Diese Fotografie demonstriert den sauberen Look der »Neuen Fotografie«, die »Objekthaftigkeit« des modernen Blicks, der so gut für die Werbung geeignet war (das Bild entstand als Werbung für Silberschmiede). Es schafft einen eleganten Kontrast von Licht und Schatten.

INTERNATIONALE AUSSTELLUNGEN DER SURREALISTEN

London, 1936 & Paris, 1938

EINFLUSSREICHE SURREALISTISCHE AUSSTELLUNGEN

Fast in Opposition zu den fotospezifischen internationalen Ausstellungen, die andernorts stattfanden, entwickelten die Surrealisten ihre eigenen öffentlichen Surrealismus-Ausstellungen und Veranstaltungen in Galerien. Die Ausstellungen 1936 in London und 1938 in Paris waren Höhepunkte in den einflussreichsten Jahren der surrealistischen Bewegung. Beide Veranstaltungen waren dogmatisch surrealistisch, in sich geschlossen, umfassten aber eine große Vielfalt von Medien und Praktiken. Der Surrealismus ist eine der wichtigsten frühen Avantgarde-Bewegungen, die sich die Fotografie zu eigen machte und als Teil ihrer Praxis und zentral für ihre multimediale Bewegung betrachtete. Die Fotografie erschien in ihren Zeitschriften und Ausstellungen, alle eine radikale Mischung aus Literatur, Skulptur, Malerei, Zeichnung, Installation und bahnbrechenden Performances. Die Ausstellungen zeigten die surrealistische Praxis in allen Techniken, vom automatischen Schreiben bis zu Traumbildern, surrealen Objekten und antipoetischen Bildern, wie sie sich in surrealistischen Zeichnungen, Gemälden, Fotografien, Filmen, Objekten, Performances und Installationen manifestierten. Obwohl seit 1925 bereits Ausstellungen stattgefunden hatten, waren die beiden von 1936 und 1938 wegweisend. Die Londoner Ausstellung von 1936 zeigte zahlreiche auf Fotografie basierende Werke (Fotografien, Collagen, Fotogramme) von Hans Bellmer, Oscar Dominguez, David Gascoyne, Len Lye, Dora Maar, Paul Nash und Max Servais. Die Pariser Ausstellung von 1938 hatte eine weitaus radikalere Installation. Salvador Dali und Man Ray halfen bei der Gestaltung der dunklen Räume und die Besucher erhielten Taschenlampen, um die Ausstellung zu besuchen. Die brandneuen lebensechten Schaufensterpuppen wurden von verschiedenen

Künstlern eingekleidet, um ihren eigenen speziellen Fetisch oder ihre weibliche Obsession hervorzuheben. Eine Performance bei der Eröffnung ließ die Tänzerin Hélène Vanel (eine der angesagtesten Tänzerinnen der Epoche) unbekleidet aus einem Stapel Kissen hervorbrechen, als sei sie von einem »hysterischen Anfall« geweckt worden. Man Ray präsentierte seine Bilder, dokumentierte aber auch die Ausstellung, die 1966 als Buch veröffentlicht wurde. Die Ausstellung von 1938 war das letzte große Ereignis der Bewegung vor dem Zweiten Weltkrieg. Als Hitler im Juni 1940 in Paris eintraf, um Frankreich zu besetzen, zerstreuten sich die Surrealisten in alle Winde – die meisten arbeiteten im Exil weiter.

PAUL NASH

GROSSBRITANNIEN, 1889–1946

Paul Nash wurde in London geboren und wuchs auf dem Land auf, kehrte aber nach London zurück, um Kunst zu studieren. Er gehörte zur jungen Generation britischer Künstler, die sich im Ersten Weltkrieg als Soldaten meldeten. Nash wurde 1918 offiziell zum Kriegskünstler ernannt. Die vernarbten Schlachtfeldlandschaften waren ein Motiv seiner Gemälde und setzten sich bis in seine Ausflüge in die Fotografie fort. Nash gilt als wichtiger Vertreter der frühen Moderne, wurde aber auch vom Surrealismus inspiriert.

Paul Nash
Swanage, 1936

Die gemischte Collage schöpft nach Tradition der Surrealisten aus Nashs eigenem Erleben des Ersten Weltkriegs. Die verzerrten Figuren und bizarren Formen vor der düsteren Umgebung erzählen von der Albtraumlandschaft des Krieges.

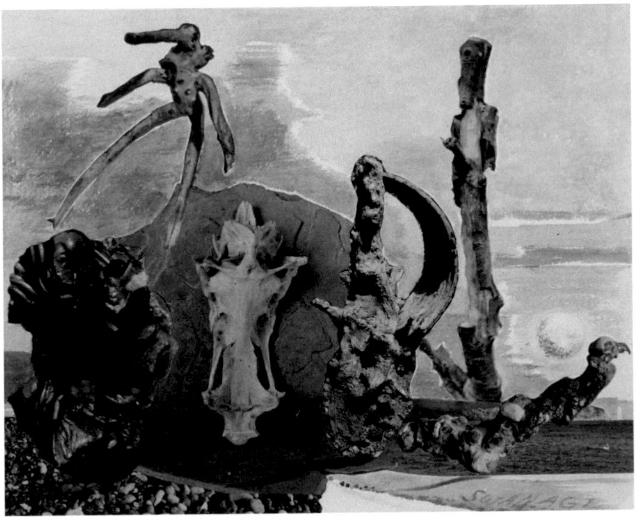

HANS BELLMER

POLEN/DEUTSCHLAND/FRANKREICH, 1902–1975

Hans Bellmer fertigte lebensechte, aber verzerrte Puppen an, die er fotografierte und oft auch von Hand kolorierte. Wie viele surrealistische Arbeiten provozieren sie bewusst widersprüchliche Gefühle. Die tot wirkenden Körper der Schaufensterpuppen werden verschiedentlich verändert, mutiert und zerlegt. Die melancholischen Figuren erinnern mit ihren schweren Schatten an Gewalt und suggerieren eine dystopische Sicht auf Roboter. Diese Idee kursierte damals durch die Figur der Olympia in Offenbachs Oper *Hoffmanns Erzählungen*. Sie basierte teilweise auf der Kurzgeschichte *Der Sandmann*, die von einem Mann handelt, der sich in eine lebensechte Puppe verliebt. Die Geschichte endet, als er ihre Schöpfer um sie kämpfen sieht und erkennt, dass sie eine leblose Puppe ist.

Hans Bellmer
Die Puppe, 1936

Bellmers verzerrte Puppenbilder stellen eine Ästhetik dar, die Deformierung als Protest gegen die Normalität auffasste. Bellmers Fotografien und Arbeiten sind wegen ihrer fetischistischen oder gar sadistischen Implikationen bis heute umstritten.

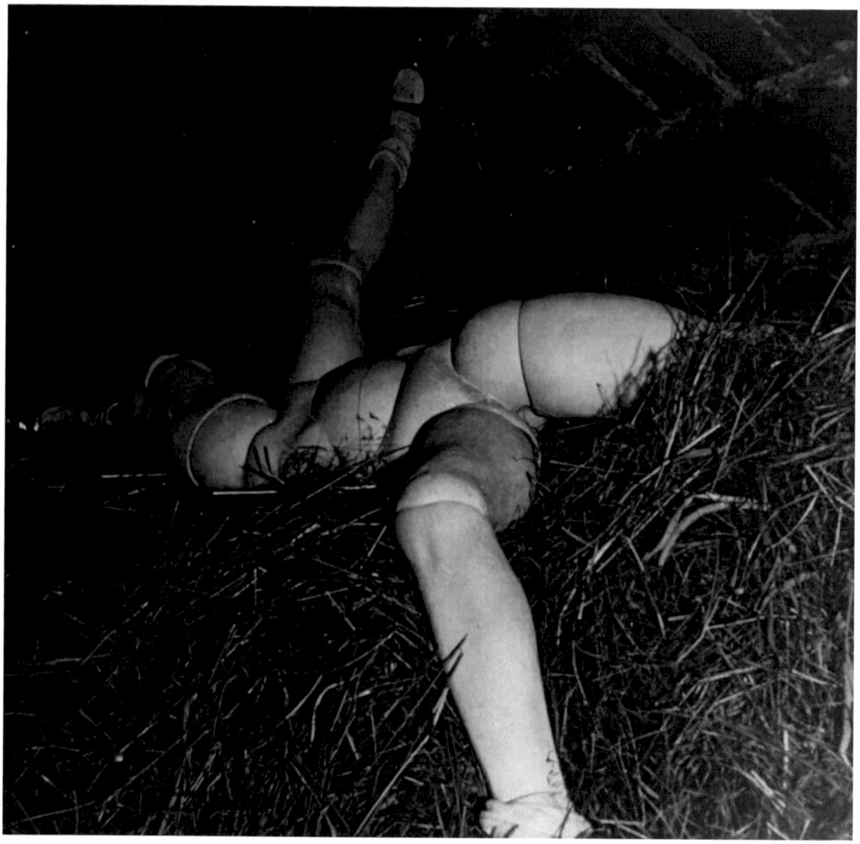

Dora Maar
Doppelporträt, 1930

Zwei verschiedene Negative desselben Modells werden zusammen gedruckt, aber ihre fragmentierten und disjunkten Beziehungen machen das Bild der Frau zu einer multiräumlichen Komposition, die sich nicht auf einen Standpunkt reduzieren lässt.

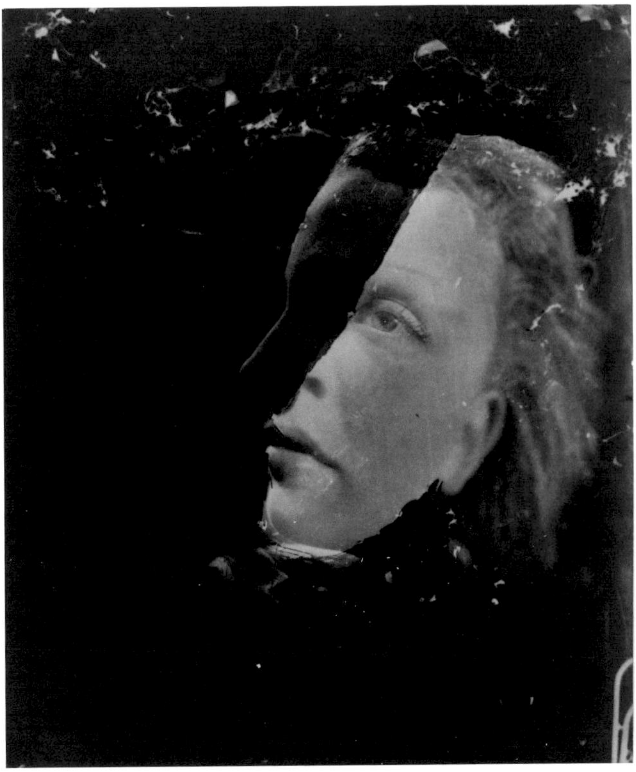

DORA MAAR

FRANKREICH, 1907–1997

Die als Henriette Theodora Markovitch geborene Dora Maar studierte Kunst und Fotografie in Paris und eröffnete 1930 ein Fotostudio in der gleichen Straße wie Man Ray. Sie arbeitete in der Werbung und in der Modebranche und förderte das Bild der »Neuen Frau«, entwickelte aber weiterhin ihre eigenen Arbeiten. Dabei griff sie oft auf die Techniken des Surrealismus zurück, mit Collagen, Fotomontagen und Spiegelungen oder Verdopplungen. Berühmt ist, dass sie Picassos Kriegsgemälde *Guernica* von 1937 während seiner Entstehung in seinem Pariser Atelier fotografierte und damit ein wichtiges historisches Dokument schuf. In ihrem späteren Leben wandte sie sich der Malerei zu, aber das Erbe ihrer Fotografie wurde allmählich stärker gewürdigt und ihre Arbeiten werden heute in vielen Museen ausgestellt.

DOROTHEA LANGE

USA, 1895–1965

DOKUMENTARFOTOGRAFIN

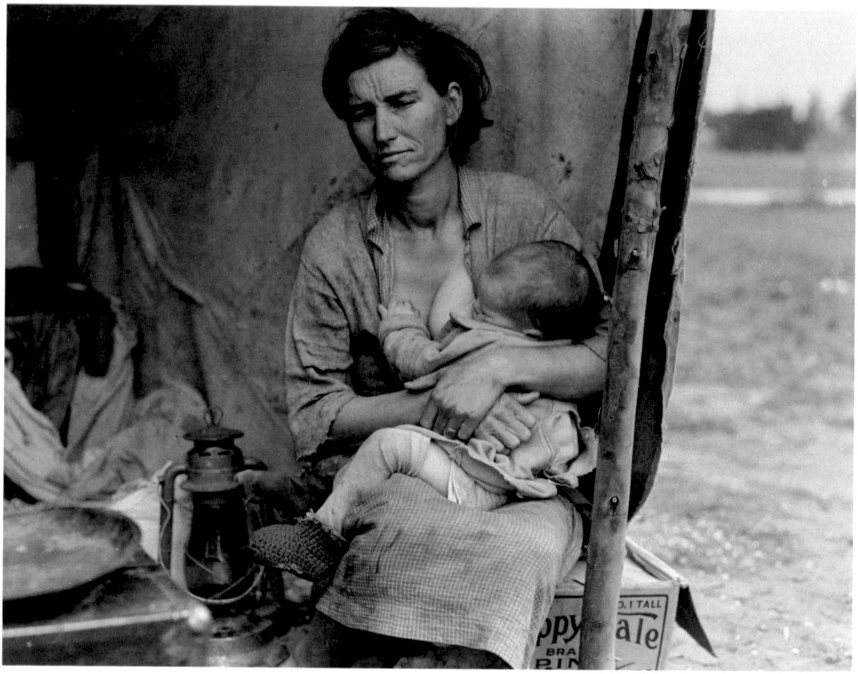

Dorothea Lange
Migrant agricultural worker's family, Nipomo, California, Februar 1936

Das Bild zeigt eine andere Ansicht der Frau auf dem berühmten Foto *Migrant Mother*. Lange nahm fünf verschiedene Ansichten von Florence Owens Thompson auf, der Mutter, deren Familie als eine von vielen verzweifelt nach Nahrung suchte. Thompson war Mutter von sieben Kindern und auf dem Foto 32 Jahre alt. Hier ist sie mit dem jüngsten Säugling beim Stillen zu sehen.

Langes *An American Exodus: A Record of Human Erosion*, veröffentlicht 1939, ist eines der klassischen Fotobücher aus der »Dust Bowl«-Ära der Depression in den 1930er-Jahren, der Ära der Dokumentarfotografie. Ihre Fotografien von Wanderarbeitern, Armen und Enteigneten sind legendär. Sie wurde von der Farm Security Administration beauftragt, die Lebensbedingungen von Wanderarbeitern und Familien zu fotografieren, die in den Krisenjahren auf der Suche nach Arbeit nach Westen reisten. Sie arbeitete mit Paul Taylor, Agrarökonom und ihr Ehemann, an dem Buch, das in sechs Kapitel gegliedert ist. Die Bilder werden von Zitaten der Migranten selbst begleitet und zielen darauf ab, einen neutral beschreibenden und beobachtenden Ton anzuschlagen, ohne die Ereignisse zu werten. Darum verzichtete Lange auf ihr berühmtestes Bild, *Migrant Mother*, von 1936 (Florence Owens Thompson und ihr Kind), das Widerstandsfähigkeit und Würde in Armut darstellte.

MAN RAY
USA, 1890–1976

ENTSCHEIDENDER SURREALIST UND MODEFOTOGRAF

Man Ray ist eine Schlüsselfigur der frühen französischen Fotografie, nicht nur wegen seiner eigenen experimentellen Fotografie, Malerei und Filmkunst, sondern auch, weil er die Arbeiten anderer, wie z. B. von Eugène Atget, in die surrealistische Bewegung einführte. Er spielte auch eine wichtige Rolle bei der Modernisierung der Modefotografie. *Noire et blanche* ist ein gutes Beispiel, das zuerst als ganzseitiges Modebild in der Zeitschrift *Vogue* veröffentlicht wurde, später aber zu einer Ikone in der Geschichte des Surrealismus wurde. Das horizontale Gesicht und die vertikale Maske spiegeln sich in einer Reihe von Kontrasten wider: Fleisch und Holz, hell und dunkel, europäisch und afrikanisch. Die Maske ist wie ein Negativ des Gesichts und das Gesicht ein Positiv des Negativs; in der Tat hat Man Ray das Bild manchmal als Negativ gedruckt und damit den Gegensatz wieder umgekehrt. Wenn das eine das andere spiegelt, dann sind sie miteinander verbunden und verknüpft. Das ist die Bildaussage.

Man Ray gilt als einer der großen modernen Porträtfotografen, der oft die einfache frontale Darstellung des Gesichts einer Person zugunsten komplexerer und faszinierenderer Ansichten ihres Körpers ohne die üblichen Werte einer »bürgerlichen« Gefühlswelt ablehnte. Oft ist der Schatten einer Person in seinen Porträts deutlicher als ihre Figur und verweist auf ihre »Andersartigkeit«.

Man Ray
Noire et blanche, 1926

Die Frau auf dem Bild, Kiki von Montparnasse, war eine berühmte Pariser Sängerin und Tänzerin und zu dieser Zeit Man Rays Freundin.

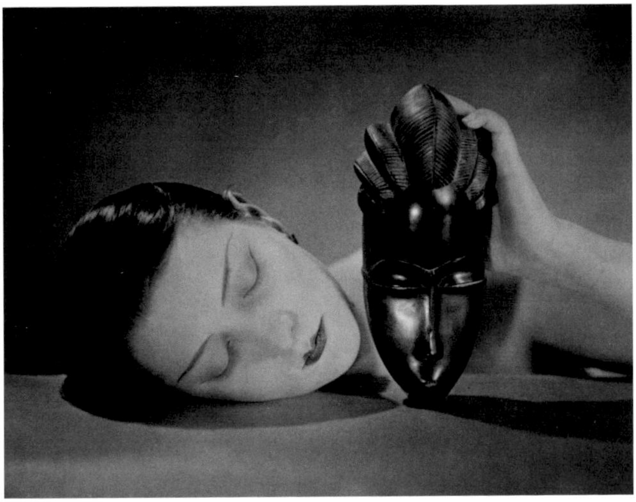

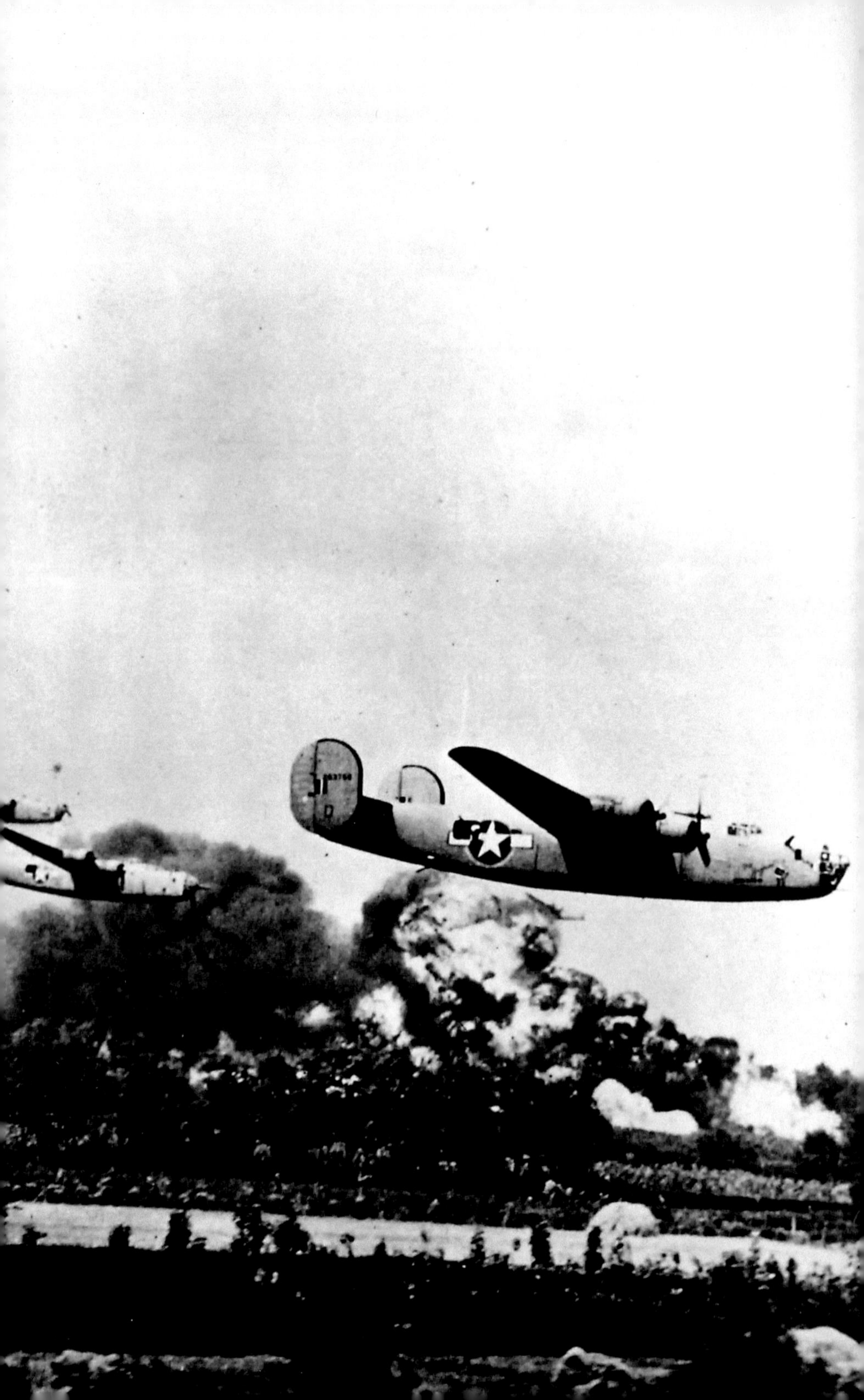

DER ZWEITE WELTKRIEG UND DIE FOLGEJAHRE

-

Warum nicht die Auswirkungen des Krieges und seiner Folgen auf den Menschen ausloten?

-

Vorherige Seite:

Jerry J. Jostwick/US Air Force via Wikimedia Commons, »Die Bomber der US Air Force fliegen über Ploiești, Rumänien, nach einem Angriff am 1. August 1943«

Von den 16 Kameraleuten, die diese Mission begleiteten, überlebte nur der, der dieses Foto aufgenommen hatte.

Der Aufstieg des Faschismus im Westeuropa der 1930er-Jahre veränderte die gesellschaftliche und politische Atmosphäre tiefgreifend und damit auch die Arbeit vieler Fotografen und Künstler. Einige flohen aus Angst vor Verfolgung aus ihren Herkunftsländern, andere meldeten sich zum Militärdienst, kämpften und arbeiteten im Exil oder wurden auf andere Weise in den Krieg verwickelt. Die Begeisterung der Avantgarde und die Mode der Moderne wendeten sich neuen, düsteren Themen zu, die den Fotografen andere Wege und Möglichkeiten boten. Die USA wurden zum neuen selbstbewussten Zentrum der Fotografie, während Europa in Aufruhr war. Anderswo auf der Welt begannen sich die Konflikte zu einem wahren Weltkrieg auszuweiten. Danach entstanden neue Ideen der Fotografie, die versuchten, dringend benötigte Harmonie und Freude in die Welt zu bringen. Die Ära des Zweiten Weltkriegs und seine Folgen leiteten eine neue »humanistische Fotografie« ein, die sich mehr auf den Konsens als auf den Konflikt konzentrierte. In der Kunst wurden die Vorstellungen von Schönheit, obwohl sie nach dem Krieg in ihren Definitionen gestört wurden, weniger modern als modernistisch. Man zog sich auf Bekanntes zurück, wie die Abstraktion, erforschte sie aber auf neue Weise. In den 1950er-Jahren hatte sich diese harmonische Vision bereits abgenutzt, und eine jüngere Generation von Fotografen begann erneut zu provozieren. Sie sprach schwierige soziale Themen an, die oft von der emphatischen positiven Sichtweise der »humanistischen« Vision einer neuen, schönen Welt der Nachkriegszeit hinweggefegt worden waren.

WICHTIGE FRAGEN

- Welche Bilder können uns helfen, über die Welt nach dem Krieg nachzudenken?
- Sollten Bilder mitfühlen?

LITERATUREMPFEHLUNGEN

- Geoff Dyer, *The Ongoing Moment, A Book About Photography*, London: Canongate, 2012
- Naomi Rosenblum, *A World History of Photography* (5th edn), New York: Abbeville Press, 2020

THÉRÈSE BONNEY
USA, 1894–1978

EINE DER AM MEISTEN VERNACHLÄSSIGTEN FOTOGRAFINNEN IN DER GESCHICHTE DER FOTOGRAFIE

Thérèse Bonney war die erste Frau, die 1940–1941 eine Einzelausstellung im Museum of Modern Art (MoMA) in New York bekam. Sie ist eine der am meisten vernachlässigten Akteurinnen in der Geschichte der Fotografie. Bonney gründete in den 1920er-Jahren eine Nachrichtenagentur für Fotos, wollte aber bessere Bilder und wurde deshalb in den 1930er-Jahren selbst Fotografin. Sie verbrachte Zeit in Europa und fotografierte die Auswirkungen des Krieges auf die Zivilbevölkerung, insbesondere auf Kinder, anstatt Soldaten und Kämpfe abzubilden.

Eine Ausstellung ihrer Fotos wurde in der Library of Congress in Washington gezeigt und bildete dann die Grundlage für die New Yorker Ausstellung im MoMA. Der Schwerpunkt auf Zivilisten wird durch den Titel der Ausstellung deutlich: »To Whom the Wars are Done« (Wem die Kriege angetan werden). Die Ausstellung tourte anschließend durch mehrere Städte in den USA. Im MoMA hieß es in der Ankündigung: »Das Museum präsentiert die Ausstellung nicht nur als eloquentes, zeitgemäßes und sehr bewegendes Statement, sondern auch, weil sie die literarische und fotografische Kunst in einer neuen Ausstellungstechnik verbindet.« Bonney hatte große, fette, einfache Textunterschriften verwendet, um die Bilder zu begleiten, die auf Tafeln in Sequenzen präsentiert wurden.

Bonney kehrte 1941 nach Europa zurück, um den Konflikt weiter zu fotografieren. Sie veröffentlichte eine Auswahl ihrer Bilder in einem Fotobuch, das sich, wie der Titel schon andeutete, auf *Europe's Children* konzentrierte. Das Buch beleuchtete die schreckliche Notlage der Kinder (die Hunger litten und oft Waisen waren) in Europa während des Zweiten Weltkriegs. Nach dem Krieg blieb Bonney in Paris und lebte dort bis zu ihrem Tod im Jahr 1978.

Thérèse Bonney
Milch holen für die Käseherstellung, Saint-Clément, Frankreich,
ca. 1941

Bonneys Porträt zeigt eine junge Französin in traditioneller Kleidung und hölzernen Bauernschuhen. Ihre Eleganz wird durch den selbstbewussten Blick in die Kamera unterstrichen. Das Bild ist durch den über der Kamera gehaltenen Blitz brillant ausgeleuchtet, eine Position, die durch die Schatten hinter dem Mädchen und ihrem Eimer verraten wird.

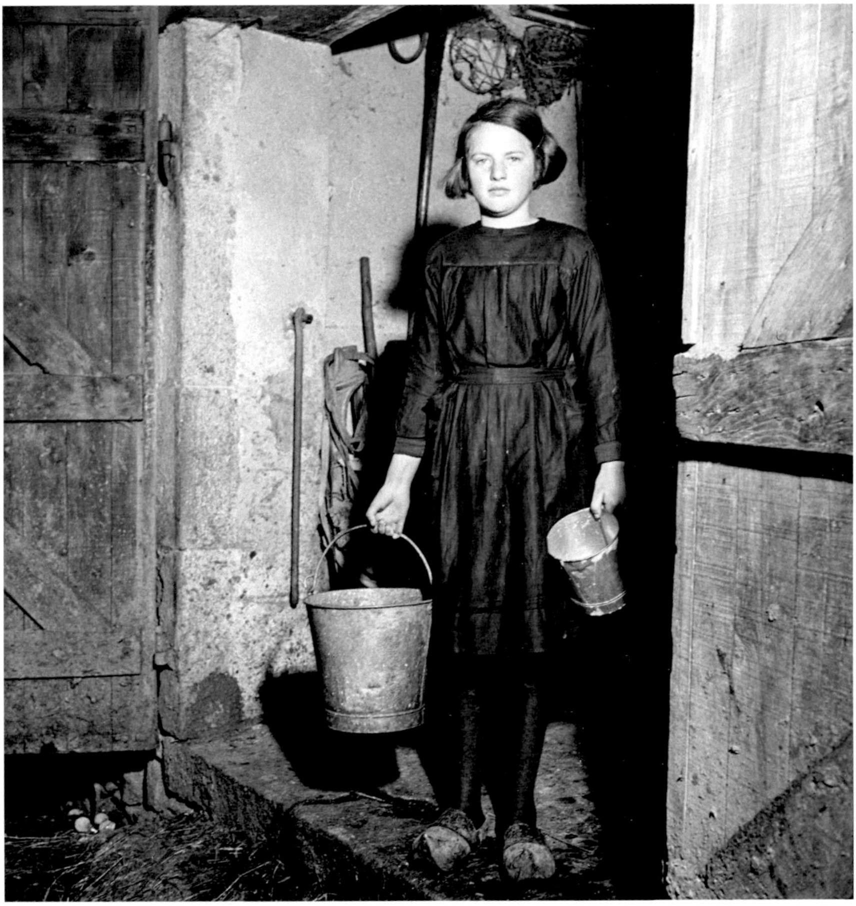

HENRI CARTIER-BRESSON
Frankreich, 1908–2004

DER GEFEIERTE HUMANISTISCHE FOTOGRAF DES 20. JAHRHUNDERTS

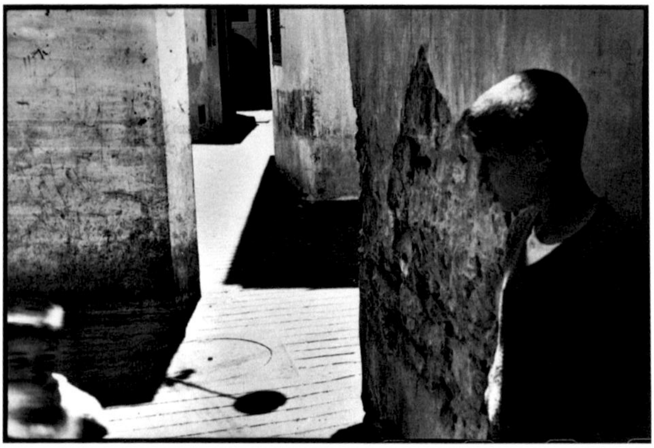

Henri Cartier-Bresson
Sevilla, Spanien, 1933

Die Fotografie schafft ein kubistisches Labyrinth aus Licht und Schatten, das der Junge durchqueren muss, wenn er diese Straße hinuntergeht. Cartier-Bresson zeigt seine Vertrautheit mit der Kunst, indem er diese Szene zu einer imaginären Erzählung macht: eine jugendliche Figur, die über das verrückte Labyrinth des Lebens nachdenkt.

Wenn es einen Fotografen aus dem 20. Jahrhundert gibt, den wahrscheinlich alle kennen, die sich für Fotografie interessieren, dann ist es Henri Cartier-Bresson – ein produktiver Fotograf mit weltweitem Einfluss. Cartier-Bresson war Mitbegründer der Fotoagentur Magnum, die als Genossenschaft gegründet wurde, um als unabhängige Organisation für Fotografen zu agieren, sie zu unterstützen und die Kontrolle und das Urheberrecht über ihre Arbeit zu erlangen.

Der englischsprachige Titel von Cartier-Bressons 1952 erschienenem Buch *The Decisive Moment* wurde zum Slogan für alle Arten von Straßenfotografie und dokumentarischen Werten. Es war nie klar, ob sich der »entscheidende Moment« auf die Fähigkeit des Fotografen bezog, zum richtigen Zeitpunkt auf den Auslöser zu drücken, oder ob es um die Ereignisse ging, die vor der Kamera abliefen. Es ist beides, aber noch wichtiger ist, was dieser Moment für den erzählerischen Impuls des Bildes bedeuten könnte. Zum Beispiel stehen Figuren in Cartier-Bressons Bildern oft nur mit einem Fuß auf dem Boden, als wäre ihre Bewegung unvollständig. Die Idee einer solchen Inszenierung ist, dass der Betrachter das Bild dann in seinem Kopf zu einer imaginären »Bewegung« »animiert«, indem er z. B. denkt: »Diese Figur läuft in etwas hinein.«

Cartier-Bressons Bilder sind auch bekannt für sein Mitgefühl und eine immense Fähigkeit, regionale Stereotypen zu erkennen und einzusetzen, die sein Publikum verstehen würde, und sie manchmal sogar mit einem sanften Humor zu verspotten.

LEE MILLER
USA, 1907–1977

MODEL, SURREALISTIN, SCHAUSPIELERIN UND KRIEGSFOTOGRAFIN

Lee Miller ist eine bemerkenswerte Persönlichkeit. Sie begann ihre Karriere als »modernes Mädchen«-Model in New York in den 1920er-Jahren, zog dann nach Paris und wurde mit der Avantgarde und den Surrealisten in Verbindung gebracht, als Model, Schauspielerin und Fotografin, wobei sie mit Man Ray die Solarisation als Dunkelkammerverfahren entdeckte. Nach ihrer Rückkehr nach New York baute sie ein erfolgreiches Porträt- und Werbestudio auf, heiratete und zog nach Kairo. 1937 kehrte sie nach Europa zurück und stellte in surrealistischen Ausstellungen aus, wurde dann aber offiziell Kriegsfotoreporterin für die *Vogue* und andere Magazine in Europa. Sie fotografierte den Bombenangriff auf London, die Befreiung von Paris sowie Kriegsschauplätze. Zusammen mit einigen anderen Fotografinnen war sie eine der ersten, die die Konzentrationslager Buchenwald und Dachau besuchten und fotografierten. Während viele von Millers Fotografien des Krieges schockierend gewesen sein müssen, bewahren sie auch ein surrealistischen Mitgefühl, selbst in den schrecklichsten Situationen des Krieges. Etwas erschöpft von den Nachwirkungen des Krieges und anderen Traumata lebte Miller später zurückgezogen in England und zog sich allmählich aus der Fotografie zurück, nicht aber aus der Gemeinschaft der Surrealisten, die sie und ihren surrealistischen Ehemann Roland Penrose besuchten.

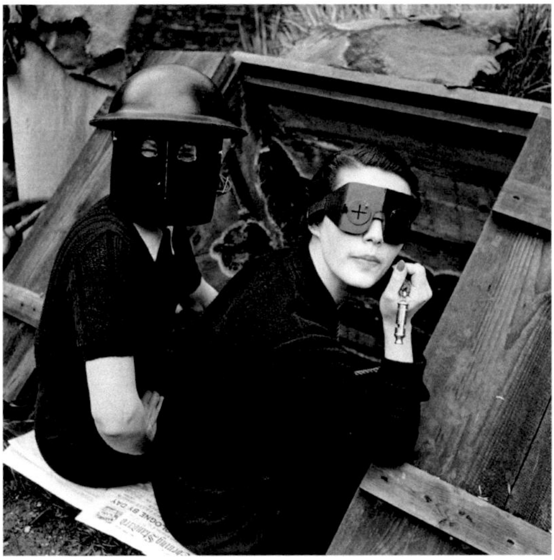

Lee Miller
Brandschutzmasken, 1941

Millers Fotografien aus dem Zweiten Weltkrieg haben trotz der schwierigen Umstände des Krieges oft einen Witz, den sie zweifellos von ihren Begegnungen mit dem Surrealismus geerbt hat. In diesem Bild von zwei Personen, die Brandschutzmasken tragen, lässt sie diese fast wie modische Accessoires im Kriegsalltag aussehen.

TSUNEKO SASAMOTO

Japan, * 1914

JAPANS ERSTE FOTOJOURNALISTIN

Tsuneko Sasamoto wird als Japans erste Fotojournalistin gefeiert, die in den 1940er-Jahren als Mitglied der Photographic Society in Japan arbeitete. In Tokio ansässig, fotografierte sie viele Ereignisse, vom Besuch der Nazi-Militärs in Japan 1940 über Porträts politischer und militärischer Persönlichkeiten und die Armut unter der amerikanischen Nachkriegsbesatzung bis hin zum Alltag der Geishas in den 1950er-Jahren und den Streiks und Studentendemonstrationen in den 1960ern. Sie war eine produktive Fotografin, die sagt, dass die »Neugier« sie übermannt habe. Sasamoto wurde 2014 100 Jahre alt und hat seitdem mehrere Fotobücher mit ihrer Arbeit veröffentlicht. Im Jahr 2016 wurde sie mit dem renommierten Lucie Award für Fotografie ausgezeichnet.

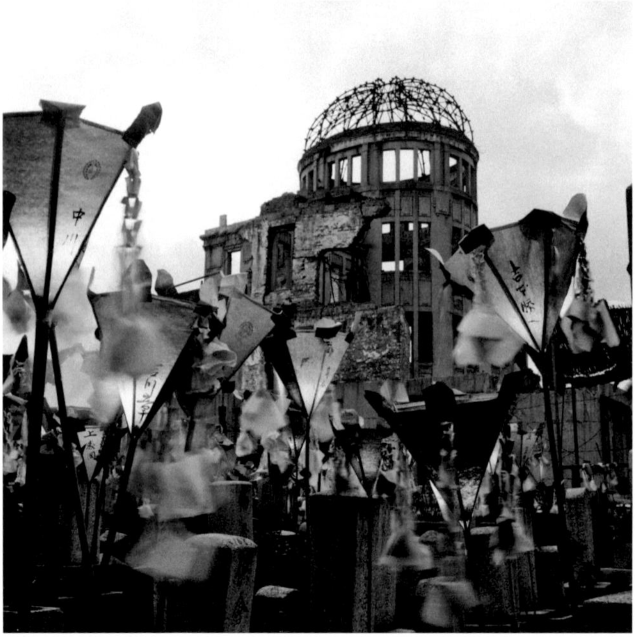

Tsuneko Sasamoto
Friedensdenkmal in Hiroshima, 1953

Diese Fotografie der berühmten Genbaku-Gedächtniskuppel, die den Atombombenabwurf auf die Stadt Hiroshima am 6. August 1945 überlebte, unterscheidet sich von vielen anderen Fotografien des Gebäudes durch den Kontrast, zwischen den Gedenklampen im Vordergrund und der Ruine selbst. Das Gebäude, ursprünglich eine Ausstellungshalle, 1915 von dem tschechischen Architekten Jan Letzel entworfen, wurde in den 1960er-Jahren zu einer offiziellen Gedenkstätte.

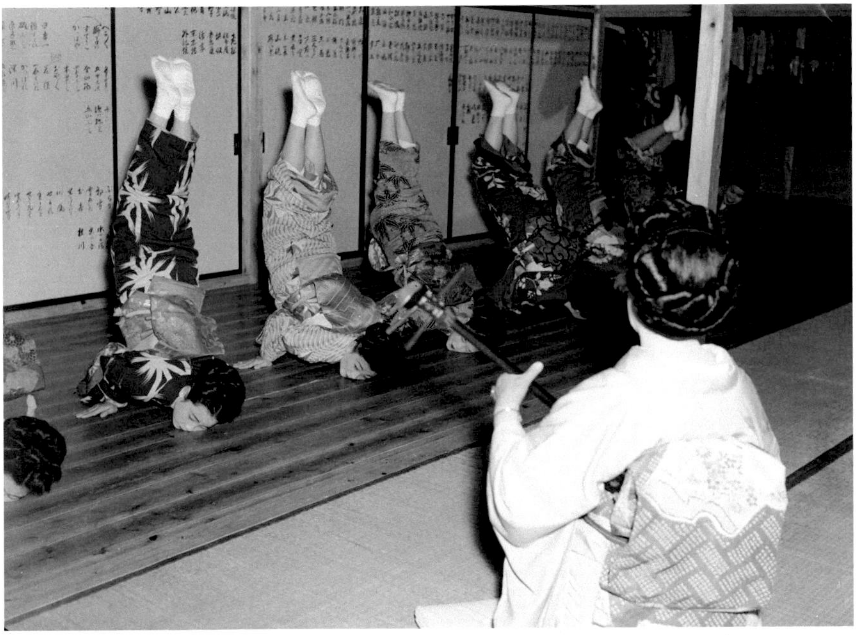

Tsuneko Sasamoto
Geisha-Schule, 1951

Auf Sasamotos Fotografie einer Geisha-Schule sind Frauen zu sehen, die das Balancieren lernen, während ihr Lehrer im Vordergrund ein Shamisen-Instrument spielt. Geisha-Schulen boten eine sorgfältige Ausbildung in den darstellenden Künsten. Sasamotos Fotografien beabsichtigten zweifellos, diese Strenge zu zeigen, im Gegensatz zu dem eher grob sexualisierten Bild der Geishas im Westen.

OTTO STEINERT
Deutschland, 1915–1978

FÜRSPRECHER DER »SUBJEKTIVEN FOTOGRAFIE«

Otto Steinert war der Begründer der deutschen Nachkriegsidee der subjektiven Fotografie, ein Projekt, das sich gegen die Vorkriegsvorstellung der Fotografie als »objektive Sicht« absetzte. Nach dem Zweiten Weltkrieg vertrat Steinert die scheinbar neue Idee, dass die Fotografie durch den subjektiven Geist des Fotografen geprägt ist, der die Herangehensweise an das Motiv bestimmt. Solche Ideen gab es bereits früher, aber die subjektive Fotografie suggerierte eine neue menschliche Haltung, die persönlicher und misstrauisch gegenüber den Behauptungen der objektiven Wahrheit war, die in der Propaganda der Kriegszeit vorherrschte. Steinerts Bilder, wie auch jene, die er in die von ihm kuratierten Gruppenausstellungen einbrachte, zeigten oft Menschen in Bewegung, die durch lange Belichtungszeiten oder durch die Bewegung der Kamera verwischt wurden.

Als Fotograf, Kurator und Lehrer (an der Folkwangschule für Gestaltung) war Steiner 1949 Mitbegründer der Arbeitsgemeinschaft Fotoform. Sein eigenes Archiv bildete einen Teil der bedeutenden Fotosammlung des Museums Folkwang. Die drei großen Ausstellungen »subjektive fotografie« fanden 1951, 1954 und 1958 statt. In der Ausstellung 1951 waren Man Ray und – vielleicht überraschend – Henri Cartier-Bresson vertreten.

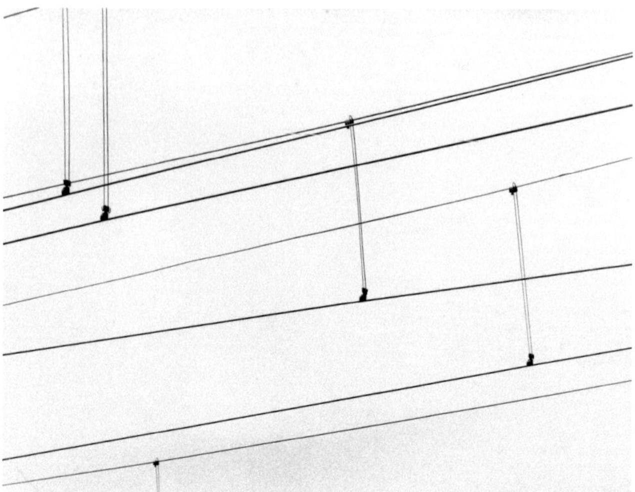

Otto Steinert
Punkte und Linien, 1953

Dieses Foto schafft eine formelle Harmonie in der Industrielandschaft der 1950er-Jahre, um ihr einen menschlicheren Charakter zu verleihen. Das Bild erweckt den Eindruck, von Hand gezeichnet worden zu sein, bevor es zu einer abstrakten Fotografie eines Straßenkabels zur Stromleitung wurde.

RUTH ORKIN
USA, 1921–1985
ALLTAGSFOTOGRAFIN AUS NEW YORK

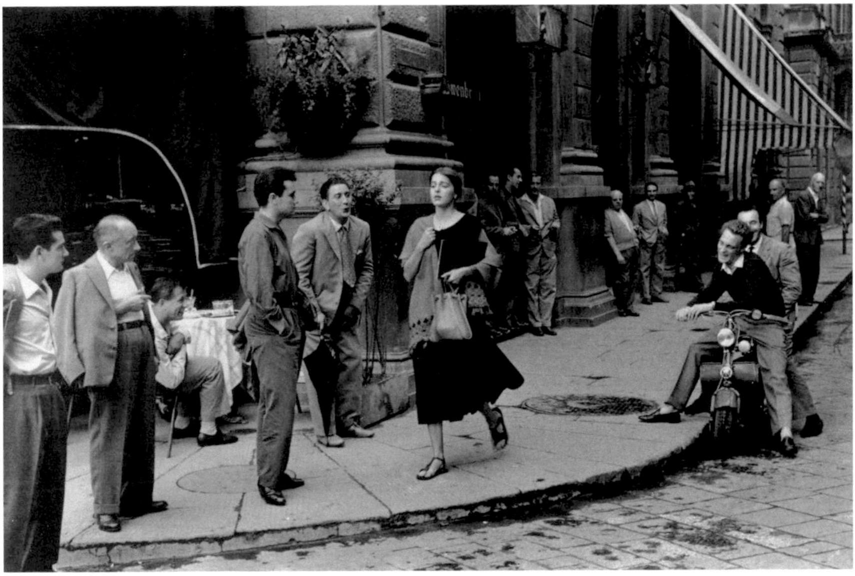

Ruth Orkin
American Girl in Italy, 1951

Dieses Foto der amerikanischen Kunststudentin Nina Lee Craig ist Teil der Serie »Don't Be Afraid To Travel Alone«. Der dramatische Kontrast zwischen der einsamen Frau und den 15 Männern, die sie anstarren, zeigt die Komplexität einer scheinbar bewundernden, tatsächlich aber einschüchternden und feindseligen Atmosphäre für eine Frau auf der Straße in Italien im Jahr 1951.

Ruth Orkin war eine energiegeladene Frau. Mit 17 reiste sie mit einer Kamera auf dem Fahrrad quer durch die USA und wurde schließlich Fotografin. Sie wuchs in Hollywood auf, wo ihre Mutter Schauspielerin war. Doch sie wollte Filmemacherin werden, was in dieser von Männern dominierten Branche extrem schwierig gewesen wäre. Stattdessen studierte sie Fotojournalismus und begann schnell, als Fotografin zu arbeiten, wobei sie zunächst alles fotografierte, um ihren Lebensunterhalt verdienen zu können, von Babyfotos bis hin zum Einsatz als Fotografin auf Kreuzfahrtschiffen und in Nachtclubs. 1943 zog sie nach New York und arbeitete innerhalb von zwei Jahren für die großen Illustrierten wie *Life, Look* und das *New York Times Magazine*. Das Foto *American Girl in Italy* ist eines ihrer berühmtesten. Nach allem, was man hört, war das Bild, obwohl es perfekt arrangiert aussieht, nicht vorgeplant oder inszeniert. Die Frau schlendert an den Männern vorbei und zeigt ihren selbstbewussten Stolz.

»THE FAMILY OF MAN«

USA/International, 1955

DIE AM WEITESTEN GEREISTE FOTOAUSSTELLUNG DER GESCHICHTE

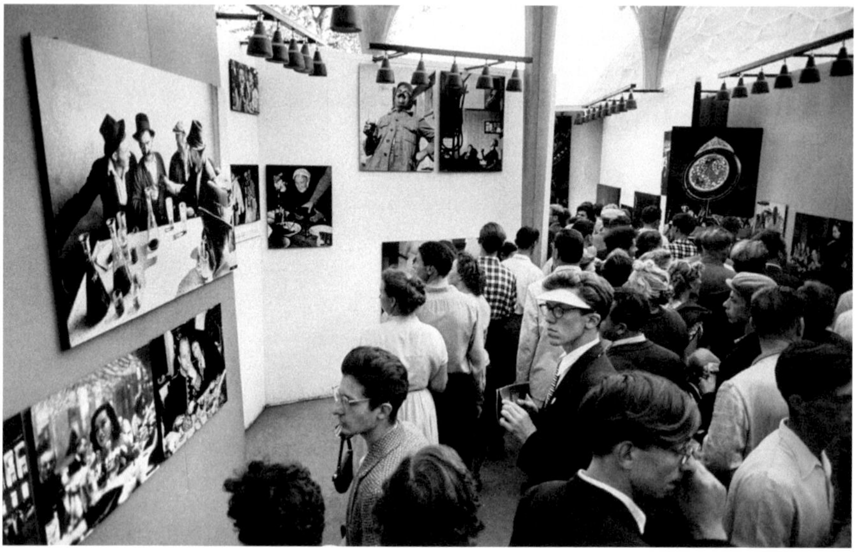

»The Family of Man«
Ausstellungsansicht an der amerikanischen Messe in Moskau, 1. August 1959

Das dicht gedrängte Publikum zeigt die große Anziehungskraft, die die Ausstellung »Family of Man« hatte, als sie um die Welt tourte. Die Fotografien sind an den Wänden montiert, um narrative Sequenzen zu schaffen, aber auch in unterschiedlichen Höhen, um die Betrachtung der Bilder wie in Parallelwelten zu fördern.

Die Ausstellung »The Family of Man« wurde zwischen Januar und Mai 1955 im Museum of Modern Art (MoMA) in New York gezeigt. Kuratiert von Edward Steichen (siehe S. 64-65), dem damaligen Direktor für Fotografie am MoMA, gab es eine offene Ausschreibung und die endgültige Auswahl umfasste 192 Fotografen aus der ganzen Welt. Die Ausstellung war als Feier zum 25-jährigen Bestehen des Museums gedacht und sollte ein wichtiges Ereignis im Kalender des Museums werden. Sie reiste um die ganze Welt, nach Afrika, Asien, in die Sowjetunion, nach Nord- und Südamerika, Europa und Skandinavien. Sie ist bis heute die am weitesten gereiste und erfolgreichste Ausstellung der Nachkriegszeit, gemessen an der Zahl der Besucher, die sie in ihren verschiedenen Auflagen besucht haben. Die Ausstellung zeigt die Idee der Menschheit als eine lineare Geschichte, von der Geburt bis zum Tod, wie sie sich auf der ganzen Welt manifestiert. In der Zeit nach dem Zweiten Weltkrieg bot sie ein tröstliches Bild der Menschheit als unterschiedlich reich und arm, schwach und stark. Gleichzeitig wollte sie aber erbaulich sein, indem sie zeigte, dass es überall Tragödie und Liebe gibt, unabhängig von den materiellen Bedingungen. Unvermeidlich riefen solche sehr allgemeinen Ansprüche an das Werk eine Reihe von Kritiken hervor, nicht zuletzt jene, die behaupteten, es handele sich um eine von den amerikanischen Kuratoren definierte imperialistische Sicht der Welt. In der Tat ist die Ausstellung weiterhin Gegenstand einer wissenschaftlichen Debatte in der Geschichte der Fotografie.

Einigen galt die Ausstellung auch als endgültiger Beweis für das Scheitern von Steichens Kuratieren der Fotografie am MoMA. Steichen, so argumentierten sie, führte eine populistische Agenda ein, um das Massenpublikum der Illustrierten anzusprechen, während das Museum neue Formen der fotografischen Innovation und des Experimentierens hätte fördern sollen. Die Ausstellung mit ihrer Kombination aus künstlerischen, dokumentarischen und fotojournalistischen Motiven bleibt dennoch ein Schlüsselmoment in der Geschichte der Fotografie, ein monumentaler Versuch, die Fotografie als Kunst und als Form der sozialen Kommunikation zu globalisieren.

IMOGEN CUNNINGHAM

USA, 1883–1976

GRÜNDUNGSMITGLIED DER GRUPPE F/64 , DIE IN DER GROSSFORMATFOTOGRAFIE ARBEITETE

Cunningham interessierte sich schon als Teenager für die Fotografie, aber erst an der Universität befasste sie sich ernsthaft damit, nachdem sie Bilder von Gertrude Käsebier gesehen hatte (siehe S. 42). Nach ihrem Abschluss arbeitete Cunningham in den Studios von Edward S. Curtis in Seattle, wo sie den Platindruck erlernte. Später eröffnete sie ein Fotostudio und wurde eine sehr erfolgreiche Porträtfotografin. Edward Weston nominierte ihre Arbeiten für die Ausstellung *Film und Foto* 1929. Später wurde sie, wie Weston und Ansel Adams, Mitglied der Gruppe *f/64*, die besonderen Wert auf Bildschärfe legte. Bemerkenswert ist, dass ein Großteil der Arbeiten der Gruppe in den Südstaaten der USA entstand, wo das Licht leuchtet und bestimmte Formen natürlicher Leuchtkraft in den Bildern zulässt. Cunninghams Porträts und Stillleben sind fast austauschbar; beide zeichnen sich durch Feinfühligkeit in der Schärfe, Kontrast und klare, aber subtile Hell-Dunkel-Töne aus.

Cunningham ist auch eine der weiblichen Schlüsselfiguren einer eher losen, aber breiter angelegten Gruppe von Fotografen in den USA, die sich der Vision der amerikanischen Moderne verschrieben hatte. Es handelte sich dabei um Fotografen mit sehr hohen technischen Fähigkeiten (Verwendung von großformatigen Filmkameras und Drucktechniken), die für Werbefotos oder Aufträge für Architektur- und Industrieprojekte erforderlich waren, deren technische Werte jedoch umgewidmet und neu eingesetzt werden konnten, um eine fotografische Vision in der Kunst auszudrücken. Sie ist auch heute noch eine starke Strömung in der Fotografie und vertrat Vorstellungen von Schönheit und Wahrheit als ästhetisches Äquivalent.

Imogen Cunningham
The Unmade Bed (Das ungemachte Bett), 1957

Obwohl die Surrealisten in einer ihrer Ausstellungen ein ungemachtes (oder unordentliches) Bett ausgestellt hatten, ist Cunninghams Bild eines der ersten bedeutenden Werke, das die Beziehung einer Frau zum Bett neu darstellt. Cunninghams Bild positioniert die Idee des liegenden Aktes neu, indem es sie zurückweist. Die Frau ist nicht länger ein Objekt in der Szene, sondern entkommt als Fotografin hinter die Kamera. Ihre einzige Spur sind die Haarnadeln, die einen Kontrast zu den weichen Falten des Lakens bilden und ein Gefühl von Intimität mitschwingen lassen.

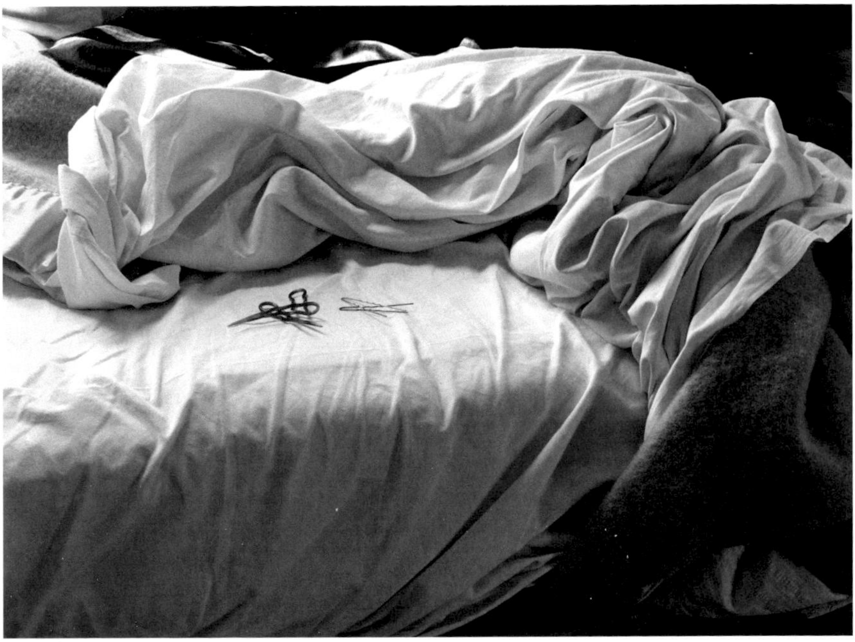

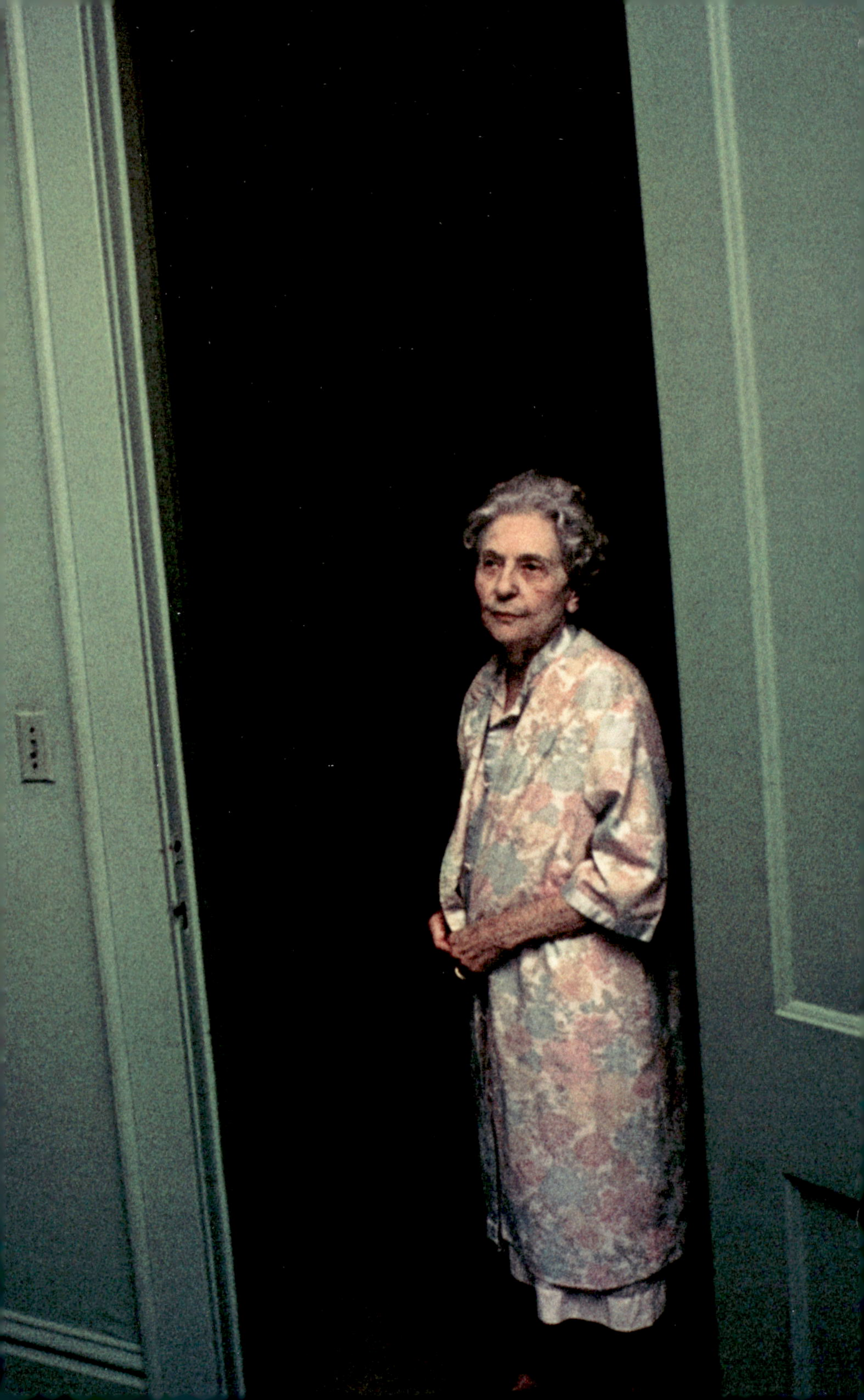

NEUE ZEITGENÖSSISCHE UND WICHTIGE DOKUMENTE

-

Die neue Generation verändert die Art und Weise, wie wir die Welt sehen, und verwirft die Werte der Vergangenheit.

-

Ab Ende der 1950er-Jahre ist bei Fotografen eine Verschiebung zu intimerem Vorgehen zu beobachten. Selbst bei dokumentarischen Arbeiten wird der Fokus der sozialen Themen mit »persönlicheren« Themen, wie Familie, Jugendlichen, Außenseitern, Musikkulturen und Street-Fashion, verknüpft. Auch das Individuum und seine Identität gewann bei den Fotografen dieser Zeit an Bedeutung.

Die zunehmende Verbreitung des Fernsehens als wichtigste Quelle für den Empfang von Bildern und Sprache im Zuhause der Menschen hatte ebenfalls starken Einfluss auf die Fotografen. Fernsehen und die neuen Künste übernehmen die Aufgabe, mit der die Fotografie betraut worden war: Werbung und Öffentlichkeitsarbeit – Branchen, die in den USA aufblühen – läuten eine neue Ära des Bildbewusstseins ein. In seinem Buch *The Image* (1962) schreibt Daniel Boorstin, dass in der amerikanischen Kultur das Ideal einer Sache durch deren öffentliches Image verdrängt wird. Er nennt diesen Trend »Image-Denken«.

Diese Zeit brachte auch technische Veränderungen mit sich, wie bessere Blitze, Filme und Drucker. Leica produzierte ab 1963 ein 21-mm-Objektiv, das das alte 50-mm-Objektiv ersetzte, das frühere Fotografen wie etwa Cartier-Bresson benutzt hatten.

Amateurfotografen konnten die neue Polaroid-Sofortbildkamera und Farbfilme verwenden. Fotos wurden nun eher vom Standpunkt des Autors aus gemacht und nahmen nicht mehr unbedingt eine »objektive« oder neutrale dokumentarische Position ein. Es überrascht daher nicht, dass zum einen das »lockere« Schnappschussformat zur Normalität wird und zum anderen die Kamera immer häufiger auf das private Leben des Künstlers/Fotografen in seinem Zuhause gerichtet wird statt auf den öffentlichen Bereich. Der Schatten des Autors taucht immer häufiger in den Fotos auf, oft sogar wortwörtlich.

WICHTIGE FRAGEN

- Warum ist es wichtig zu hinterfragen, was in Fotos und der Art, wie sie gezeigt werden, zu sehen ist?
- Sieht eine neue Generation von Fotografen die Dinge zwangsläufig anders?

LITERATUREMPFEHLUNG

- Richard Bolton (Hrsg.), *The Contest of Meaning: Critical Histories of Photography*, Cambridge, MS: MIT Press, 1992
- Anne Rorimer, *New Art in the 60s and 70s: Redefining Reality*, New York: Thames & Hudson, 2001

ROBERT FRANK
Schweiz/USA, 1924–2019

FOTOGRAF, DER DIE REGELN DER FOTOGRAFIE VERÄNDERTE

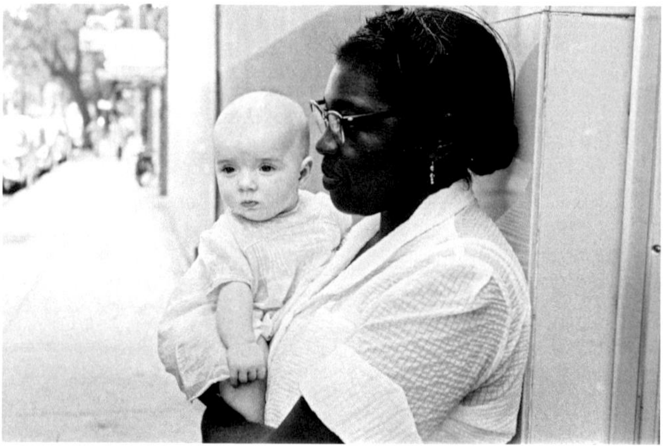

Robert Frank
Charleston, South Carolina, 1955

Frank unterrichtet einen Meisterkurs im Einsatz von Kontrast in diesem Schwarz-Weiß-Bild der Kultur des amerikanischen Südens in den 1950er-Jahren, das ein weißes Kind in der Obhut eines schwarzen Kindermädchens zeigt. Das Foto stammt aus seinem Buch *The Americans*.

Von all den faszinierenden Fotografien und Filmen, die Robert Frank im Laufe seiner langen Karriere produzierte, ist *The Americans* nicht nur sein berühmtestes Werk, sondern vielleicht auch das ultimative Werk der Zeit nach dem 2. Weltkrieg. Entstanden auf einer Autoreise durch die USA mit einer Leica-Kamera und Monochromfilm Tri-X 400ASA von Kodak, wurde das Buch zunächst für seine »antiamerikanischen« Ansichten kritisiert, obwohl es mithilfe eines Guggenheim-Stipendiums finanziert worden war. Es ist ein Kunstwerk der »Beat Generation«, was schon das Vorwort von Jack Kerouac in der amerikanischen Ausgabe klarmacht.

Das Buch, veröffentlicht an der Schwelle zu den 1960er-Jahren, bringt eine Vorahnung für die gesellschaftlichen Veränderungen und die Konflikte mit, die in der Bürgerrechtsbewegung der 1960er münden würden. Der Klang von Jazz und der Beat-Poesie schwingt nicht nur in den Fotografien selbst, mit ihrer körnigen Klarheit und ihrem unkonventionellen sozialen Anspruch, sondern auch in ihrem Rhythmus als synkopierte rhetorische Aneinanderreihungen. Ein Bild nach dem anderen unterbricht die Vision des jeweils vorhergehenden Fotos. Es ist wie ein Avantgardefilm, jedoch aus Fotos, die den Geist in Gang halten. Dieses Erlebnis steht in starkem Kontrast zu den launigen, singuläreren Reportagen z. B. in den Büchern von Henri Cartier-Bresson. Cartier-Bresson betrachtete nationale Stereotypen spielerisch, während Franks Buch sie nahm und kaputtschlug.

WILLIAM EGGLESTON
USA, *1939
HISTORISCH BEDEUTSAMER FARBFOTOGRAF DES »ALLTÄGLICHEN« AMERIKA

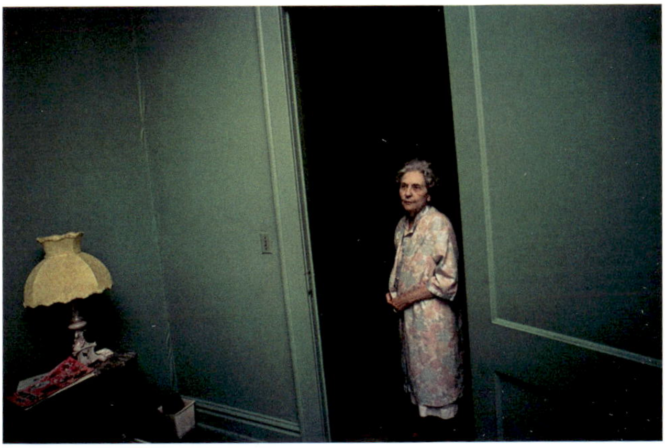

William Eggleston
Sumner, Mississippi,
1969–70

Eggleston ist in Sumner aufgewachsen. Dies ist also seine Heimatstadt, die er hier durch das Objektiv des 35-mm-Farbfilms sieht. Die meisten Fotos wurden im Staat Mississippi aufgenommen, einige aber auch in Memphis, Tennessee. Eggleston verwendete dann Farbtransparenzfilm- (Diafilm) und Farbtransfer-Drucktechniken, die es ihm erlaubten, unterschiedliche Farbe separat einzustellen, um sie nach Wunsch zu betonen, zu sättigen oder zu reduzieren und so faszinierende Farbintensitäten zu erzielen und Beziehungen hervorzuheben.

William Eggleston war der erste Mensch mit einer Soloausstellung von Farbfotografien am Museum of Modern Art (MoMA) in New York im Jahre 1976. Zu der Ausstellung unter dem einfachen Titel »William Eggleston« gab es einen Katalog namens *William Eggleston's Guide*, der 48 Farbbilder enthielt und heute ein wichtiges Fotobuch in der Geschichte der Fotografie darstellt.

Der Übergang von Schwarz-Weiß zu Farbe in der Kunstfotografie verlief nicht reibungslos. Farbfotografie wurde mit Schnappschüssen von Amateuren, Postkarten, B-Movies oder Werbefotografie, Firmen- und Reisebroschüren assoziiert – mit anderen Worten, all den »trivialen«, kurzlebigen Bildern der visuellen Kultur. Selbst Pressefotos galten in Schwarz-Weiß als seriöser und nur wenige Fotografen arbeiteten in Farbe. Kunstfotografen waren Experten in der Monochrom-Verarbeitung und nutzten ihre eigenen Dunkelkammern. All das sollte sich nun ändern, allerdings nicht ohne Widerstand. Die Farbfotografie würde schließlich in Gestalt der »postmodernen« Kunst über die Kunstszene hineinbrechen. Egglestons Werk schien damals ein Vorläufer dieser Bewegung zu sein, gleichermaßen reich an Untertönen von Ironie, Pastiche und Parodie, die implizit die Ästhetik der Populärkultur auf den Prüfstand stellten. Fotografie konnte Dinge, die als kulturell oberflächlich galten, auf neue Weise behandeln, weil sie ein Produkt der gleichen Branchen war.

»NEW DOCUMENTS: DIANE ARBUS, LEE FRIEDLANDER, GARRY WINOGRAND«

Museum of Modern Art, USA, 1967

WICHTIGSTE FOTOAUSSTELLUNG DER 1960ER-JAHRE

John Szarkowski folgte Edward Steichen 1962 als Direktor des berühmten Department of Photography am Museum of Modern Art (MoMA) in New York und hatte entscheidenden Einfluss auf die Richtung der Fotografie. Die Ausstellungen, die er in den 1960er- und 1970er-Jahren kuratierte, gehörten zu den wichtigsten dieser Zeit. Viele üben auch heute noch ihren Einfluss aus, darunter die Ausstellung »New Documents«. Obwohl nur drei Fotografen, zwei Männer und eine Frau, vertreten waren, bedeutete sie eine entscheidende Wende. Jeder der drei vertrat eine eigene neue Richtung für die Fotografie, auch wenn die Themen vertraut blieben. Die Werke schienen persönlich zu sein, hatten aber auch dokumentarischen Wert. Diane Arbus brachte eine neue Faszination in die soziale Porträtfotografie. Lee Friedlander formulierte auf brillante Weise neue Kompositionsregeln für die soziale Landschaft und alltägliche Szenen aus Amerika. Garry Winogrand erschütterte die Idee des neutralen Beobachters und verwandelte die Kamera in ein Werkzeug, mit dem sich das theatralische Tableau auf der Straße suchen ließ, in dem jeder ein Mitspieler ist.

Die Ausstellung selbst war relativ klein und einfach und beschränkte sich auf zwei karge Galerien, die das Werk dreier relativ unbekannter Fotografen zeigten. Die Bilder waren anonym hinter Glas und hingen auf gleicher Höhe an den Wänden. Der berühmte Katalog erschien ein Jahr nach der Ausstellung. Zum 50. Jahrestag veröffentlichte das MoMA im Jahre 2017 einen überarbeiteten und annotierten Katalog der Ausstellung.

DIANE ARBUS

USA, 1923–1971

Diane Arbus konzentrierte sich auf Porträts, auf Bilder von Menschen, die sie getroffen hatte oder treffen wollte, weil sie neugierig auf sie war. Sie begann mit einer 35-mm-Film-Kamera, wandte sich dann aber einer Rolleiflex-Mittelformatkamera mit 6 x 6 cm zu, sodass sie gleichzeitig durch den Sucher schauen und ein Gespräch von Angesicht zu Angesicht mit ihren Modellen führen konnte, was ein Gefühl von Vertrautheit schuf. Arbus kam den Menschen, die sie fotografierte, oft sehr nahe. Damit wollte sie diese nicht vorführen, sondern zeigen, wie sie wirklich aussahen. Viele Betrachter fanden das verstörend. Sie schien die Vorstellung vom perfekten oder idealisierten Bild nicht zu respektieren, die von der neuen Werbebranche kultiviert wurde. Das liegt daran, dass Arbus' Fotografien in der tiefen Faszination der Darstellung der Menschen von sich selbst schwelgen, ganz gleich, ob dies nun wohlhabende Menschen oder »Außenseiter« waren, die nicht in die sozialen Normen der Zeit passten. In den Bildern findet sich außerdem so etwas wie Befangenheit oder Unbehagen – es drückt sich auf Gesicht oder Körper, in Ausdruck, Geste oder Pose oder auch in der Kleidung aus.

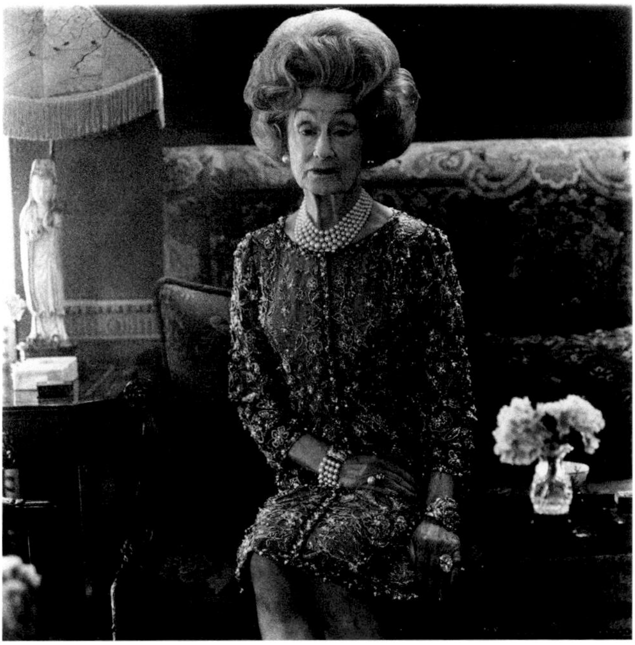

Diane Arbus
Mrs. T. Charlton Henry auf ihrer Couch in ihrem Haus in Chestnut Hill, Philadelphia, 1965

Diane Arbus fotografierte die elegante Mrs. T. Charlton Henry in ihrem Heim in Philadelphia. In einem eigenwilligen Zusammenspiel der Größenverhältnisse scheint die kleine Blumenvase auf der rechten Seite Mrs. Henry zu vergrößern, obwohl diese gerade einmal 40 Kilo wog. Das Porträt wurde in der Zeitschrift *Harper's Bazaar* veröffentlicht.

LEE FRIEDLANDER

USA, *1934

Friedlander scheint die Kamera so zu benutzen wie kaum ein anderer. Im Laufe seiner langjährigen Karriere entwickelte er viele verschiedene visuelle Taktiken und konzentrierte sich auf eine Vielzahl von Themen, doch ein konstanter Aspekt seiner Arbeit ist sein Interesse für das, was die Kamera optisch wahrnehmen kann (mehr als das menschliche Auge). Friedlanders Bilder komprimieren oft den perspektivischen Raum und die Wahrnehmung der Szene, indem sie mithilfe eines tiefen Fokus die Beziehungen zwischen den unterschiedlichen Ebenen und Objekten egalisieren. Die Menschen scheinen in den Raum, den sie einnehmen, eingebettet, in ihn hineingepresst zu sein. Selbst der Schatten des Fotografen auf einem anderen Objekt – einem Gehsteig, einer Person oder Wand – scheint Teil der Sache zu sein, auf die er fällt. Diese bemerkenswert präzise Fähigkeit verwirrt die unmittelbare Annahme des Betrachters, worum es in dem Bild geht, welche »Bedeutung« es hat. Die oft witzigen Bilder sind eine Kritik an unserer abgestumpften Wahrnehmung des Alltags. Die Idee des alltäglichen Lebens ist hier eine durch und durch amerikanische Erfahrung. Friedlanders Bilder untersuchen, was den Raum der Straße formt oder wie das Licht der Innenräume den Ort erzeugt, den wir die Vereinigten Staaten von Amerika nennen.

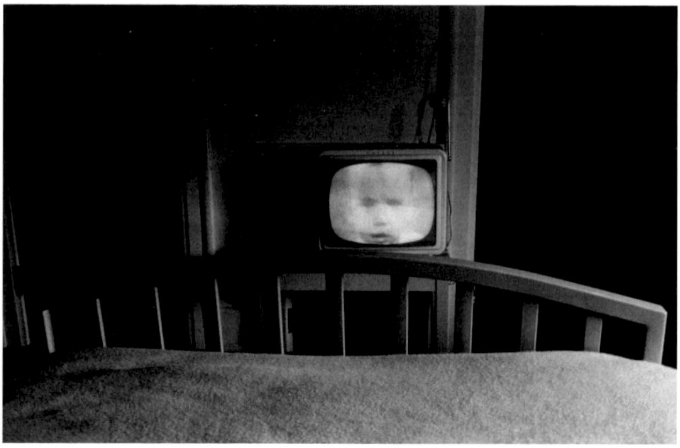

Lee Friedlander
Galax, Virginia, 1962

Motel-Zimmer tauchen häufig in der amerikanischen Fotografie auf, doch Friedlanders Fotos gehören zu den faszinierendsten und stärksten von ihnen. Als »soziale Landschaft« fehlt diesem Motel-Bild jede Spur von Menschen, mit Ausnahme der Darstellungen auf dem kleinen Fernsehschirm.

NOBUYOSHI ARAKI

Japan, *1940

FOTOGRAF SINNLICHER THEMEN

Araki (wie er einfach genannt wird) ist einer der berühmtesten Fotoexporte Japans in die Welt. Wie viele der in Tokio arbeitenden Fotografen seiner Generation (Daidō Moriyama, Shomei Tomatsu, Eikoh Hosoe, Masahisa Fukase) ist er mit bisher mehr als 500 Fotobüchern ausgesprochen produktiv. Arakis Werk ist bekannt für seine sexualisierten Bilder von Frauen, das sich aus der langen Tradition der Darstellung der erotischen Kultur in Japan schöpft. (So gibt es etwa seit den 1600er-Jahren massenproduzierte Holzschnitte mit Pornografie.) Die Themen dieser langen Geschichte wurden oft von Fotografen aufgegriffen, und ganz besonders von Araki. In diesem Sinne täuschen die bildlichen Werte seiner Arbeit häufig ein echtes Gefühl von Intimität vor, bei dem Liebe leicht mit Sexualität verwechselt wird.

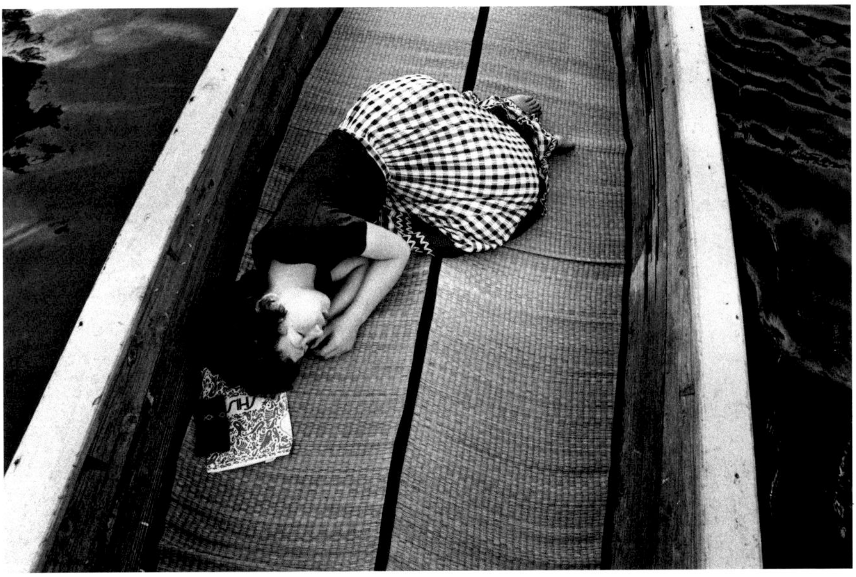

Araki
Frontcover von
Sentimental Journey, 1971

Arakis Fotobuch *A Sentimental Journey* ist ein intimes »autobiografisch dokumentarisches« oder »I-Fotografie«-Werk, wie er es nennt, das seine Flitterwochen mit seiner jungen Ehefrau Yoko behandelt. Bilder zeigen Arakis Frau im Bett, im Bad mit ihm, auf einem Bahnhof wartend und schlafend.

MIKE MANDEL & LARRY SULTAN

USA, *1950 & USA, 1946–2009

UNABHÄNGIGER KÜNSTLER UND FOTOGRAF, DIE ZUSAMMENGEARBEITET HABEN

Als der Künstler Mike Mandel und der Fotograf Larry Sultan sich 1977 zusammentaten, um das Buch *Evidence* zu erschaffen, war dies eine wichtige Interaktion zwischen der Konzeptkunst und der Fotografie und sondierte die aufkommende Idee des Fotografen oder Künstlers als »Kurator« oder »Archiv-Redakteur«. Sultan und Mandel wählten Fotografien aus Hunderten von unterschiedlichen Archiven (aus dem LA Police Department, Regierungsstellen, Unternehmen und Forschungsinstituten, um nur einige zu nennen) für ein Buch voller rätselhafter Bilder. Die Fotos werden mysteriös, wenn ihr ursprünglicher Zweck im Buch nicht erwähnt wird. Der Titel, *Evidence* (Hinweis), spiegelt die beliebte Annahme, dass Fotografien Dokumente mit offensichtlichen Bedeutungen sind. Diese Vorstellung wird hier infrage gestellt oder gleich ganz untergraben. Obwohl die Fotos technisch in Ordnung und oft sehr detailreich sind, wird klar, dass wir nicht genügend Informationen haben, um zu verstehen, was sie wirklich »bedeuten«. Ohne begleitenden Kontext oder eine Erklärung bleiben sie rätselhaft, wenn auch faszinierend, und zwar genau wegen der fehlenden Gewissheit über ihren Sinn. Gemeinsam regen sie die Fantasie an und lassen uns über ihre mögliche Funktion nachsinnen. Wie bei vielen erfolgreichen Fotobüchern ist nicht nur die Faszination der einzelnen Bilder wichtig, sondern die Art und Weise, wie sie sich gemeinsam zu einer Art Stummfilm formieren, dessen Bedeutung uns verschlossen bleibt.

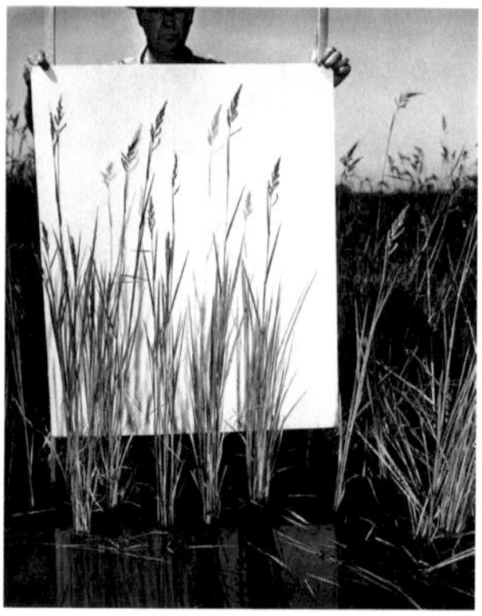

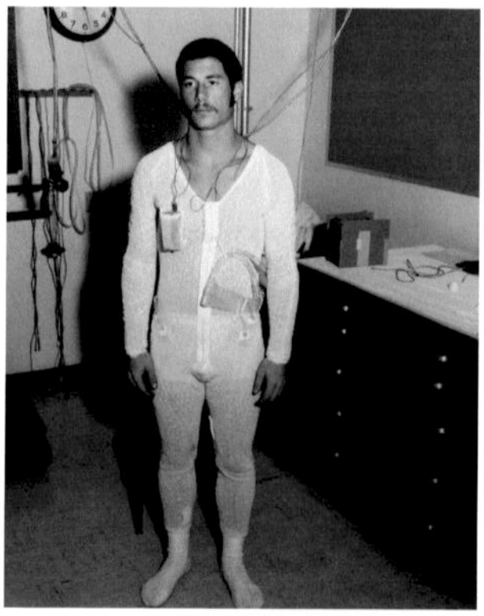

Mike Mandel & Larry Sultan
Untitled, aus der Serie »Evidence«, 1977

Männer unternehmen in diesen Fotos mysteriöse Dinge, weil uns die ursprüngliche wissenschaftliche Absicht vorenthalten wird. Das Buch zeichnet sich durch bizarre Bilder und Gegenüberstellungen aus, das Ergebnis umfangreicher Archivrecherchen nach solchen Bildern.

BILL OWENS
USA, *1938

WÄHLTE DIE VORSTADT ZUM THEMA SEINER FOTOGRAFIE

»Ich glaube nicht, dass es sich negativ auf Richies Persönlichkeit auswirkt, wenn er mit Waffen spielt. (Er möchte sowieso Polizist werden.) Das Spielen mit Gewehren in der Kindheit wird ihn nicht zum Polizistenmörder machen. Durch das Spielen mit Waffen lernt er, mit anderen Kindern umzugehen. Ich merke, dass bei den Nachbarn, die sich durch Richies Gewehr gestört fühlen, entweder der Vater auf die Jagd geht oder die Kinder die ersten sind, die Richie das Gewehr wegnehmen, um selbst damit zu spielen.«

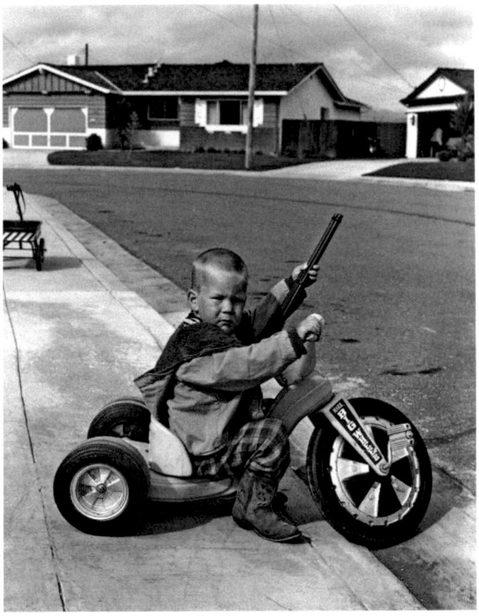

Bill Owens
Suburbia, 1973, Nr. 01

Owens Fotos bieten einen frischen Blick auf die vorstädtischen Räume. Die Bilder haben eine faszinierende grafische Klarheit und zeigen die neuen Bewohner und die Gewohnheiten, die diesen neuen kulturellen Räumen eigen sind. Sein selbstverlegtes Buch *Suburbia* (1973) weckte neues Interesse an Bild-Text-Kombinationen. Die Zitate der Leute, denen er beim Aufnehmen der Bilder begegnete, schaffen einen bemerkenswerten Dialog zwischen den Bildern und bieten Einblick in die Werte der Vorstadtmenschen.

1968 begann Bill Owens, als Fotograf für eine lokale Zeitung zu arbeiten, zu deren Einzugsgebiet neue Wohnsiedlungen in der East Bay Area nahe San Francisco gehörten. Als Owens sich mit den Menschen vertraut machte, die in diesen öden, baumlosen Ortschaften lebten, erkannte er, dass sie alle die Tugenden des Amerikanischen Traums zu verkörpern schienen. Diese Vororte, die sich gerade auf der ganzen Welt herausbildeten, hatten den Vorteil, dass sie auf der einen Seite der Stadt zugewandt waren, während sie auf der anderen Seite der Natur näher waren. Owens' Buch ist eine wunderbare Sammlung von Begegnungen mit den Menschen, die in diesem vorstädtischen Ideal leben, gelegentlich leicht ironisch, allerdings kombiniert mit einer gewissen Zuneigung zu den Leuten, die ihm erlaubt hatten, sie zu fotografieren und zu zitieren. *Suburbia* zeitigte sofort Wirkung, weil es eine neue Art von dokumentarischer Vision verkörperte, bei der die Fotografierten mit ihren eigenen Worten sprachen (wenn auch vom Fotografen ausgewählt). Das Buch ist ein bemerkenswertes Zeitdokument und zeigt den Amerikanischen Traum, wie ihn die Menschen in den brandneuen Vororten wahrnahmen. Dabei behandelt es das damals neue Motiv der Fotografie, den »Vorort«, mit bemerkenswertem Feingefühl.

LUIGI GHIRRI

Italien, 1943–1992

UNABHÄNGIGER KÜNSTLER-FOTOGRAF MIT INTERESSE AM SOZIALEN RAUM

Luigi Ghirri ist einer der bekanntesten italienischen Fotografen des sozialen Raums. Seine Arbeiten stellen oft die konzeptuelle Frage, was sie repräsentieren. Der Schwerpunkt liegt ganz klar auf den Bereichen des modernen Lebens in der europäischen Kultur, oft konzentriert auf Modena, wo Ghirri lebte. Seine regelmäßigen »Mini-Spaziergänge« enthüllten eine Stadt, die bereits aus Fotos zusammengesetzt war, tatsächlichen in Form von Reklametafeln, aber auch in Form der anonymen Architektur und öffentlichen Gärten, mit ihrem fotografischen Erscheinungsbild, dem Gefühl von Komposition. Wie Ghirri von seiner Arbeit als Beobachter wusste, sind die flachen Oberflächen, die geraden Linien der Gebäude und die Winkel der Straßen ein Fest für Stadtplaner. Diese »Flachheit« findet sich in seinem Werk als eine Art Rätsel. Diese farbigen und gleichzeitig farblosen »Ansichten« sind direkt von vorn fotografiert, ohne schräge Blickwinkel. Ghirri betont die Flachheit der Fotografie und lenkt die Aufmerksamkeit nicht so sehr auf das, was sie uns nicht sagt, sondern auf das, was sie sagt. Seine Bilder sind leise provokative, sanfte Beobachtungen über die Wirkungen der Fotografie auf die Welt und die Welt als Fotografie. Personen werden wie architektonische Figuren behandelt, die im von ihnen besetzten Raum zeigen sollen, wie er von »echten Menschen benutzt« wird . In einer verworrenen Spiegelung von Darstellung und Realität hinterfragen Ghirris Bilder, ob der Raum für uns geschaffen ist oder ob wir uns an die vorhandenen Räume und Architekturen angepasst haben.

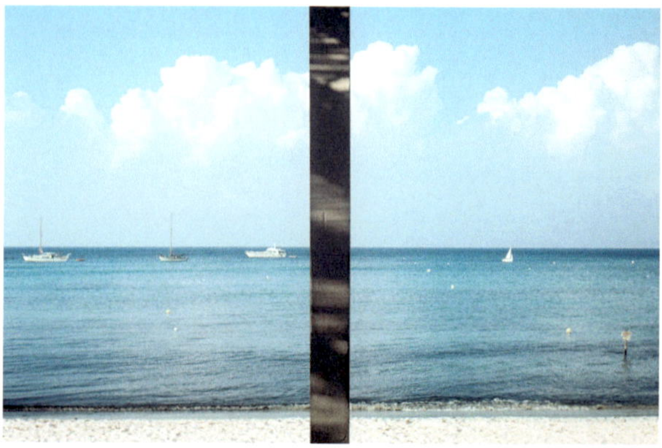

Luigi Ghirri
L'Île-Rousse, 1976, Aus der Serie »Vedute [Ansichten]«, 1970–79

Falls die Szenen aus Ghirris unerbittlichen architektonischen Visionen seltsam vertraut aussehen, liegt das daran, dass sie Ansichten einnehmen, die auch jeder Vorbeispazierende haben könnte. Dennoch sorgen Ghirris spezielle visuelle »Beobachtungen« dieser urbanen Räume dafür, dass sie sich völlig anders anfühlen.

NAN GOLDIN

USA, *1953

FOTOGRAFISCHE GESCHICHTEN AUS DEM LGBTQ NEW YORK

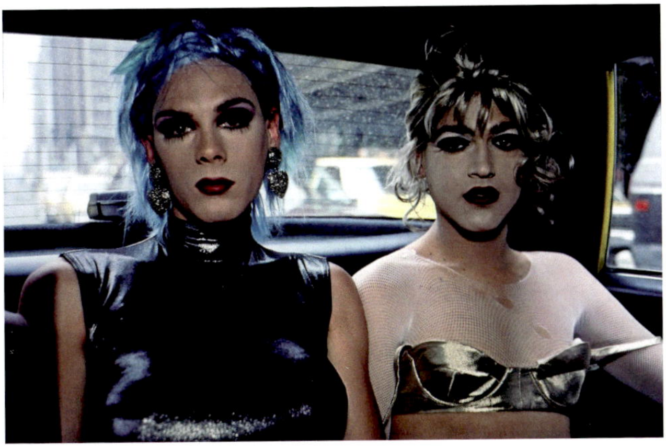

Nan Goldin
Misty und Jimmy Paulette in einem Taxi, NYC, 1991

Über Nan Goldins Fotografien ist viel geschrieben worden. Doch schauen Sie sich eines an und Sie können nicht anders, als sich in die ausdrucksvolle Mischung aus Gefühlen hineinziehen zu lassen, die diese Fotos auslösen. Goldin, die einfühlsam auf ihre Motive und den Augenblick, in dem sie aufgenommen werden, eingeht, idealisiert die Figuren nicht, doch ihre Darstellung ist farblich satt und sprüht vor Leben.

Nan Goldin gelangte 1986 mit ihrem Werk *The Ballad of Sexual Dependency* zu Berühmtheit. Seitdem genießt sie einen Ruf als Königin der Farbfotografie und Ikone für Frauen und LGBTQ-Fotografen und -Künstler. *The Ballad* handelt von den Freunden und der Familie Goldins in der New Yorker »Subkultur« der späten 1970er- und frühen 1980er-Jahre. Goldins Arbeiten, die immer provokativ sind, strahlen eine tiefe Liebe für die Thematik ihrer Bilder aus, ob es nun die Menschen sind, die den Betrachter neugierig anstarren, oder die leeren Räume, die voll waren, bevor HIV/AIDS die Gay-Communities von New York verheerte. Ihre Fotografien wirken zwar wie Schnappschüsse, sind aber clevere Kompositionen mit reichen, satten Farben, die die Stimmung der Bilder unterstreichen. Oft zieht sich eine bestimmte Farbpalette über das Bild, je nach Motiv in Rot-, Blau- oder Grautönen. Sie zeigen, wie Farbe sich geschickt einsetzen lässt, um Stimmungen zu beschwören – die hier mit menschlichen Emotionen verknüpft sind. Solche ästhetischen Eigenschaften sollten zwar nicht davon ablenken, wie Goldins Werk Fragen von Sexualität, Identität, Geschlecht und den intimen Dynamiken der alltäglichen Beziehungsprobleme behandelt, dürfen aber auch nicht davon getrennt werden. Goldins Geschick liegt darin, diese Aspekte zu verbinden, sodass sie untrennbar erscheinen, wie Stimmung und Gefühl, Farbe und Identität.

»THREE PERSPECTIVES ON PHOTOGRAPHY: RECENT BRITISH PHOTOGRAPHY«

Großbritannien, 1979

INNOVATIVE FOTOAUSSTELLUNG IN DER HAYWARD GALLERY, LONDON

Die Ausstellung »Three Perspectives« (Drei Sichtweisen) in der Hayward Gallery in London war ein wichtiges Ereignis, dessen drei vorgestellte Kategorien die Entwicklung der aktuellen unabhängigen Fotografie in Großbritannien untersuchten. Jeder der drei Bereiche hatte einen eigenen Kurator. Die drei Themen wurden durch drei Essays eingeleitet: »Truth, Metaphor and Individual Expression« von Paul Hill, »Feminism and Photography« von Angela Kelly und »A Socialist Perspective on Photographic Practice« von John Tagg.

Paul Hill interessiert sich besonders für den sogenannten »engagierten« Fotografen, der Form und Thematik liebevoll zu einer harmonischen Praxis kombinierte, wie man an seinen eigenen Arbeiten und den Fotografien derjenigen sehen konnte, die er in die Ausstellung aufnahm: Graham Smith, Martin Parr, Roger Palmer, Raymond Moore, Brian Griffin und Thomas Cooper.

Angela Kelly wählte Arbeiten von Valerie Wilmer, Jo Spence, Sarah McCarthy, Yve Lomax, Christine Hobbeheydar und Aileen Ferriday. Diese Fotografinnen, damals eine Seltenheit in Großbritannien, befassten sich in ihren Werken mit den Rollen von Frauen als Fürsorgerinnen, Arbeiterinnen und Mütter und wie sie zu dieser Zeit wahrgenommen wurden. Im Kontext der Frauenbewegung der 1970er-Jahre reichte dies von Agitprop bis Dokumentation, untersuchte aber auch, wie in Jo Spences Werk, wie das Selbst der Frau durch ihre Darstellung vor der Kamera, von der Geburt bis in Erwachsenendasein und weiter, konstruiert wird.

Der von John Tagg kuratierte sozialistische Abschnitt war weniger eine Abhandlung über revolutionäre Politik (wie man heute vermuten würde) als eine durchdachte Debatte über die Grenzen der Kunstgalerie und die Art von Problemen, mit denen Kunst sich befassen kann – Fragen, die heute noch wichtig sind. Taggs Auswahl umfasste zwei Fotografen-Kooperativen (Report und the International Freelance Library), Alexis Hunter, The Hackney Flashers Collective, Robert Goldin und Victor Burgin.

Ausstellung und Begleitkatalog wollten einen alternativen kuratorischen Weg zu der Art von Ausstellung zeigen, die am MoMA, dem damaligen globalen Zentrum der Fotografie, entwickelt worden war.

PAUL HILL

GROSSBRITANNIEN, *1941

Paul Hill ist ein englischer Landschaftsfotograf und Lehrer. Er arbeitete als Pressefotograf, bevor er in den 1970er-Jahren eine Stelle als Dozent annahm und Teil der neuen Fotografenausbildung in Großbritannien wurde. Außerdem war er einer der Kuratoren der wichtigen Ausstellung »Three Perspectives on Photography« 1979 in London.

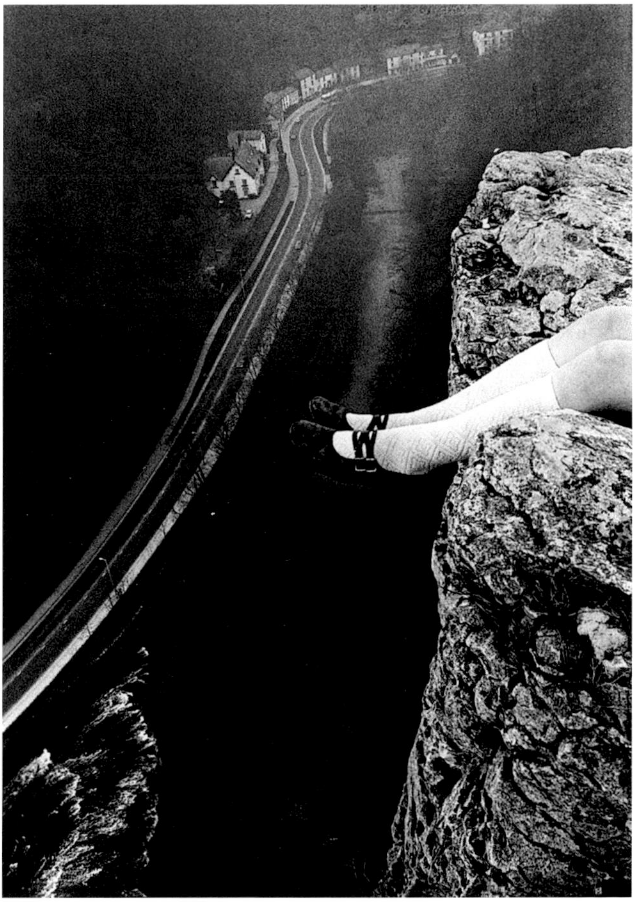

Paul Hill
Beine über High Tor, Matlock, 1975

Hills Bild der Beine seiner Tochter, die über diesem berühmten englischen Aussichtspunkt baumeln, lassen einige Betrachter vielleicht vor Höhenangst erschaudern, doch die poetische Absicht des Bildes ist klar. Die jugendlichen Beine strecken sich zwar aus, können aber die Straße nicht erreichen, ohne zu fallen.

JO SPENCE

GROSSBRITANNIEN, 1934–1992

Jo Spence lebte in London und arbeitete lange als gewerbliche Fotografin, die Hochzeiten, Kinder und Ähnliches fotografierte. Sie begann, die Rolle der Familienfotografie (die sie selbst auch herstellte) in der Konstruktion von Identität, sowohl durch die Fotos in Familienalben als auch die allgemeinen Narrative, die sie produzieren, zu hinterfragen. Spence entwickelte eine kollaborative fotografische Praxis als einen Weg, diese normativen Familienkonstruktionen zu kritisieren. Außerdem entwarf sie eine neue Praxis, die sie »Fototherapie« nannte – sie nutzte das Medium der Fotografie, um die seelische Gesundheit zu verbessern.

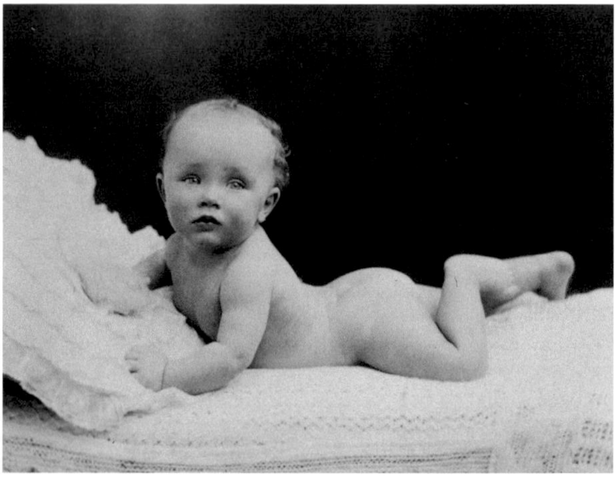

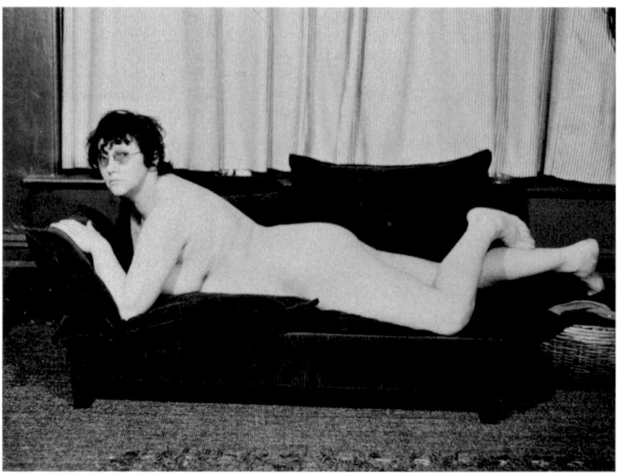

Jo Spence
Jenseits des Familienalbums, 1979

Durch Hinterfragen und Neuanordnen der fotografischen Konventionen des Familienalbums können wir etwas über die Art und Weise herausfinden, wie wir selbst uns sehen und wie andere uns gesehen haben, meint Spence.

Victor Burgin
Possession, 1976

Durch das Heranziehen einer rhetorischen Form von Werbung ist aus Burgins Poster ein ikonisches Kunstwerk aus Bild und Text geworden. Durch die Vereinigung eines Bildes der Leidenschaft und eines Textes über Besitz oder Besessenheit fordert das Poster die impliziten ideologischen Annahmen heraus, die in den ökonomischen und sexuellen Beziehungen dieser Zeit steckten.

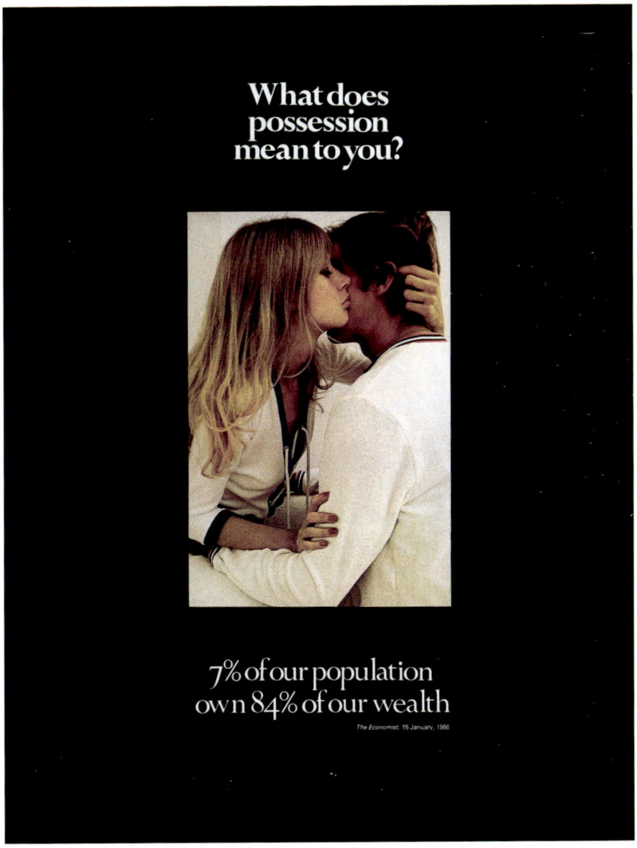

VICTOR BURGIN

GROSSBRITANNIEN, *1941

Victor Burgin war bereits als Konzeptkünstler und Autor bekannt, wurde aber schnell zu einer zentralen britischen Figur, als er eine neue Theorie der Fotografie formulierte. Inspiration bezog er hierbei aus den theoretischen Arbeiten in Frankreich auf den Gebieten der Semiotik, Psychoanalyse und Filmstudien. Burgins frühe Arbeiten bestehen aus Bild-Text-Kombinationen, in denen der eingefügte Text das Layout von Modemagazin-Texten auf Bildern imitiert, aber dazu dient, die Ideen und Werte der dominanten Kultur zu attackieren.

MIYAKO ISHIUCHI

Japan, *1947

MUTIGE UND INNOVATIVE FOTOGRAFIN

Ishiuchi, zunächst in Textilkunst ausgebildet, wandte sich schon bald der Fotografie zu und wurde eine der wichtigsten Innovatorinnen unter den jüngeren japanischen Fotografen nach Leuten wie Daidō Moriyama, Shomei Tomatsu, Masahisa Fukase und Nobuyoshi Araki. Ihre körnigen Schwarz-Weiß-Bilder, die sie auf Film aufnimmt, sind besonders faszinierend, da sie eine der wenigen Fotografinnen ihrer Generation ist. Im Laufe ihrer Karriere hat sie sich angewöhnt, politische und persönliche Themen in ihren Bildern miteinander zu verbinden. Die oft im Weitwinkel und leicht von oben oder unten aufgenommenen Bilder vermitteln eine starke Unmittelbarkeit.

Die Ausstellung »Yokosuka Story« von 1977 mit begleitendem Fotobuch ist eine von Ishiuchis ersten wichtigen Arbeiten und erkundet die wichtige Frage der japanischen Nachkriegsgeschichte. Nach ihrer Schulzeit in Yokosuka, in der es eine US-Militärbasis und eine starke Militärpräsenz gab, fotografierte sie die Stadt mit einem Gefühl von Trostlosigkeit, aber auch Neugier über ihr zerbrechliches Wesen. Die dunklen, körnigen Bilder zeigen ein Wirrwarr, aus dem Figuren herausscheinen, wie Soldaten und Frauen im Rotlichtbezirk. In manchen Bildern ist die amerikanische Kultur deutlich zu spüren. Ishiuchi sagt selbst, dass sie in Yokosuka nicht so sehr »Bilder aufnahm«, als vielmehr ihren Eindruck von der Stadt festhielt. Schmerz, Traurigkeit und Ärger spuken durch viele ihrer Arbeiten, vergraben in ihren reichen fotografischen Tönen.

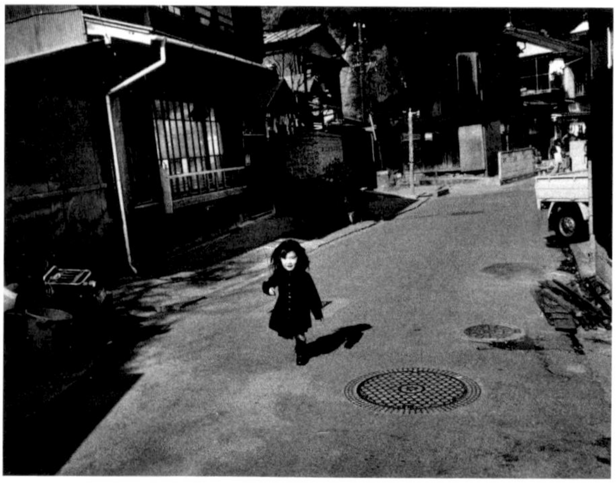

Miyako Ishiuchi
Yokosuka Story Nr. 98, 1977

Die eindringlichen Fotografien aus Ishiuchis erstem Buch *Yokosuka Story* zeigen ein Gebiet, das durch die größte US-amerikanische Militärbasis der Nachkriegszeit und deren sie umgebende Kultur beeinflusst war. Die körnigen Bilder vermitteln reale Trostlosigkeit.

FRANCESCA WOODMAN

USA, 1958–1981

ERFINDERIN VON INTIMEN PERFORMANCES DES SELBST

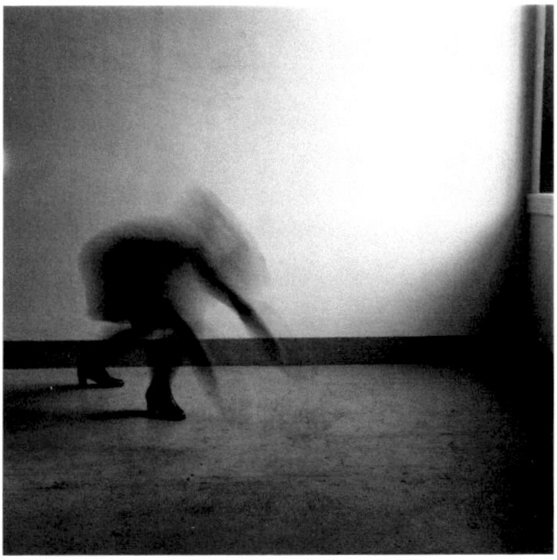

Francesca Woodman
Space2, Providence, Rhode Island, 1976

Nur Woodmans Schuhe scheinen scharf und fest an Ort und Stelle zu sein. Ihr Körper ist in der Bewegung verzerrt und gestreckt. Sie scheint nach etwas zu greifen, das in diesem leeren Raum nicht vorhanden ist. Woodmans Studio bietet den leeren Raum für diese Bewegung.

Francesca Woodmans Leben war relativ kurz; sie starb mit 22, hinterließ aber ein ansehnliches Werk. Im Zentrum ihrer Arbeit stand der weibliche Körper – oft ihr eigener –, fotografiert in Innenräumen. Ihre Fotos schöpfen aus den Ideen der »Body Art« und »Performance-Kunst« der 1970er, bei denen der nackte Körper dazu dient, gesellschaftliche und psychologische Zustände aufzuzeigen. Die Verwendung von »Innen«-Räumen verweist schon auf diese Idee, mit dem Körper als eine Art fließendem Organismus in einem Raum, dessen Gesten und Posen leicht unklar bleiben. Die Bilder sind nachdenklich, nicht als Darbietungen von Nacktheit, sondern eher als eine Nacktheit des Ausdrucks. Bewegungen und Gesten sind als eine Serie aus Metaphern choreografiert, jedoch folgen diese nicht den Konventionen für ausdrucksvolle Körpersprache etwa im Theater.

Falls die Räume in einigen der Bilder verfallen wirken, sind sie metaphorisch zu verstehen, als Elemente aus Bedürfnis und Verlangen. Die Idee eines Raumes und seiner diversen Öffnungen aus Türen und Fenstern kann als Hinweis auf verschiedene Sichtweisen auf den Körper aufgefasst werden. Heranwachsende ziehen sich oft in ihre Zimmer zurück, wenn sie sich verletzt fühlen oder ärgerlich sind. Der Raum bietet einen Rückzugsort, in dem der Jugendliche mit seinem Körper experimentieren und mit dessen Bedürfnissen und den gesellschaftlichen Wahrnehmungen spielen kann.

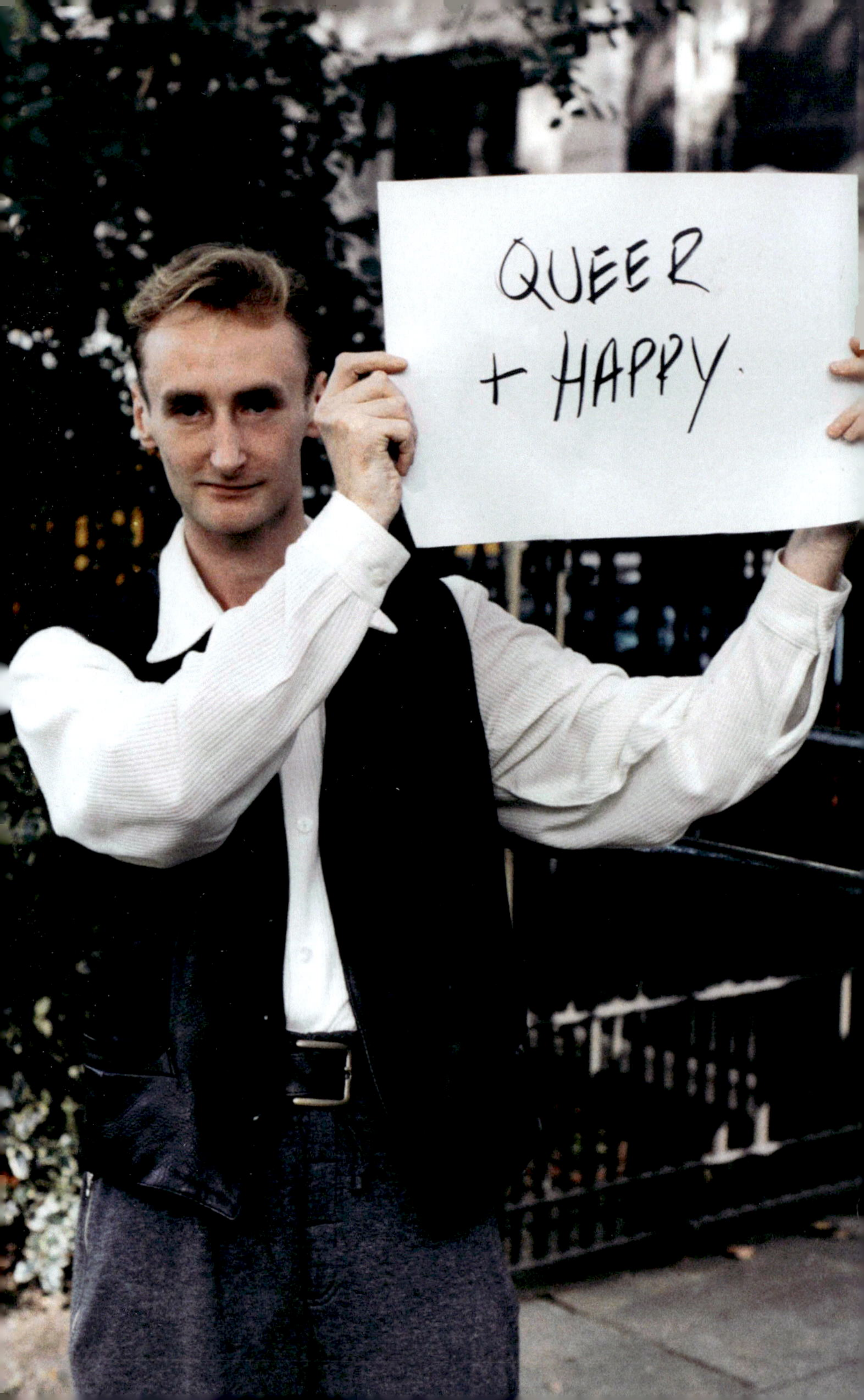
QUEER
+ HAPPY.

KONZEPTKUNST

-

Die Dematerialisierung des Kunstobjekts führte zu einer Kunst, die als neues Medium rematerialisiert wurde: Fotografie, Film und Video.

-

Die Konzeptkunst entwickelte sich in den 1960er- und 70er-Jahren und verwendete hauptsächlich nicht-traditionelle Kunstmedien, die oft auf unterschiedliche Weise kombiniert wurden, was dazu führte, dass sie als eine gemischte oder »post«-mediale Kunstform bezeichnet wurde. Konzeptkünstler griffen auf alle Materialien zurück, die für die Arbeit benötigt wurden, sei es der Boden, der Körper des Künstlers, gefundene Objekte, ein Gebäude, die Straße, Karteikarten oder Büroausstattung. Das primäre Ziel war es, Konzepte zu entwickeln und jedes Material zu verwenden, das sie finden konnten. Obwohl dies viele von ihnen von der Idee wegführte, mit einer einzigen Kunstform zu arbeiten, benutzten Konzeptkünstler spezifische Formen, um ihre Arbeit zu präsentieren: Performances, Skulpturen, Installationen, Text und Fotografien, Videos oder sogar Kombinationen. Die konzeptuelle Wende war eine Ablehnung der künstlerischen Praktiken der Vergangenheit und ihrer Werte. Der Einsatz der Fotografie war zum Beispiel meist mit der Alltagsfotografie zu dieser Zeit verbunden und nicht mit einem speziellen Handwerk, bei dem ein Künstler von seinen eigenen Bildern handwerkliche Abzüge anfertigte.

Während die Kunst bereits eine expressive Phase durchlaufen hatte, in der die Menschen versuchten, ihre tiefsten inneren Gefühle in Kunstwerke zu übertragen, lehnten Konzeptkünstler dieses Modell ab und entzogen ihren Werken diese hochemotionalen (und vermarktbaren) Werte sowie jede Spur des Künstlergenies. Stattdessen entstand eine eher rationale, abstrakte und philosophisch geprägte Arbeit, die sich mit vielfältigen sozialen, politischen, ästhetischen oder konzeptionellen Fragen beschäftigte. Diese Ziele erklären etwas von der »Anti-Ästhetik«, die mit der Konzeptkunst assoziiert wird, bei der intellektuelles Vergnügen mehr geschätzt wurde als rein optisches oder »visuelles Vergnügen«.

Anstatt zu fragen, was der Betrachter von einem Bild hält, kehrte die Konzeptkunst den üblichen Prozess der Deutung um und forderte den Betrachter auf, das im Werk wirkende Konzept herauszufinden. Als Teil dieses Projekts lehnte die Konzeptkunst die traditionellen Erscheinungsformen der Kunst in der modernen Malerei, Skulptur und Zeichnung sowie die ihnen zugeschriebenen Rolle des Zuschauers ab.

Die Konzeptkunst stellte dem Betrachter grundsätzlichere Fragen: Was glauben Sie, was Kunst ist? Was wollen Sie von ihr? Die Verwendung neuerer massenmedialer Ansätze wie Video oder Fotografie, die aus der modernen Kultur stammen, war Teil dieser Frage, da diese Medien außerhalb der Kunstwelt populärer waren als innerhalb. Die Fotografie wurde oft von Kunsträumen ausgeschlossen, obwohl sie in Fotogalerien oder speziellen Abteilungen

Vorhergehende Seite:

Gillian Wearing
Signs that Say What You Want Them to Say and Not Signs that Say What Someone Else Wants You To Say, 1992–93

Dieser Titel, der vermutlich einer der längsten für ein Kunstwerk ist, Wearings *Signs that Say What You Want Them to Say and Not Signs that Say What Someone Else Wants You To Say* erklärt die Logik der Bilderserie: Als Teil der Performance selbst halten Menschen Schilder, auf denen steht, was sie sagen wollen.

von Kunst- und Kulturmuseen ihren eigenen Raum erhielt. Die Verwendung von Fotografie in der Konzeptkunst war entscheidend für die Veränderung.

Der Begriff »konzeptuelle Fotografie« wird heute manchmal für Arbeiten verwendet, die mit der Geschichte dieser konzeptuellen Praktiken sympathisieren oder sich auf sie beziehen. Informiert durch Konzepte aus der sozialen, politischen und ästhetischen Kritik ebenso wie aus der Philosophie bleibt die konzeptuelle Fotografie dennoch mit der Darstellung dessen verbunden, was wir »Realität« nennen (was natürlich selbst ein Konzept ist). Die häufige Verwendung von Sprache und das Hinterfragen der Macht von Worten zur Kontrolle von Bildern, Ideen und Konzepten ist ein herausragendes Merkmal solcher konzeptuellen Arbeiten.

WICHTIGE FRAGEN

- Sind Ideen wichtiger als schöne Bilder?
- Wenn die Realität das Konzept ist, wie stellt sie die Fotografie dar?

LITERATUREMPFEHLUNGEN

- Victor Burgin, *The Camera: Essence and Apparatus*, London: Mack, 2018
- Douglas Fogle, *The Last Picture Show: Artists Using Photography 1960–1982*, Minneapolis: Walker Art Centre, 2004
- Peter Osborne, *Conceptual Art (Themes & Movements)*, London: Phaidon, 2005

EDWARD RUSCHA

USA, *1937

AMERIKANISCHER KÜNSTLER, BERÜHMT FÜR SEINE KOMBINATION AUS FOTOGRAFIE, KONZEPTKUNST UND POPKULTUR

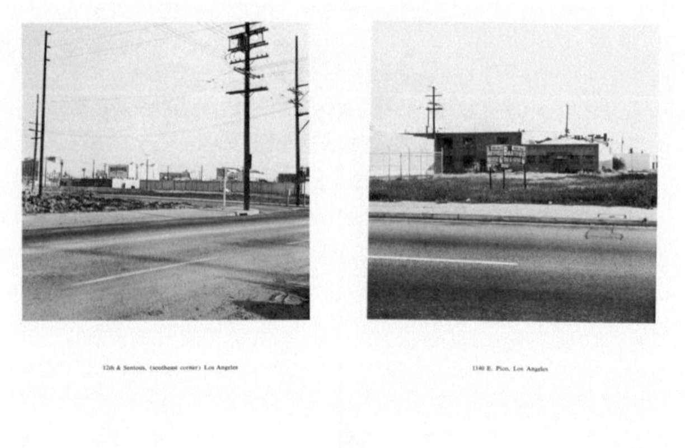

Edward Ruscha
Real Estate Opportunities, 1970

Ed Ruschas Serien von kleinen Fotobüchern, die in den 1960er- und 1970er-Jahren veröffentlicht wurden, folgen einer funktionalen Logik: Hier sind einige gewöhnliche Bilder zu einem Thema, das Sie interessieren könnte. Seine Fotografien bieten eine entwaffnende Banalität und einen emotionslosen Stil.

Ed Ruschas Werk zeigt eine Linie von der Pop Art (die Verwendung von Materialien aus der Populärkultur, wie Wörter, Zeichen, Ikonen und Bilder) zur Konzeptkunst. Ruscha begann, Fotografien und Text in einer Reihe von kleinen Heften zu kombinieren, die jeweils einen scheinbar einfachen Titel tragen. *Twenty-Six Gasoline Stations* zum Beispiel präsentiert genau das darin: 26 Fotografien von Tankstellen. Das Buch zeigt, wie Worte und Fotografien zusammenwirken, um den Wert und die Bedeutung des jeweils anderen zu bestätigen. Gleichzeitig wird deutlich, wie die Banalität jeder Fotografie es dennoch schafft, jede Tankstelle so zu beschreiben, wie es die Worte nicht vermögen. In *Real Estate Opportunities* (1970) erhält der Begriff der Chance (Opportunities) durch die Fotografien seinen visuellen Bezug.

Obwohl Ruscha die Bilder selbst aufnahm und sich sicherlich für Fotografie interessierte, wäre er der Erste, der zugeben würde, dass er kein »Fotograf« im üblichen Sinne des Wortes war, ein Experte oder Profi, der hochqualifizierte Bilder macht. Die Bilder werden oft als nüchtern beschrieben, und doch haben sie mit der Zeit eine Aura von Originalität oder sogar Tiefe erlangt, gerade weil sie so gewöhnlich sind und in den konzeptionellen Rahmen der Worte im Heft eingeordnet werden. Jedes Buch folgt dem gleichen Muster, der Präsentation eines »Konzepts« in Worten und »faktischen« fotografischen Bildern.

JOHN BALDESSARI
USA, 1931–2020
KOMBINIERT GEFUNDENE FOTOS MIT TEXT UND ERZÄHLUNGEN

John Baldessari war ein vielseitige Künstler, der in Kalifornien lebte. Er verwendete gefundene Fotos, um Tausende von Kunstwerken zu schaffen, wobei er in seinen Arbeiten zwischen Malerei, Fotografie, Kino und Bild-Text-Beziehungen wechselte. Die Form schien eher durch die Funktion des Werks selbst bestimmt zu sein, als durch irgendein Schema oder einen typischen Stil. Darum hat Baldessaris Werk viele verschiedene Formen und Ausprägungen angenommen, von Installationen, Filmen, Videos, Skulpturen und Fotoserien bis hin zu Fotocollagen und Fotomontagen. Seine Arbeiten scheinen die Konflikte zwischen Popkultur und Kunst nie positiv aufzulösen. Vielleicht ist es gerade diese Navigation der widersprüchlichen Ansichten, die den Betrachter in sein Werk zieht. Baldessari war auch Lehrer an der Kunstschule CalArts und enorm einflussreich, zunächst in der Konzeptkunst, dann wieder in der Postmoderne und seither im Zeitalter des digitalen »Mash-up«.

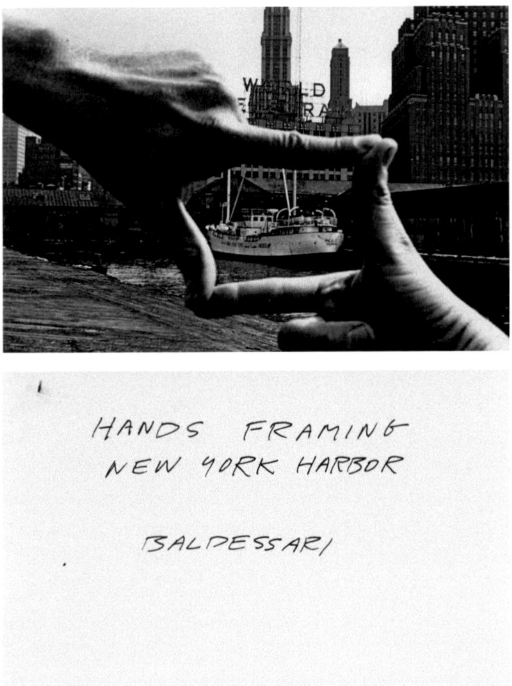

John Baldessari
Hands Framing New York Harbor, 1971

Dieses Bild ist Teil einer Gemeinschaftsarbeit mit Harry Shunk (1924–2006) und János Kender (1937–2009), die als Fototeam (oft mit oder für Künstler) zusammenarbeiteten und diese Aufnahme machten. Baldessaris Hände rahmen die Szene ironisch ein, ähnlich wie es ein Filmkameramann oder ein Maler tun würde, um zu testen, ob sie als Ansicht funktioniert.

KEITH ARNATT

Großbritannien, 1930–2008

PATE DER BRITISCHEN KONZEPTKUNST

Keith Arnatt war ein innovativer Konzeptkünstler, dessen Witz nie weit von den philosophischen Thesen des Werks entfernt war. Arnatt studierte Kunst, aber auch Sprachphilosophie und griff bei der Gestaltung seiner Kunstwerke auf diese linguistischen Konzepte zurück. Die Rolle der Sprache war entscheidend für konzeptionelle Debatten, und Arnatt entwickelte die Idee der performativen Situation, in der das sprachliche Inszenieren ein Weg war, etwas existent und sogar »wahr« zu machen. Nachdem er den *Magnum*-Fotografen David Hurn kennengelernt hatte, entwickelte er ein starkes Interesse an den Traditionen der »New Documents«-Fotografie der 1960er-Jahre und den daraus resultierenden ästhetischen Werten, obwohl er die Konventionen und die Philosophie der Dokumentarfotografie, wie sie von Hurn und *Magnum Photography* getragen wurden, nicht vollständig akzeptierte. Arnatts Werk zeichnete sich durch einen »ernsten Humor« aus, eine Freude am Schaffen von Arbeiten, die Konventionen über den Status der Kunst und des Künstlers ins Lächerliche ziehen. Seine späteren Arbeiten beschäftigten sich jedoch mehr mit seiner ländlichen Umgebung. Eine Serie macht schöne Szenen buchstäblich aus Müll. Abfall in »erhabene« Kunst zu recyceln, war genau seine Art von konzeptionellem Humor. Er unterrichtete während seiner gesamten Karriere und war ein früher Fürsprecher für die Fotografie im britischen Kunstestablishment, das sie in den 1960er-Jahren ausschloss und ihr geradezu feindlich gegenüberstand.

Keith Arnatt
Trouser-Word Piece, 1972

Dieses Selbstporträt erinnert an andere Bilder, die zu dieser Zeit im Umlauf waren, wie etwa Nachrichtenfotos von Straßendemonstranten mit Plakaten und Slogans. Arnatt kombiniert sein Foto jedoch mit einem Zitat des englischen Sprachphilosophen J. L. Austin (1911–60), der untersucht, wie die Behauptung auf seinem Plakat, er sei ein »echter« Künstler, andere Kategorien von Künstlern ausschließt und impliziert, es gäbe einige »falsche« Künstler.

Keith Arnatt
TROUSER - WORD PIECE

'It is usually thought, and I dare say usually rightly thought, that what one might call the affirmative use of a term is basic – that, to understand 'x', we need to know what it is to be x, or to be an x, and that knowing this apprises us of what it is **not** to be x, not to be an x. But with 'real' . . . . it is the **negative** use that wears the trousers. That is, a definite sense attaches to the assertion that something is real, a real such-and-such, only in the light of a specific way in which it might be, or might have been, **not** real. 'A real duck' differs from the simple 'a duck' only in that it is used to exclude various ways of being not a real duck – but a dummy, a toy, a picture, a decoy, &c.; and moreover I don't know **just** how to take the assertion that it's a real duck unless I know **just** what, on that particular occasion, the speaker had it in mind to exclude . . . . (The) function of 'real' is not to contribute positively to the characterisation of anything, but to exclude possible ways of being **not** real – and these ways are both numerous for particular kinds of things, and liable to be quite different for things of different kinds. It is this identity of general function combined with immense diversity in specific applications which gives the word 'real' the, at first sight, baffling feature of having neither one single 'meaning', nor yet ambiguity, a number of different meanings.'
John Austin, 'Sense and Sensibilia.'

SOPHIE CALLE

Frankreich, *1953

GEFEIERTE FRANZÖSISCHE KONZEPTKÜNSTLERIN

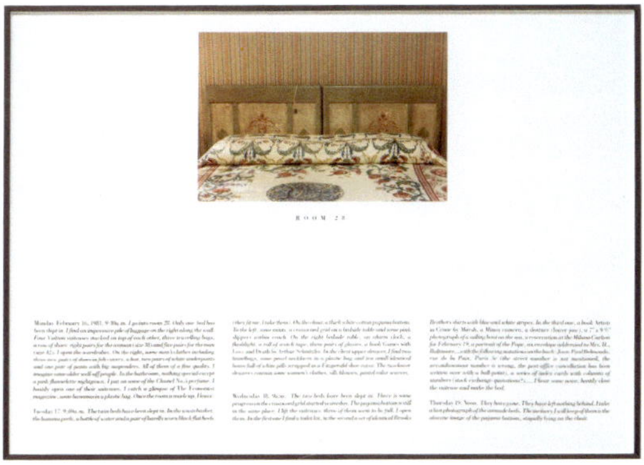

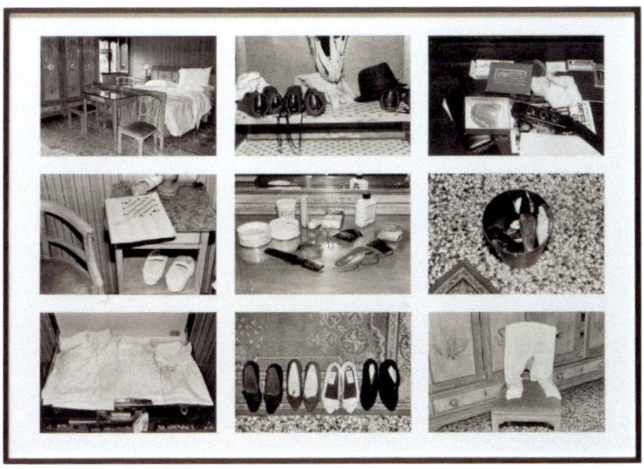

Sophie Calle
L'Hôtel, Room 28, 1981,
je 214 x 142 cm

Als Zimmermädchen in Venedig fotografierte Calle die Habseligkeiten der Hotelgäste, deren Zimmer sie reinigte. Wie das Tagebuch einer Anthropologin beschreibt sie detailliert Kleidung, Parfüm und Habseligkeiten der unsichtbaren Gäste.

Sophie Calle ist Schriftstellerin, Fotografin, Installationskünstlerin und Konzeptkünstlerin. Sie begann mit der Fotografie während einer Reise durch die USA und ist heute eine der größten Künstlerinnen. Ihr Werk beschäftigt sich vor allem mit Fragen zum Privatleben, sowohl zu ihrem eigenen als auch zu dem von bekannten und unbekannten Menschen. Oft bewusst voyeuristisch und aufdringlich, provoziert sie beim Betrachter ein gleichzeitiges Gefühl von Neugier und Schuld. Calles tabubrechende Fotografien erforschen die Dichotomie zwischen öffentlichem Erscheinungsbild und Privatleben bzw. Intimitäten. In einer Arbeit aus dem Jahr 2007 mit dem Titel *Take Care of Yourself* schickte Calle die Trennungs-E-Mail eines Freundes an 107 Frauen aus unterschiedlichen Berufen. Anschließend fotografierte und filmte sie deren Antworten und schuf so ein multimediales Werk aus Briefen, Videos und Fotos.

ANNETTE MESSAGER

Frankreich, *1943

KÜNSTLERIN, BEKANNT FÜR IHRE FOTOSKULPTUREN ZU ERINNERUNG UND KÖRPERBILD

Annette Messager lebt und arbeitet in der Nähe von Paris und schafft Werke, die Fotografie als Teil ihrer Auseinandersetzung mit Erinnerung und Identität verwenden. Wie viele Konzeptkünstler verwendet Messager verschiedene Formen und Medien für ihre Kunstwerke und Installationen, doch die Fotografie ist ein regelmäßiges Element. Ihre Arbeiten sind oft Assemblagen oder »Bricolage«-Kombinationen aus Medien, Objekten, Bildern und Formen.

Das hier gezeigte Kunstwerk zum Beispiel bildet eine Art unaufgelöste Einheit aus mehreren Teilen, eine Gestalt (ein organisiertes Ganzes, das mehr ist als die Summe seiner Teile). Einerseits sind die Details chaotisch, andererseits werden die fragmentarischen Teile dieser Körper dennoch zu einer erkennbaren Gesamtform und kohärenten Gestalt vereinigt. Vielleicht erkennt diese Arbeit die Art und Weise, wie wir unsere Identität als chaotisch empfinden und dennoch zu uns selbst »zusammenziehen«. Obwohl die Fotoskulptur also aus zerstückelten Körpern und verschiedenen Körperteilen besteht, fügt sie diese Fragmentierungen wieder zu einer Einheit zusammen. Die Fadenstücke, die das Bild zusammenhalten, wirken zerbrechlich. Wenn eines reißt, beginnt das Bild zu zerfallen. Eine solche metaphorische Lesart der Arbeit deutet auf die Rolle hin, die Fotos nicht nur in der Kunst spielen, sondern auch in der alltäglichen Definition des Selbst. In diesem Sinne spricht *My Vows*, das in einer Prä-Selfie-Kultur entstanden ist, immer noch die Fragen der Identität an, in der die Verwandlung des Selbst in ein öffentliches Bild – durch Fotografie – heute noch üblicher ist.

Annette Messager
My Vows, 1988–91

Diese Arbeit *My Vows* (der Titel könnte mit einer weniger religiösen Konnotation auch mit »Meine Wünsche« übersetzt werden) gehört zu einer Serie, bei der jedes Werk Hunderte von kleinen Fotografien von Körperteilen enthält, die so an einer Schnur aufgehängt sind, dass die Bilder eine bestimmte Form bilden, etwa einen Kreis, eine Spirale oder ein Dreieck.

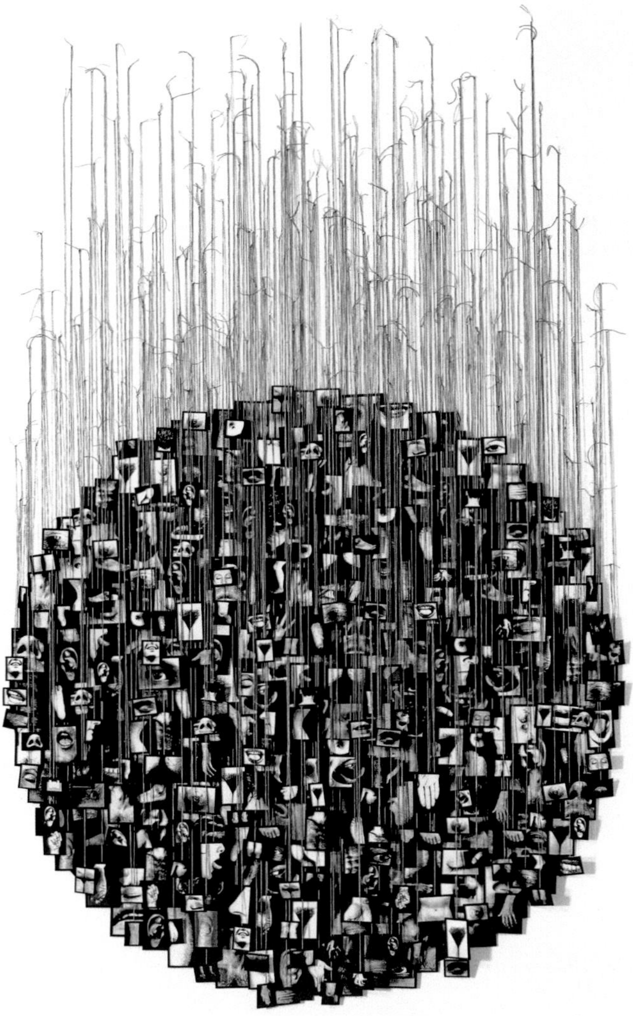

LORNA SIMPSON
USA, *1960

AFROAMERIKANISCHE KONZEPTKÜNSTLERIN UND FOTOGRAFIN

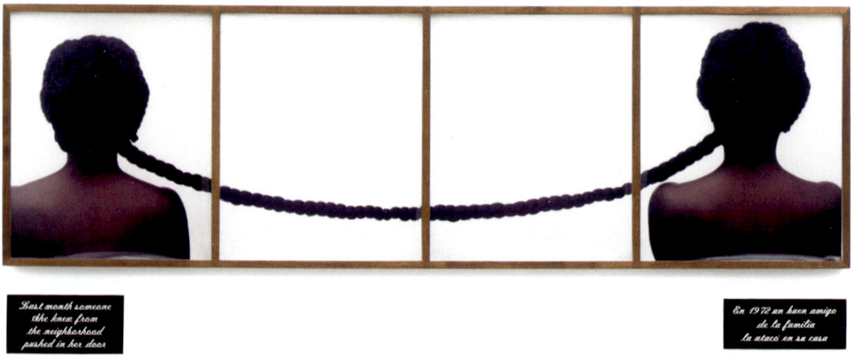

Die in New York lebende Künstlerin Lorna Simpson schafft Foto-Text- und Videoarbeiten, die sich mit der Rolle von Geschichte und Erinnerung in Darstellungen von Identität und Zugehörigkeit, der menschlichen Figur, Geschlecht und Ethnizität auseinandersetzen. Sie war eine der ersten afroamerikanischen Frauen, die eine Einzelausstellung im Museum of Modern Art (MoMA) in New York hatte (1990), und ihre Werke finden sich in Dutzenden von öffentlichen Sammlungen in den USA. Ihr Ansatz stützt sich auf die konzeptuelle Hinterfragung der Funktion von Bildern und deren Funktion bei der Darstellung von Bedeutungen. Sie arbeitet oft mit den Ikonografien afrikanischer und afroamerikanischer Kulturen und deren explizitem historischen Erbe in den USA, durch Bilder von Sklaverei, Frauen, ihren Körpern und kulturellen Markern wie Haaren und Kleidung. Simpson, die unter anderem von der Konzeptkünstlerin Eleanor Antin an der University of California unterrichtet wurde, schafft messerscharfe Arbeiten, die einen eleganten Raum konstruieren, eine oft monochrome Ästhetik, in der der Betrachter die eindringliche Präsenz der Geschichte spüren kann. Ihr multidisziplinäres Schaffen eröffnet einen echten Raum für Imagination und Reflexion über Geschichte, Gegenwart und Erinnerung. Die Arbeiten tun dies, indem sie scheinbar alltägliche Themen aufgreifen, sich jedoch schnell in die Metaphorik über Kulturgeschichte und Fragen der Identität steigern.

Lorna Simpson
Two Sisters and Two Tongues, 1991
4 farbige Polaroids, 2 gravierte Plexiglas-Plaketten
81,8 x 211,5 cm

Die Eloquenz von Simpsons Kunstwerken kommt zum Teil von ihrem Ziel, vereinfachte Ideen über Identität zu kritisieren und den Betrachter aufzufordern, über die Beziehungen zwischen Bildern, Menschen und Worten nachzudenken. Die Kunstwerke liefern keine einfachen Antworten. In dieser Arbeit sind die »zwei Schwestern« räumlich getrennt, aber durch Haare miteinander verbunden, was das Drängen und Ziehen von Ähnlichkeit und Unterschiedlichkeit zeigt.

GILLIAN WEARING
Großbritannien, *1963

KONZEPTIONELLE FOTOGRAFIE

Wearing erlangte mit ihren Video- und Fotoarbeiten sowie Performances in den 1990er-Jahren in Großbritannien Aufmerksamkeit im Boom der Kunstindustrie, den sogenannten YBAs (Young British Artists). Mit einer Videoarbeit namens *60 Minutes Silence*, in der eine Gruppe von Polizisten gebeten wird, für ein einstündiges formelles Porträt still zu stehen, gewann sie 1997 den Turner Prize. Wearing verwendet die populären Konventionen der Amateurfotografie und des Videos, wie sie normalerweise zur Aufzeichnung des täglichen Lebens verwendet werden, gegen sich selbst. In *Signs that say what you want them to say and not Signs that say what someone else wants you to say* (einer der längsten Titel einer fotografischen Arbeit) von 1992–93 bat sie Menschen auf der Straße im Süden Londons, Schilder hochzuhalten, auf die sie geschrieben hatten, was sie sagen wollen. Das Kunstwerk gibt den Menschen auf dem Foto eine Stimme, stellt aber gleichzeitig ihr ausdrucksstarkes Zeichen der Art und Weise gegenüber, wie Wearing sie gezeigt hat – mit komischem oder tragischem Effekt.

Gillian Wearing
Self Portrait as My Sister Jane Wearing, 2003

In dieser Arbeit untersucht Wearing die Beziehung zwischen der Selbstdarstellung eines Motivs und der Darstellung durch den Fotografen, indem sie sich selbst mit einer »fotografischen« Gesichtsmaske aus Silikon als ihre Schwester Jane fotografiert. Das Porträt stört die übliche Annahme über die Selbstwahrnehmung als singulär und einheitlich, indem es eine binäre Logik einführt, die eine Identifikation mit einem anderen, in diesem Fall ihrer Schwester, nahelegt.

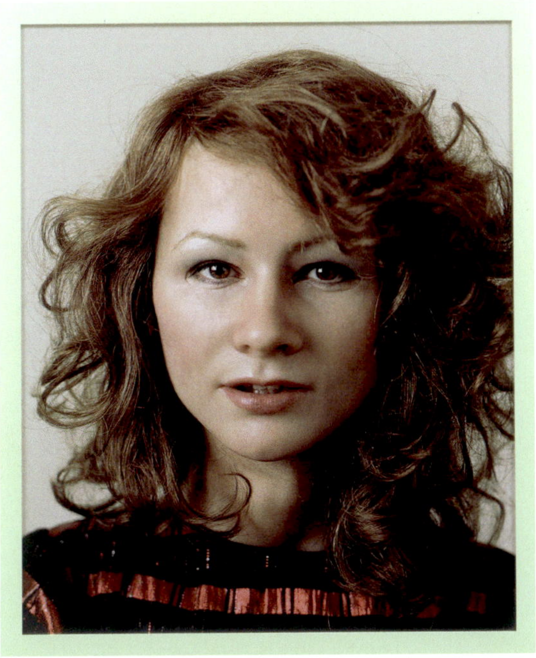

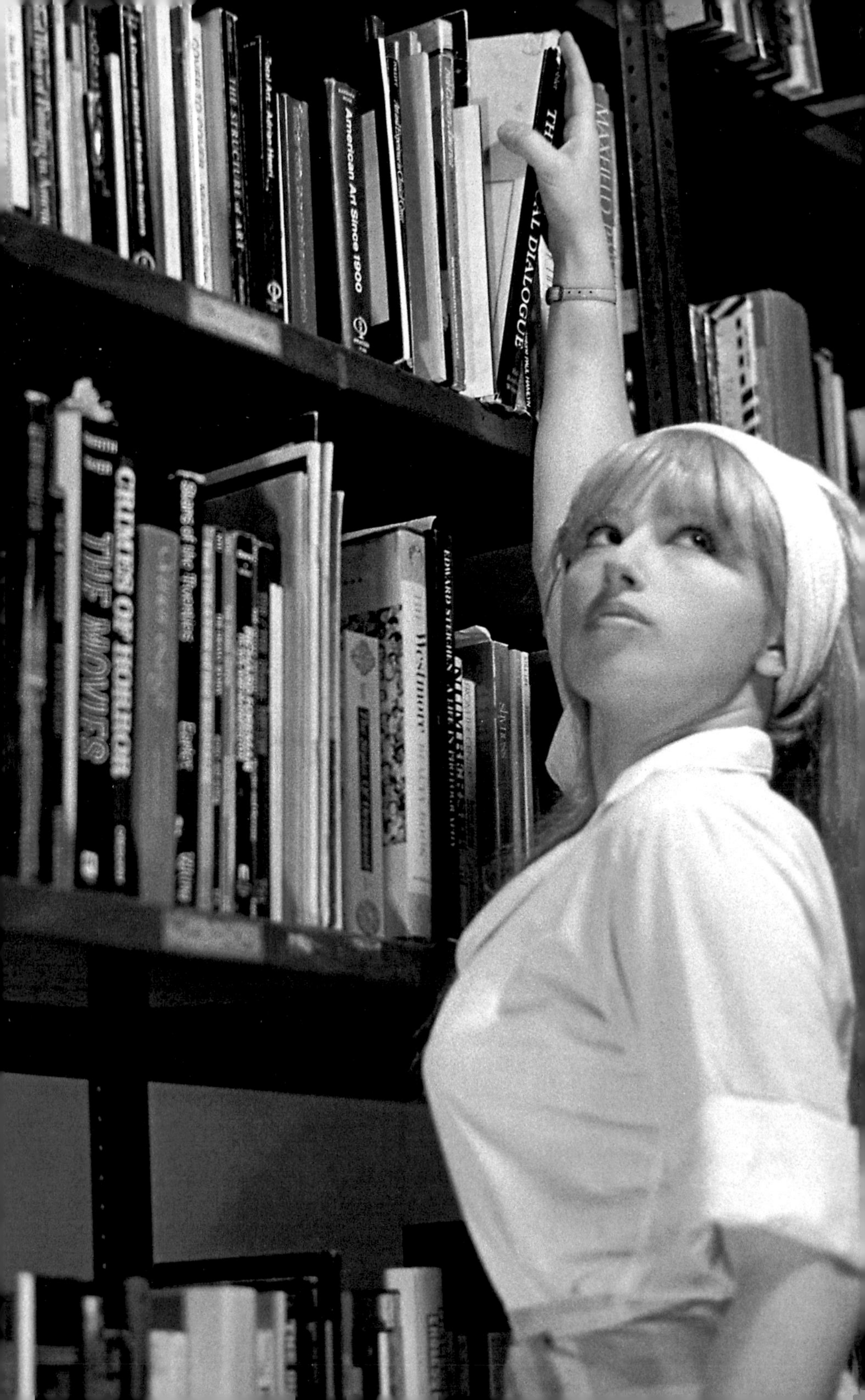

THE STRUCTURE of ART
American Art Since 1900
THE MOVIES
EDWARD STEICHEN

POSTMODERNE FOTOGRAFIE

-

Bilder replizieren nicht mehr die Realität; die Realität repliziert Bilder.

-

Postmoderne ist die Bezeichnung für den plötzlichen Schub neuer Methoden, die in den späten 1970er- und 1980er-Jahren, vor allem in den USA, zusammen mit einer neuen Einstellung zu Kultur, Kunst und Massenmedien in der Gesellschaft auftraten.

Einige dieser Haltungen und Ideen waren bereits in der Konzeptkunst zu erkennen, mit ihrer Kritik an der modernen Kunst und ihrer Ablehnung der Werte der bildenden Kunst, die fotografische Arbeiten als einzigartigen Ausdruck eines Künstlers ansah und handwerkliche Praktiken verherrlichte, um einen konservativen Kunstmarkt zu versorgen. Die postmoderne Kunst und Fotografie entwickelte jedoch keine »anti-ästhetische« Haltung gegenüber dem Visuellen wie die Konzeptkunst. Stattdessen hat die Postmoderne den populärkulturellen Wert des visuellen Vergnügens für die Kunst übernommen und wohl auch zurückerobert.

In der postmodernen Kunst tauchte plötzlich eine Faszination für die kommerzielle Welt und ihre repräsentativen Werte in der Massenkultur auf. Die Fotografie war hier ein privilegiertes Medium, wegen ihres massiven Einsatzes in der Konsumkultur, in schlechten Filmen, auf Reisen, im Fast Food, in der Popmusik und in der Werbung. All dies und die kapitalistischen Werte, die sie verkörperte, waren von der Kunst ausgeschlossen worden mit der Begründung, dass sie im Gegensatz zur wahren Kunst stünden. Aber jetzt war so ziemlich alles, was von der ernsthaften Kunstfotografie ausgeschlossen worden war, plötzlich – schockierenderweise – mit dabei. Der langjährige Gegensatz zwischen »hoher« und »niederer« Kultur schien zu kollabieren. Jetzt waren leuchtende Farben, Stilmix, das Kopieren, die Parodie, das Spiel mit Sexualität und Fragen des menschlichen Begehrens Themen dieses großen neuen Sinnesrausches. Die postmoderne Kultur warf die Geschichte über Bord und tauchte in den Rausch der alltäglichen trashigen Ästhetik der Massenkultur ein.

Indem sie sich den »schlechten neuen Dingen« in der Populärkultur zuwandte, übernahm die Postmoderne in der Kunst nicht nur die formalen Werte und Techniken des visuellen Vergnügens (zum Beispiel die extrem ausgefeilten Techniken und Werte der Werbefotografie), sondern richtete die Aufmerksamkeit der Kunst auch auf den Inhalt der Konsumkultur und ihre Werte, indem sie deren Verwendungen, Ziele und Fragen untersuchte, die durch diese Werte und Praktiken aufgeworfen wurden. Die Varianten des Begehrens und die Arten von Sexualität und sozialen Werten, die in den Werbefotos oder Magazinen, Filmen und dem Fernsehen propagiert werden, wurden schnell zu einem postmodernen Untersuchungsgegenstand. Wer sind wir? Was oder wer ist man nach Meinung

Vorherige Seite:

Cindy Sherman
Untitled Film Still *#13*

Shermans Fotografie imitiert eine massenmediale stereotype Figur einer jungen Frau, die hier nach einem Buch greift. Das Bild signalisiert, dass sie »nach Wissen greift«, doch gleichzeitig zeigt ihr Gesicht, dass ihre Aufmerksamkeit »anderweitig« abgelenkt ist.

der Konsumkultur? Was bedeutet das Künstlersein in einer solchen Kultur, in der ein fotografisches Bild bereits massenhaft reproduziert wird? Warum neue Bilder machen, wenn es schon so viele gute gibt? Warum kann ich sie nicht verwenden oder Teile der guten Bilder mischen, um neue »hybride« Bilder zu schaffen?

Die Postmoderne begann, mit den etablierten Codes der Fotografie in ihren verschiedenen Verwendungen in der Gesellschaft zu spielen, von den Werbebildern, die die Landschaft dominieren, bis hin zu Magazinbildern, Produktfotos, Fahndungsfotos oder Standbildern im Kino. Die Werte der Postmoderne veränderten die Position der Fotografie in der Kunst völlig. Sie war nicht länger auf die »bildende Kunst« oder die moderne Fotografie beschränkt, isoliert in separaten Fotografie-Abteilungen in Museen und Galerien; nun überschritt die »Kunstfotografie« endlich diese alten Schwellen in die Mainstream-Kunst, die Kunstkritik und sogar die Kunstgeschichte. Die Postmoderne legte den Grundstein für das, was später zur zeitgenössischen Kunstfotografie werden sollte.

WICHTIGE FRAGEN

- Welche Rolle spielt die Fotografie bei der Schaffung eines Weltbildes?
- Wenn die Postmoderne die Moderne ablehnt, wie unterscheidet sie sich dann von ihr?

LITERATUREMPFEHLUNGEN

- Hal Foster (ed.), *Postmodern Culture*, London: Pluto, 1985
- Cindy Sherman, *The Complete Untitled Film Stills*, New York: Museum of Modern Art, 2003
- Abigail Solomon-Godeau, *Photography at the Dock*, Minneapolis: University of Minnesota Press, 1994

AUSSTELLUNG »PICTURES«
USA, 1977
STILPRÄGENDE AUSSTELLUNG DER POSTMODERNE

Die von Douglas Crimp 1977 kuratierte Ausstellung »Pictures« im Artist Space, New York, war eine kleine, aber inzwischen berühmte Ausstellung, die zu einem wegweisenden Ereignis für die Entstehung der postmodernen Kunst in New York wurde. In einem kurzen einleitenden Essay definierte Crimp die Arbeiten der fünf vorgestellten Künstler als an Massenmedien interessiert. Sie zitierten, inszenierten, umrahmten oder verwendeten sie sogar direkt. Er schrieb: »Es handelt sich um Ereignisse, die wir nur als Bilder (in Zeitungen, im Fernsehen) erlebt haben, und unser imaginativer Sprung vom einen zum anderen rührt ganz von ihrer assoziativen Beziehung als Bilder her.« (Douglas Crimp, *Pictures*, New York: Artists Space, S. 6.) Crimp wollte damit sagen, dass wir einen Großteil unseres Wissens über die Welt nur durch ihre Darstellung in den Medien erlangen, zumindest in den von Fernsehen, Zeitschriften, Plakatwänden, Video und Kino dominierten Industriegesellschaften des späten 20. Jahrhunderts. Daher war es sicherlich wichtig, die »Sprache« und den Inhalt dieser Darstellungen zu hinterfragen, ebenso wie das, was sie über uns und unsere Wünsche aussagen. Crimps eigene Schriften würden diese Fragen weiterentwickeln, er wurde ein wichtiger Kritiker und Autor zu diesem Thema. Künstler in der Ausstellung waren Troy Brauntuch, Jack Goldstein, Sherrie Levine, Robert Longo und Philip Smith. In einem späteren Essay mit demselben Titel, *Pictures*, ging Crimp auf weitere Künstler ein, eine längere Liste derer, die heute ebenso oder sogar noch besser bekannt sind als die hier gezeigten.

Im Jahr 2009 zeigte das Metropolitan Museum of Art eine neue und stark erweiterte Ausstellung mit dem Titel »The Pictures Generation: 1974–1984« als eine Gelegenheit, das ursprüngliche Thema wieder aufzugreifen, allerdings im historischen Kontext.

JACK GOLDSTEIN

KANADA/USA, 1945–2003

Jack Goldstein
The Pull, 1976

Diese Fotografie war am Eingang der Ausstellung zu sehen. Dazu »zog« Goldstein Figuren aus drei »gefundenen« Bildern von Männern, die im Wasser (Tiefseetaucher), in der Luft (Astronaut) und im Weltraum (freier Fall/Selbstmord) schweben. Verloren im Raum, sprechen die winzigen Figuren allgemeine Ängste an, vor dem Fallen, dem Verlust der Perspektive oder der »ungehemmten Bewegung im Raum«, wie Crimp es ausdrückte.

Goldstein wurde in Kanada geboren und wuchs in Kalifornien auf. Er war einer von vielen Schülern von John Baldessari, in dessen Studio er eine Zeit lang arbeitete. Zunächst widmete er sich der Malerei nach Fotografien und Performances, Tonaufnahmen und Filmen. Später verkörperte Goldstein den »post-medialen« Künstler, der weniger durch Medien oder Formen definiert ist als durch die Ausrichtung seiner Arbeit auf Darstellungen von Agonie, Schmerz oder Angst, die sein Werk zu genießen scheint. Alle seine Arbeiten beschäftigen sich mit Kampf und Überleben, wobei es sich ebenso sehr um eine Frage der Darstellung wie um einen tatsächlichen Kampf handelt. Seine Tonaufnahmen *A Swim Against the Tide*, *The Tornado*, *The Six-Minute Drown* und andere sind Vorläufer der Themen seiner späteren Gemälde nach Fotografien, als Zelebrierung des »spektakulären Augenblicks«. Diese Art der Auseinandersetzung mit der Rhetorik der Massenmedien, die stark von Pressefotos abgeleitet und in großen Gemälden abstrahiert wurde, zeigt die Art der Mutation der Bildwerte, die die postmoderne Kunst mit sich brachte. Plötzlich gab es keine Scham mehr, populäre Kultur zu nehmen und sie mit den ernsthaften ästhetischen Werten der Kunstakademie zu behandeln.

SHERRIE LEVINE

USA, *1947

Sherrie Levines Arbeit verkörpert die Idee der Übernahme und basiert auf der philosophischen Position, dass niemandem ein Bild gehört. Ihre Arbeit in der Ausstellung »Pictures« waren Silhouettenzeichnungen von Köpfen, aber danach wurde sie vor allem für ihre Übernahme, ihr Zitat oder ihre »Re-Fotografie« bestehender fotografischer Drucke oder anderer Arten von Kunstwerken bekannt, wobei sie argumentiert, dass alle Kunstwerke am Ende ohnehin Re-Fotografien sind. In dieser Serie von Diaprojektionen verwendet Levine die Silhouette von Männerköpfen als Rahmen für Bilder aus Frauenmodemagazinen. Alle Männerköpfe in der Serie sind als Präsidenten der USA zu erkennen.

Sherrie Levin
Untitled (President Profile), 1978

In diesem Bild befinden sich die Figuren der Frau und des Kindes, die sich in einer leicht bizarren Szene anschauen (haben sie Blut im Gesicht?), »im« Profil von Präsident John F. Kennedy.

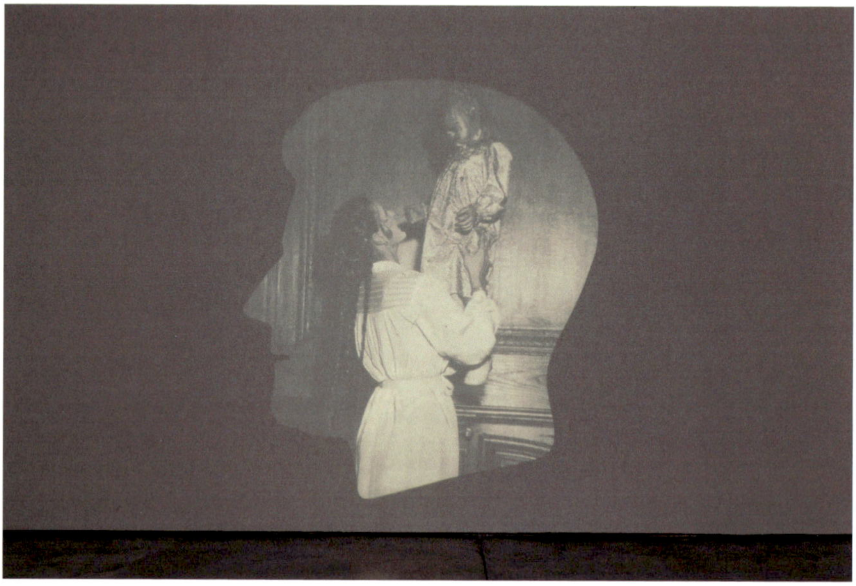

BARBARA KRUGER
USA, *1945
SCHÖPFERIN DES IKONOGRAFISCHEN FOTO-TEXT-WERKS

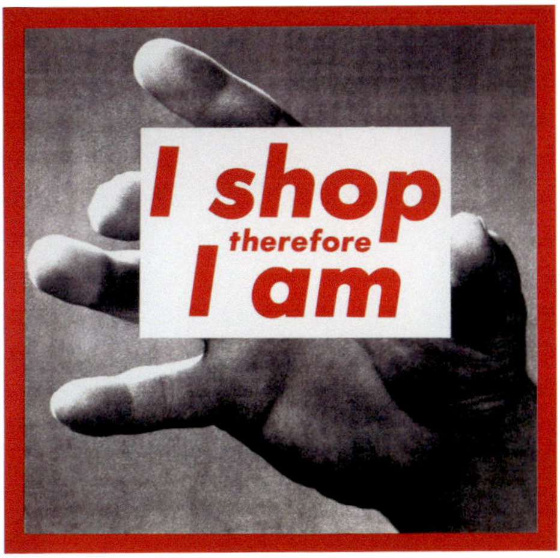

Barbara Kruger
I shop therefore I am, 1987

Krugers Arbeiten nutzen Gegenüberstellungen von Bild und Text, um dem Betrachter Botschaften unmittelbar zugänglich zu machen, aber ihre Kunstwerke bieten auch Raum für Nachdenkliches. Hier hält die Hand etwas, was eine imaginäre Kreditkarte sein könnte. Aber tatsächlich gibt es im Bild nichts, was impliziert, dass wir das Geld gar nicht haben, das wir dafür ausgeben.

Der unverwechselbare Stil von Barbara Krugers ikonischen Bild-Text-Arbeiten wurde entwickelt, als sie als Magazindesignerin und freiberufliche Bildredakteurin arbeitete. 1979 veröffentlichte sie ein Künstlerbuch mit dem Titel *Picture/Readings*, ein Vorläufer ihres inzwischen etablierten, unverwechselbaren Stils der körnigen Fotografien und Slogan-Artworks. Wie andere postmoderne Künstler verwenden ihre Arbeiten Techniken der Massenmedien und funktionieren oft wie Werbung der Gegenkultur, wobei das einzige Produkt die Botschaft selbst ist. Durch den fettgedrucktem Text in Futura-Schrift auf Punktraster-Fotografien, die oft in roten Rahmen präsentiert werden, sind die Arbeiten visuell klar und minimalistisch, fast funktional, abgesehen von den offenen textlichen Bedeutungen, die sie provozieren. Explizit konfrontativ, stellt der Text Behauptungen zur Diskussion, wie z. B.: »Ich kaufe ein, also bin ich« oder »Du bist nicht du selbst«. Die Personalpronomen, die Kruger verwendet, wechseln ständig und fordern den Betrachter auf, über Fragen der Identität, des Geschlechts und der damit verbundenen Annahmen nachzudenken. Kruger hat diese Bilder oft auf die Straße, auf Plakatwände oder in Magazinen platziert, wo sie genau das Publikum anspricht, das vielleicht keine Kunstgalerien besucht und dennoch die Sprache ihrer Kunstwerke zugänglich findet, gerade weil sie die vertrauten Techniken der massenmedialen Vermittlung nutzen.

CINDY SHERMAN
USA, *1954

KÜNSTLERIN, DEREN VIELFÄLTIGE WERKE DIE ESSENZIELLE LOGIK DES PORTRÄTS UNTERWANDERN

Die Serie, die Shermans Karriere begründete, war *Untitled Film Stills*, eine Reihe von Fotografien, die, wie ihr Titel andeutete, als Standbilder aus Filmen verstanden wurden. Ein Filmstill, Standbild, ist normalerweise ein Foto, das am Set eines Films von einem Fotografen aufgenommen wurde, oder ein Bild, das tatsächlich aus dem Film stammt und ausgewählt wurde, um die Erzählung zu repräsentieren. Doch Shermans Fotografien sind nichts dergleichen. Stattdessen sind sie ausgeklügelte Konstruktionen, bei denen Sherman jedes Element des Bildes, vom Motiv bis zur Art der Aufnahme, so organisiert hat, dass die Illusion eines Filmstills entsteht. Diese ausgefeilten Techniken variieren für jedes Bild und sollen die Eigenschaften und das Gefühl sehr unterschiedlicher Filme hervorrufen. Die einzige Gemeinsamkeit besteht darin, dass sie alle Sherman zeigen, die als der eine oder andere »Typ« von Frau aus dem – meist amerikanischen – Kino posiert und erscheint.

All diese Kunstgriffe dienen dazu, das Bild der Frau und die Frau als Bild im konventionellen amerikanischen Kino zu erforschen. Auf diese Weise wird das Vergnügen des Filmstills – das erzählerische Potenzial einer Geschichte zu wecken – auf die sich wiederholenden Momente eines weiblichen Bildes, wie es im Kino erscheint, übertragen. Das Paradoxon, dass es sich nicht um Filmstills handelt, sondern um anonyme, »codierte« Konstruktionen davon, zeigt nur, wie viel Arbeit die Fotografie selbst im Prozess der Bedeutungskonstruktion aus rohem Material leistet. Sherman hat diesen Ansatz auch genutzt, um andere Themen zu erforschen, wie z. B. Horrorfilme, die Geschichte der Porträtmalerei, Mode- und Werbefotografie und die endlose Arbeit, die Frauen an sich selbst und ihrem Image in Magazinen zu leisten haben. Die breite Anerkennung und der Erfolg ihrer Arbeit bei den Kritikern in den 1980er-Jahren und seitdem war eine große Inspiration für Generationen von Frauen, die die Fotografie in erster Linie als ein Medium für Männer angesehen hat.

Cindy Sherman
Untitled Film Still *#48*, 1979

Shermans beunruhigende und verblüffende Fähigkeit, sich selbst wie jemand anders aussehen zu lassen, ist seit Langem ein Markenzeichen ihrer Arbeit. Diese Fähigkeit verbirgt gleichzeitig die Virtuosität ihrer fotografischen Technik, die mit Präzision eingesetzt wird, um die vorgefassten Zeichen der Identität zu verunsichern.

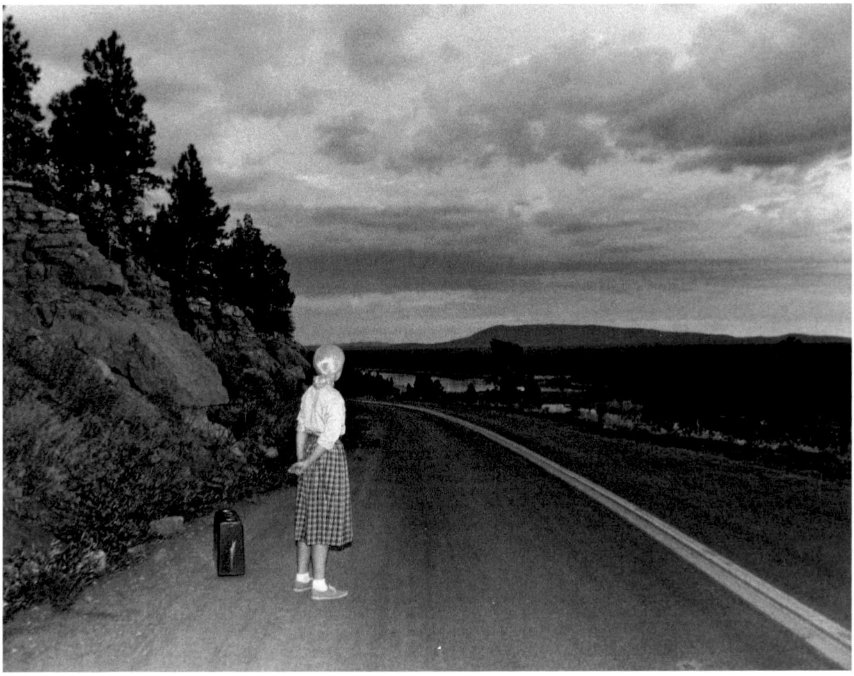

ANDRES SERRANO
USA, *1950

FASZINIERT VON KONTROVERSEN KÖRPERTHEMEN

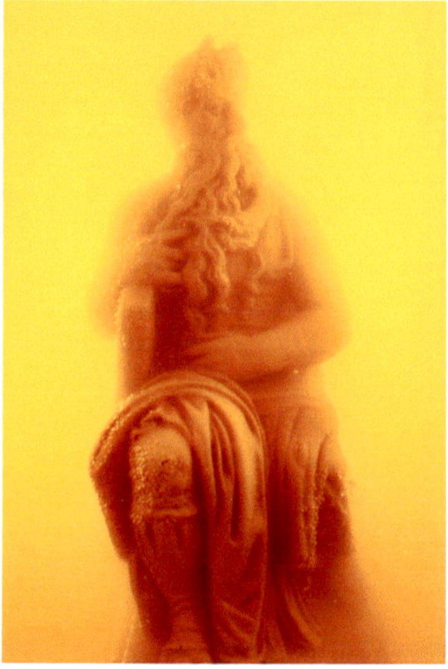

Andres Serranos Bilder haben oft Kontroversen ausgelöst, weil sie Tabuthemen wie die Darstellung von Sex, Tod und Körperflüssigkeiten behandeln. Eines wurde sogar durch den Senator Jesse Helms im amerikanischen Senat zerrissen. Serrano hat Bildserien von Obdachlosen und dem Ku-Klux-Klan angefertigt. Sexszenen, Sperma, Urin, Blut und Leichen werden in jeweils eigenen Serien in schönen, oft gesättigten Farben wiedergegeben. Das Heilige und das Profane sind häufige Themen, die jedoch miteinander verschmolzen sind und versteckte Konflikte in der Kultur zeigen, zwischen der gesellschaftlichen Idealisierung und den tatsächlichen Bedürfnissen eines Körpers, zwischen dem, wie wir uns bestimmte Dinge gerne vorstellen, und wie sie tatsächlich aussehen. In gewisser Weise ermöglichen Serranos schöne Fotografien den Blick auf Dinge, die sonst als unerträglich angesehen werden – ein verbrannter Körper, ein sexueller Akt, Blut – und setzen den Betrachter seinem eigenen Unbehagen aus. Das Betrachten von Bildern eines Obdachlosen in einer Kunstgalerie zum Beispiel gilt einerseits als Tabu wegen der Machtdynamik zwischen dem Betrachter und der obdachlosen menschlichen Figur, aber dann vergrößert Serrano das Foto derart, dass der Obdachlose auf den Betrachter herabschaut. Der Enteignete wird in den Besitz seines fotografischen Bildes gebracht.

Andres Serrano
Moses, aus der Serie »Immersions«, 1990

Serrano war einer der ersten in der Kunstfotografie der 1990er-Jahre, der »abstoßende« Körpersubstanzen (Blut, Sperma und Urin) zu etwas paradoxerweise Schönem machte. In dieser Fotografie wird die biblische Figur des Moses (eigentlich eine kleine Reproduktion von Michelangelos Moses-Skulptur) in Urin getaucht und hindurchfotografiert. Serrano tat das Gleiche mit anderen religiösen Repliken in der Serie.

LAURIE SIMMONS
USA, *1949

FOTOGRAFIN MIT FOKUS AUF IDENTITÄT, GENDER UND REALITÄT DURCH GESTELLTE, FIKTIVE SZENEN

Laurie Simmons wurde als Teil der »Pictures Generation« der 1970er-Jahre bekannt, die in ihren Arbeiten Materialien aus der Popkultur und dem Kino aufgriff und nutzte, um Fragen über ihre Beziehung zu unserem tatsächlichen Leben zu stellen. Ihr Werk hat sich durch verschiedene Verwendungen der Fotografie weiterentwickelt, sie produzierte sogar Filme. Doch die Arbeiten stellen durchweg Fragen über den Status von Bildern, während sie ihren Sinn für visuelles Vergnügen beibehalten.

Laurie Simmons
Woman Leaning Back, 1976

Die frühen Fotografien von Laurie Simmons verwandeln die Objekte eines Puppenhauses in einen erwachsenen Film noir. Diese frühen Szenen sind in einem düsteren Monochrom aufgenommen, zerrissen von der Ästhetik des psychologischen Konflikts im häuslichen Raum der Mutterschaft, obwohl es sich um Kinderspielzeug handelt.

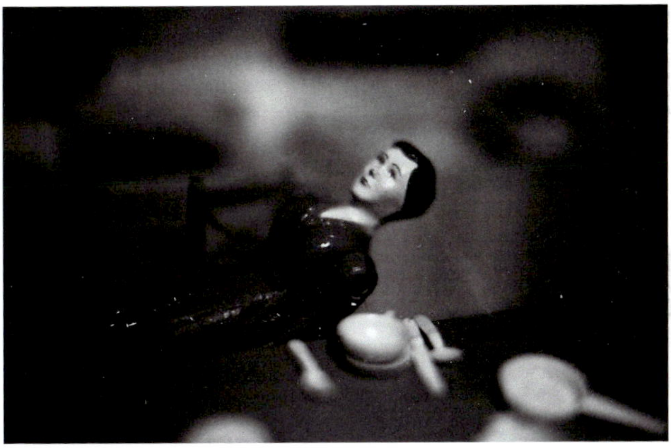

Laurie Simmons
Tourism: Parthenon, 1984

Simmons wechselte in den 1980er-Jahren zur Farbfotografie, und alle ihre späteren Arbeiten dokumentieren Humor und eine klare parodistische Freude am Künstlichen. In der Serie »Tourism« von 1984 zeigen die knalligen Farben und der offensichtliche Zusammenprall mit dem Realismus in der »Inszenierung« der Bilder eine postmoderne Skepsis gegenüber touristischen Erfahrungen.

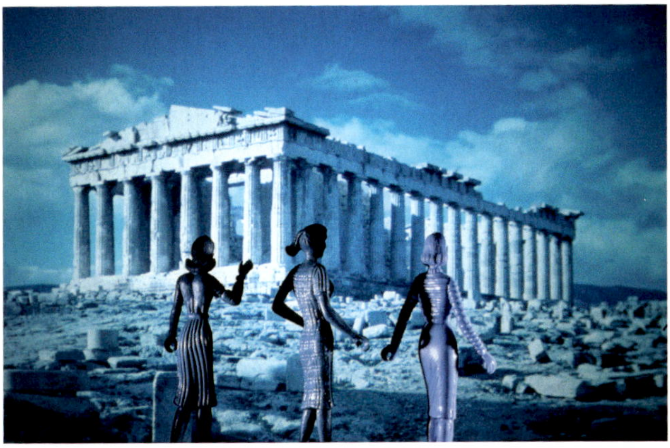

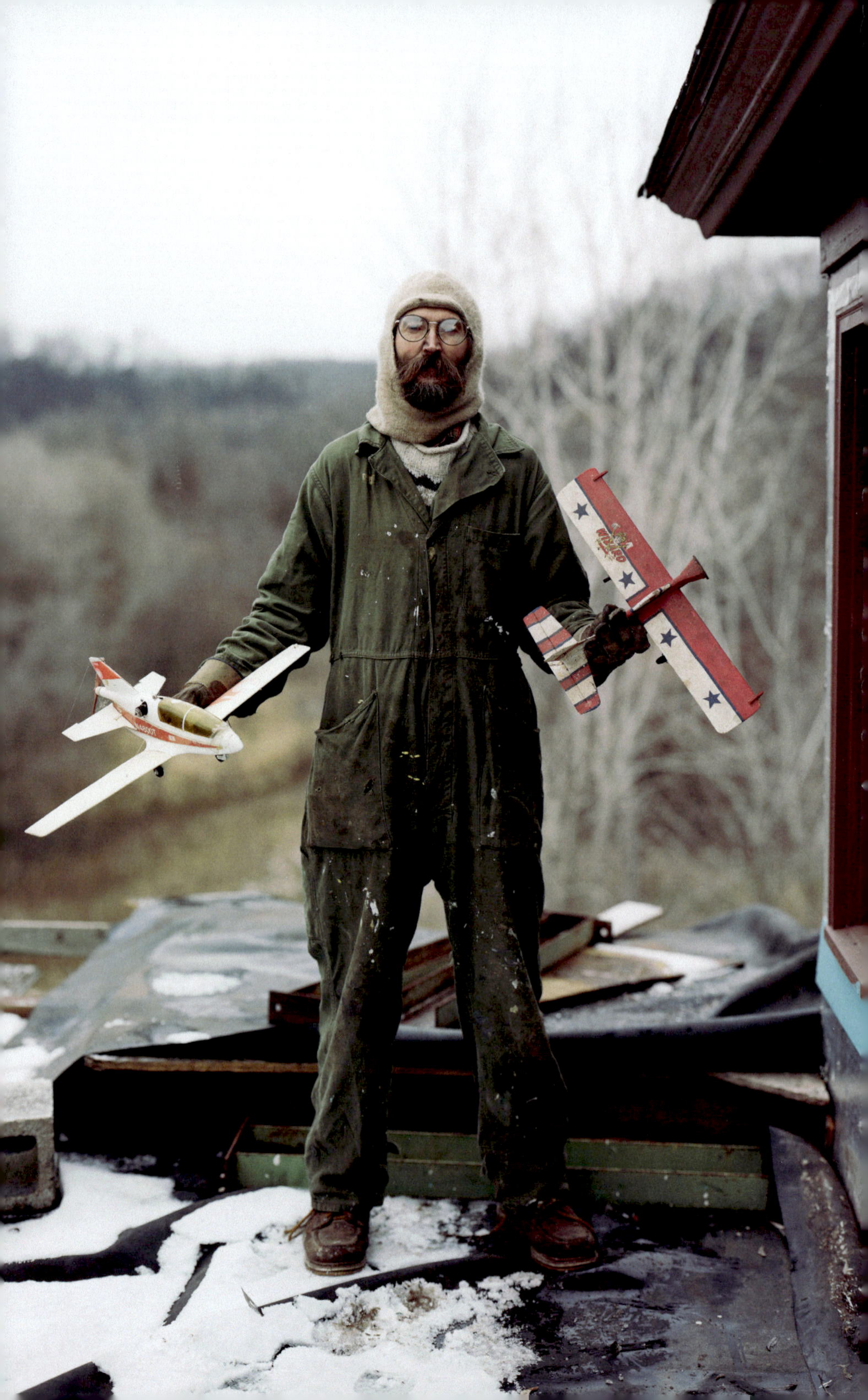

ZEITGENÖSSISCHE KUNSTFOTOGRAFIE

-

Wie kann man gleichzeitig lokal und global arbeiten?

-

Zeitgenössische Kunstfotografie ist durch und durch transnational, wenn auch noch nicht ganz global, aber was genau bedeutet der Begriff »zeitgenössisch« eigentlich? »Zeitgenössisch« bezieht sich normalerweise auf Dinge, die zur gleichen Zeit, in der Gegenwart oder »jetzt«, existieren. Doch das erklärt nicht wirklich, warum »zeitgenössisch« heute zu einem Schlüsselbegriff in der Kunst geworden ist.

Der Begriff zeitgenössisch tauchte erstmals in den 1990er-Jahren auf, um die zunehmend ermüdende »Postmoderne« zu ersetzen. Zeitgenössisch scheint eine positivere Vorstellung von der Auflösung der Moderne zu bieten als die Verwendung der Vorsilbe »post«, um sie einfach als »nach der Moderne« zu definieren. Zeitgenössisch scheint selbstreflexiver, offener und fließender zu sein, ein Begriff, der die dynamischen Muster, die Ebbe und Flut verschiedener Strömungen in unterschiedlichen Teilen der Welt erkennen könnte. In den 1990er-Jahren trug die Entwicklung neuer Biennalen, Festivals und Symposien auf der ganzen Welt dazu bei, die alten dominanten nordamerikanischen und europäischen Kunstnarrative zu »dezentralisieren« und eine multipolare kulturelle Welt zu erkennen. Auch wenn sie zuweilen am Rande blieben, gab es eine größere Vielfalt an Horizonten, Praktiken und potenzieller Auseinandersetzung mit Kunstformen aus anderen Regionen: den riesigen unterschiedlichen Kulturen in Asien und Afrika, dem Nahen Osten und Südamerika. Heute wird eine solche geokulturelle Vielfalt oft in Begriffen des globalen Südens oder des globalen Nordens gefasst, als eine Möglichkeit, die alten Ost/West-Werte, die mit dem europäischen Imperialismus und den Erzählungen der im 19. und 20. Jahrhundert dominierenden Kolonialzeit abzulösen.

Es ist kein Zufall, dass all diese Verschiebungen (egal wie langsam, schnell oder sprunghaft sie wahrgenommen werden) hin zu einer globalen Sichtweise von Kultur zur gleichen Zeit kamen wie die massive Popularität des globalen Reisens und die Erfindung des Internets. Als große Museen, kommerzielle Galerien, Festivals, Biennalen und verwandte kulturelle Organisationen begannen, ihre Veranstaltungen online zu stellen, wuchs das Bewusstsein für unterschiedliche lokale/globale Interessen, Anliegen und Praktiken. Diese neuen unabhängigen Social-Media-Plattformen haben auch zu neuen unabhängigen Praktiken geführt, die sich schließlich mit den etablierten überschneiden. Das fotografische Bild spielt in all diesen Räumen eine zentrale Rolle, sowohl für die Verbreitung neuer Entwicklungen (als weithin anerkannter visueller Kommunikationsmodus) als auch als unabhängiges und zugängliches Medium zur Herstellung zeitgenössischer Kunst.

Vorherige Seite:
Alec Soth
Sleeping by the Mississippi, 2003

Soths Fotografien scheinen oft mehrere Genres in einem einzigen Bild zu vereinen: Porträts und Landschaften, Objekte und Räume, Fiktion und Dokumentation, Erzählung und Stillstand sowie Kino und Fotografie. Diese natürlichen Assemblagen machen den globalen Betrachter aktiv.

Sogenannte »Post-Fotografie« und »erweiterte Fotografie« sind Symptome der sich verändernden technologischen Bedingungen der Fotografie und unserer neuen zeitgenössischen kulturellen Welt, in der alte Medien in neue gefasst werden und die Regel des kulturellen Eklektizismus lautet, dass es keine Regeln gibt, außer denen, die man aus Teilen der alten konstruiert. »Fotografie« kann heute eine Skulptur sein, eine Performance, ein Datenfeld, ein gedrucktes Bild, eine Bildschirmdarstellung oder all dies gemischt mit Teilen alter Genres und Medien, gedruckt auf einer flachen Oberfläche, ein 3D-Objekt oder ein virtuelles Bild auf dem Bildschirm. Die alten Grenzen der Kunst werden aufgebrochen, tauchen aber auf unterschiedliche Weise wieder auf, überarbeitet und neu belebt.

Für manche Menschen suggeriert die zeitgenössische Kunst eine neue Tendenz zu einer singulären, globalisierten, normativen Kunst, die von Marktwerten getrieben wird. Doch genau das Gegenteil ist der Fall, denn mit der zunehmenden Globalisierung des Kunst- und Fotomarktes verändern sich auch seine Kunden und sein Publikum, und wir können nicht davon ausgehen, dass in verschiedenen Kulturen und in allen Teilen der Welt derselbe Geschmack vorherrscht.

In dieser Hinsicht ebnete die gesamte Idee der Postmoderne den Weg für die »zeitgenössische Kunstfotografie«. Als neue Kategorie seit den späten 1990er-Jahren hat sie all die Demontage der früheren Werte aufgenommen, die die Postmoderne erschütterte, und es gleichzeitig geschafft, die modernistische Ästhetik wieder zu integrieren.

WICHTIGE FRAGEN

- Wie hat die Fotografie dazu beigetragen, die globale Kunst zu »de-zentralisieren«?
- Wenn man »jetzt alles machen kann«, ist es dann noch wichtig, ob wir etwas »Fotografie« oder »Kunst« nennen?

LITERATUREMPFEHLUNGEN

- Charlotte Cotton, *The Photograph as Contemporary Art*, London: Thames & Hudson, 2004
- Erina Duganne, Heather Diack and Terri Weissman, *Global Photography: A Critical History*, Abingdon: Routledge, 2020
- Robert Shore, *Post-Photography: The Artist with a Camera*, London: Laurence King, 2014

JEFF WALL
Kanada, *1946

SCHÖPFER GROSSFORMATIGER GESTELLTER »ALLTAGS«-FOTOS

Jeff Walls Werk wurde zunächst durch seine großformatigen hinterleuchteten Fotografien bekannt. Das Neue an ihnen war, dass sie als Fotografien mit der Tradition der großformatigen, gesättigten Farbmalerei und den großformatigen Leuchtreklamen konkurrierten. Innerhalb dieses Formats entwickelte Wall eine neue Methode für seine Fotografien, die sich auf das Kino, die Malerei und die Fotografie stützte. Er setzte Schauspieler ein, die unter seiner Regie die Rollen gewöhnlicher Menschen spielten, und nutzte die Straße (meist in seiner Heimatstadt Vancouver) als Kulisse. In diesem Regiemodus fotografierte er dann mit einer Großformatkamera die Darsteller in der Szene, wobei er selbstbewusst die Ästhetik des fotojournalistischen »Augenblicks« mit dem Konzept eines malerischen Tableaus und seiner Erhabenheit verschmolz, das an die Historienmalerei erinnert, aber an den Realismus des zeitgenössischen Alltagslebens angepasst ist.

Diese fotografische Schärfe auf diesen hochtheatralischen Gebilden verleiht ihnen das, was Wall einen »fast dokumentarischen« Effekt nennt. Die Szenen sehen realistisch aus, weil sie aus Alltagsszenarien stammen, doch ihre Produktion erinnert an das Hollywood-Kino. Die Kombination dieser unterschiedlichen Traditionen und Formen zu einer neuen Bildlogik macht Walls Arbeiten komplex und manchmal beunruhigend, weil sie etwas Unauflösbares an sich haben. In Anlehnung an den »Verfremdungseffekt« des deutschen Dramatikers Bertolt Brecht zielt Wall darauf ab, den Betrachter von einer (zu starken) emotionalen Identifikation mit Szenen zu »distanzieren«. Er tut dies, indem er Spuren von Künstlichkeit in den Werken hinterlässt, sodass die Schauspieler vielleicht ein wenig zu perfekt in ihrer Pose, zu »idealisiert« in ihrer Rauheit oder Eleganz wirken. Diese Details konfrontieren den Betrachter mit seinen eigenen Annahmen darüber, was real ist und was als Motiv wichtig ist.

Jeff Wall
Mimic, 1982

Wall hat ein leider häufig genug vorkommendes Ereignis neu inszeniert, eine rassistische Beleidigung auf der Straße. Obwohl das Foto gestellt ist, zieht die Realitätsnähe von Walls Technik den Betrachter an, um sich dem Geschehen zu stellen.

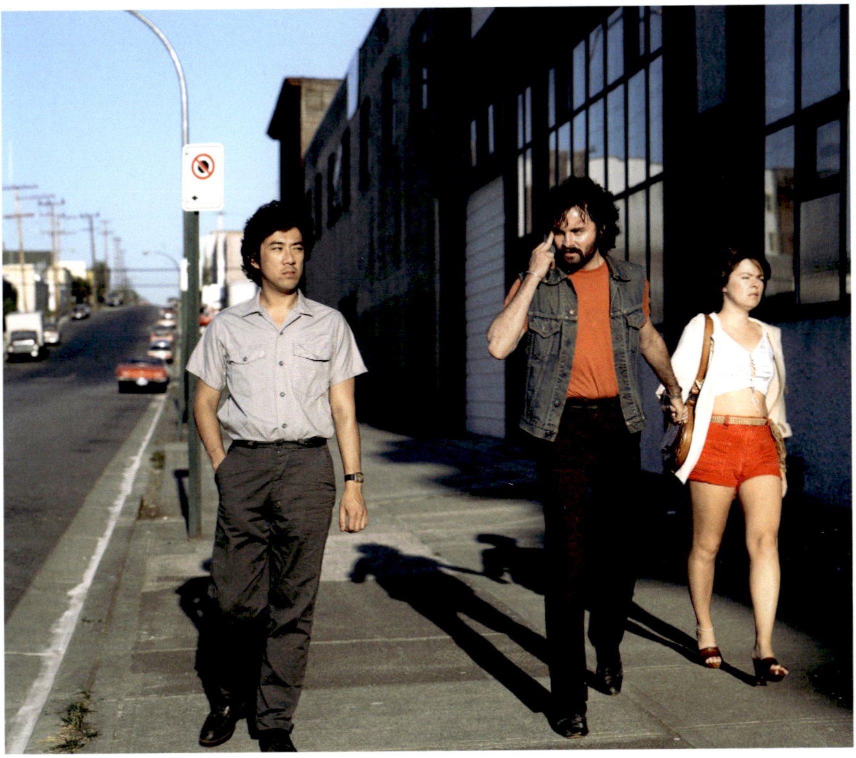

GABRIELE BASILICO

Italien, 1944–2013

SELBSTERNANNTER »VERMESSER DES RAUMS« IN DER MONOCHROMEN LANDSCHAFTSFOTOGRAFIE

Gabriele Basilico hat an Orten in Städten auf der ganzen Welt fotografiert, aber das ist nicht das, was seine Fotografie ausmacht. Basilicos Fotografie kann sowohl als Landschaftsfotografie als auch als Architekturfotografie bezeichnet werden, doch er verschmilzt beide Disziplinen miteinander. Basilico wurde zunächst als Architekt ausgebildet, beschäftigte sich also mit dem Raum, wechselte dann aber zur Landschaftsfotografie, die sich um Fragen nach dem Ort dreht. Der Raum ist das, wo die Menschen sich bewegen, während der Ort das ist, wohin sie sich bewegen; ein Ort ist etwas, das die Menschen, die ihn bewohnen, gemeinsam haben.

Was Basilicos Bilder so interessant macht, ist die Art und Weise, wie er diese Unterscheidung zwischen Raum und Ort in eine Frage verwandelt: Was lässt einen Raum zu einem Ort werden?

Indem er seine Kamera sorgfältig in einem sozialen Raum positioniert, bringt er den Betrachter dazu, diesen Standpunkt ebenfalls einzunehmen. Die Verwendung einer großformatigen Filmkamera mit Schwarz-Weiß-Film und großen, feinen Präzisionsabzügen führt zu einer hohen Detailschärfe in den Bildern und macht Ort und Raum der Bilder für uns alle gut erkennbar.

Die Frage nach Raum/Ort ist nirgends so relevant wie in Basilicos gefeiertem Werk *Beirut* von 1991. Zusammen mit einer Reihe anderer berühmter Fotografen wurde Basilico eingeladen, die Stadt nach 15 Jahren Bürgerkrieg zu fotografieren. Seine Bilder nehmen eine beschreibende menschliche Position ein und zeigen die Straßen der Stadt als »zerbombt« und »leer«, aber mit Anzeichen von Leben. Winzige menschliche Figuren oder Pflanzen tauchen in den Bildern auf, sodass man dennoch fragen möchte: Warum nicht? Warum können diese Räume nicht wieder zu einem menschlichen Ort werden?

Gabriele Basilico
Beirut, 1991

Die Kamera befindet sich in einem Raum, in dem der Betrachter von den Ruinen des Krieges eingeschlossen ist, aber gleichzeitig zeigt sie einen Weg, der sichtbar von der Sonne beschienen wird, wie eine Metapher für die Hoffnung auf die Zukunft. Das Licht strahlt in die Ruinen, um die Trümmer zu beleuchten, was das Foto sowohl pessimistisch als auch optimistisch macht.

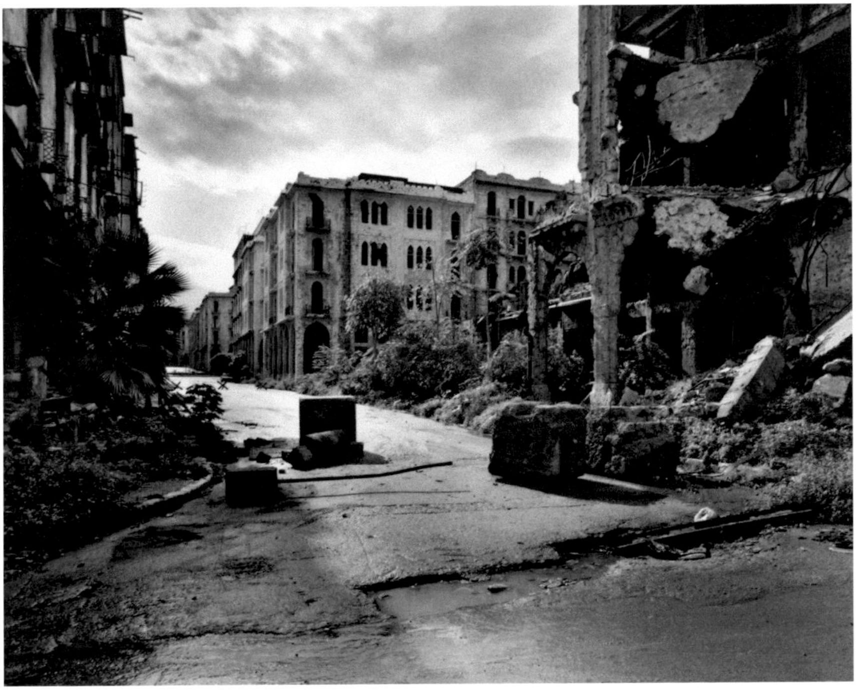

ADAM FUSS

Großbritannien, *1961

FOTOGRAF OHNE KAMERA IN NATÜRLICHER UMGEBUNG

Die meisten fotografischen Bilder, die wir im Alltag sehen, sind digitale Daten, die auf elektronischen Bildschirmen als Bilder verarbeitet werden. Adam Fuss kehrt zurück zu den elementaren Ursprüngen der Fotografie als physisches Bild. Fuss macht »kameralose« Bilder, Fotografien, die ohne Kamera oder optische Linsen gemacht werden. Er nutzt die alten Prozesse und Techniken, die frühe Experimentatoren wie Louis Daguerre entwickelt haben, um Bilder rein durch die Wirkung von Licht auf Chemikalien herzustellen. Dennoch geht es bei dieser Arbeit weniger um eine Rückkehr zu vergangenen Prozessen und Techniken als vielmehr um das, was die jüngere Philosophie als neuen Materialismus oder neue Materialität bezeichnet: eine Neubewertung der Art und Weise, wie wir über »Materie« denken. Das westliche Denken hat die Welt oft in Menschen und den Rest unterteilt, als belebte und unbelebte Materie. Doch wie diese Philosophen interessiert sich Fuss für die Art und Weise, wie die sogenannte unbelebte Materie aktiv Bilder erzeugen kann. Eine solche Spontaneität der materiellen Welt ist in der Ökologie und Umweltpolitik von großem Interesse. Obwohl Fuss' Bilder mit lebendiger Materie experimentieren, sind sie nicht direkt mit Ökopolitik verbunden, doch seine Arbeit verlangsamt den Prozess des Bildkonsums und bringt uns dazu, über diese lebendige Aktion der Materie nachzudenken.

Adam Fuss
Ark, 2004

In *Ark* beleuchtet ein Blitz die konzentrischen Kreise, von einem kleinen Wassertropfen auf einer Flüssigkeitsoberfläche. Die flüssigen Wellenformen auf der Metall-Daguerreotypie werden durch den Lichtblitz angehalten und zeigen die zarten Tonalitäten der Auswirkungen von Licht auf Flüssigkeit. Das Bild erinnert an den Grundgedanken von Fox Talbots erstem Buch, die Fotografie als »Bleistift der Natur« zu erkennen, d. h. die Fähigkeit der Natur, ihre eigenen Bilder zu »schreiben«.

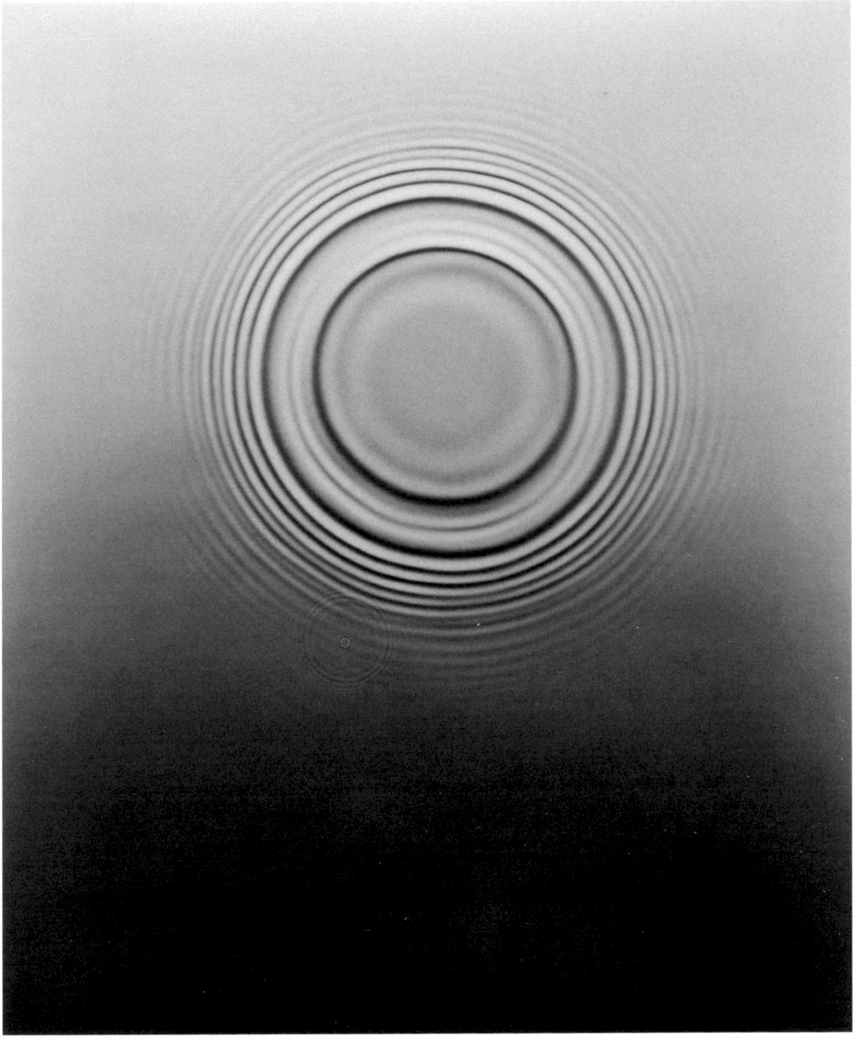

HIROSHI SUGIMOTO

Japan, *1948

FOTOGRAF UND ARCHITEKT, DER SICH MIT ZEIT UND ERINNERUNG BEFASST

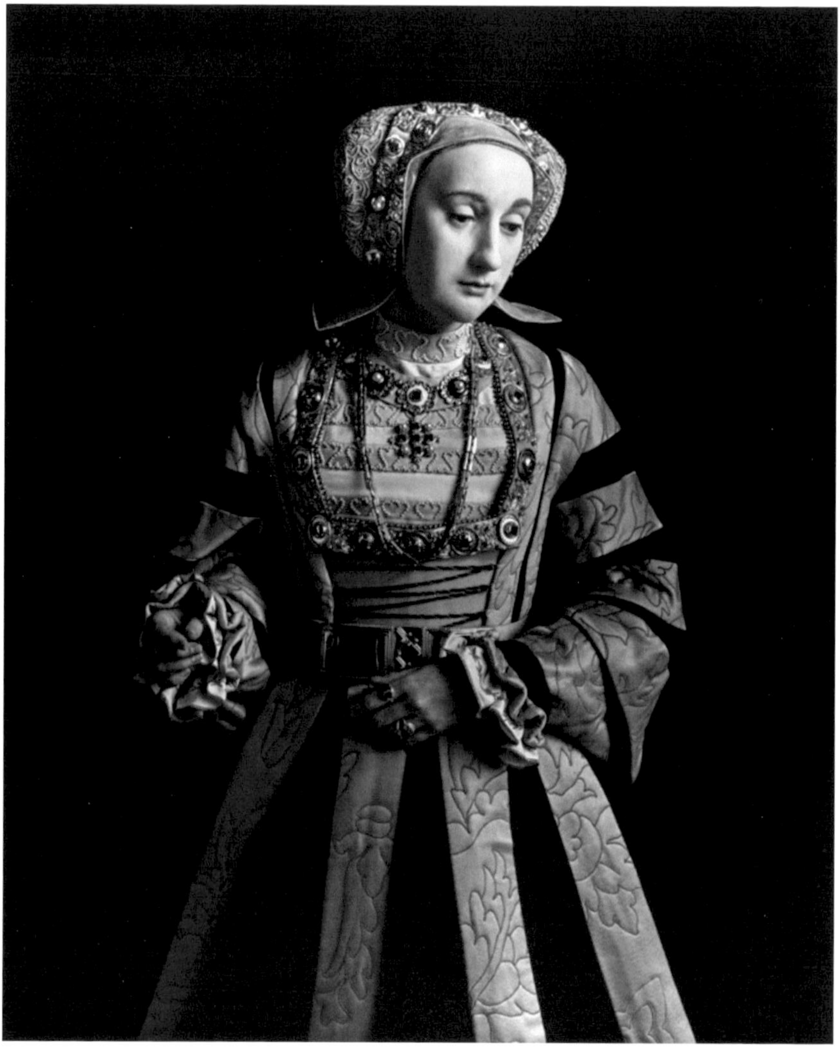

Hiroshi Sugimoto
Anna von Kleve, 1999

Dieses Foto stammt aus Sugimotos atemberaubender Fotoserie mit Wachsmodellen von Heinrich VIII. und seinen sechs Ehefrauen. Die Figuren sind in voller Größe fotografiert und gedruckt, sodass der Betrachter der Galerie den Eindruck hat, die echte Anna von Kleve zu treffen.

Hiroshi Sugimotos viele fotografische Serien konzentrieren sich auf scheinbar unterschiedliche Themen – das Meer, Kinos, Objekte, Wachsfiguren und Architektur –, aber sie alle beschäftigen sich auch mit Fragen der Zeit und des Schattens. Auf Ideen in der Tradition der japanischen Ästhetik zurückgreifend, betrachtet Sugimoto die Tugend des Schattens und seine Auswirkungen, in einer direkten Umkehrung der westlichen Vorstellungen von Licht als Modell für »erleuchtende« Erkenntnis. Für Sugimoto hat die Dunkelheit ihre eigenen Modi der Erleuchtung. Er schätzt die Schriften von Jun'ichiro Tanizaki, insbesondere sein 1933 erschienenes Buch über japanische Ästhetik, *Lob des Schattens*. In Tanizakis japanischer Ästhetik ist das Licht dazu da, die Schatten zu erhellen, anstatt sie zu verkleinern, wie in einigen westlichen Theorien der »Erleuchtungs«-Ästhetik.

Sugimotos Arbeit konzentriert sich auch auf die Idee von Zeit und Zeitlichkeit, wobei seine Serien Licht verwenden, um das zu beleuchten, was normalerweise dunkel ist, zum Beispiel die architektonischen Innenräume von Kinos, die für die Dauer des Films beleuchtet werden.

In den Bildern der Wachsfiguren königlicher Personen steht die künstliche Verdichtung der historischen Zeit im Vordergrund: Wie kann es ein Foto von Anna von Kleve geben, der vierten Frau von König Heinrich VIII., die (1557) starb, lange bevor es die Fotografie gab? Und Prinzessin Diana erscheint hier, wie Anna von Kleve, als die Repräsentation einer Repräsentation einer Repräsentation. Die einst lebenden Menschen, wie sie auf Gemälden und Fotografien abgebildet sind, wurden als Wachsfiguren nachgebildet, die wiederum von Sugimoto auf großformatigem Film in prachtvollem Monochrom abfotografiert werden. Sein fotografisches Werk macht deutlich, dass ein langer Zeitraum in seiner Fotografie künstlich verdichtet wurde. Dieses Thema zieht sich wie ein roter Faden durch alle seine Sujets: das Meer, das kommt und geht und sich ständig verändert, das Projektorlicht der Kinos, das vorübergehend das Dunkel des Kinoraums beleuchtet, das natürliche Licht, das von der Architektur und von der Kamera selbst erzeugt wird.

WOLFGANG TILLMANS

Deutschland, *1968

FOTOGRAF, DER GENRES UND STILE MISCHT, UM LEBENSGEFÜHLE ZU WECKEN

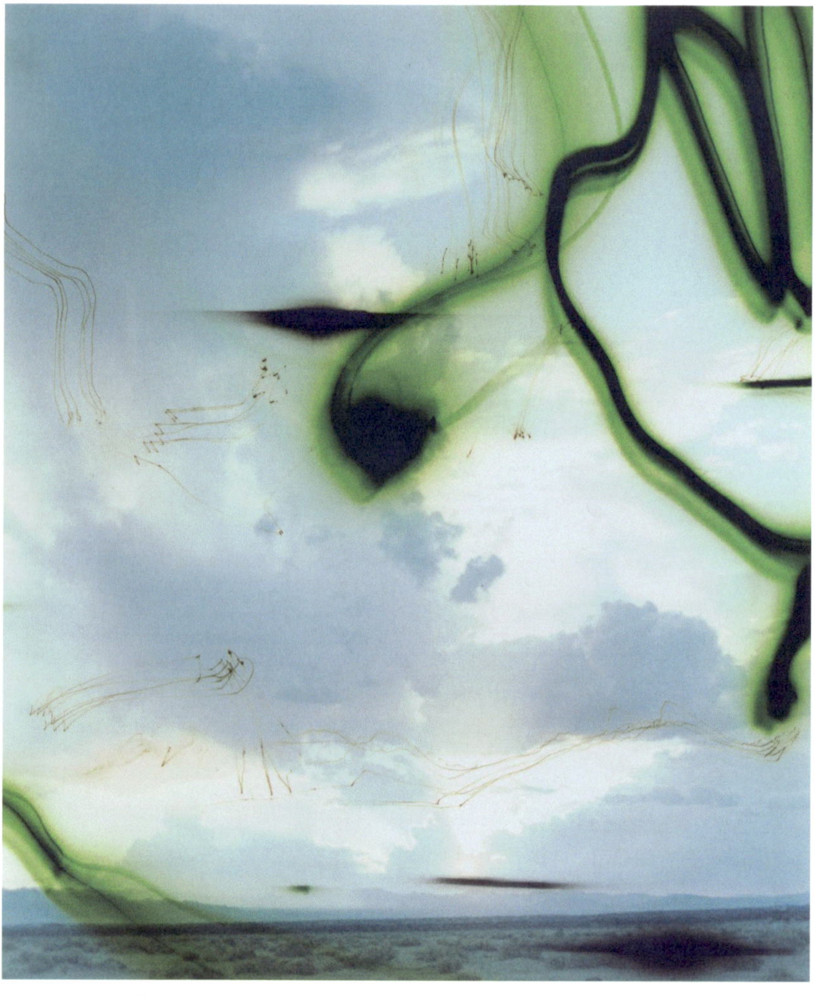

Wolfgang Tillmans wuchs in Deutschland auf und studierte Fotografie in Großbritannien, wo sich sein prägendes Werk entwickelte. Er praktizierte Farbfotografie im »Schnappschuss-Stil«, die tatsächliche Ereignisse darzustellen schien, obwohl es sich dabei oft um gestellte Kompositionen handelte, die speziell für die Kamera gemacht wurden. Tillmans verwischte diese traditionellen Unterscheidungen zwischen inszeniert und nicht-inszeniert in seinen Ausstellungen noch weiter, indem er andere fotografische Bildstile in Abzügen unterschiedlicher Größe miteinander vermischte. Dokumentaraufnahmen, Landschaften, Stillleben, formelle Porträts und Abstraktion wurden geschickt ausgewählt und zu kohärenten, aber fragmentierten Ausstellungsassemblagen zusammengestellt. Solche Innovationen machten Tillmans zum ersten Fotografen, der sowohl den Turner Prize in Großbritannien (im Jahr 2000) als auch den schwedischen Hasselblad Photography Award (2015) gewann.

Wolfgang Tillmans
I don't want to get over you, 2000

Nichts ist so, wie es scheint, in diesem großformatigen chromogenen Druck. Was wie eine sonnige Meereslandschaft mit schneebedeckten Bergen aussieht, ist eine farblich verschobene Grasfläche, alles überlagert von einem schönen giftgrünen Chroma. Der Titel provoziert uns, das zu sehen, was wir in dem Bild sehen wollen.

Tillmans lehnt jeden singulären fotografischen Stil ab und plädiert für einen nicht-hierarchischen Ausstellungsrahmen, in dem Bilder für das, was sie sagen, geschätzt werden und nicht dafür, wie sie in einen vorhandenen stilistischen Diskurs passen. Die Erfahrung eines solchen scheinbar zerrütteten Ausstellungsrahmens (manchmal als Assemblage oder »Arrangement« bezeichnet) ist seither häufiger geworden, aber die Wirkung davon in Tillmans' Werk ist immer noch kraftvoll und ruft eine Art Phänomenologie der Alltagserfahrung hervor. Seine Ausstellungsarrangements wirken, als würden sie die flüchtigen Gedanken des psychologischen Alltags eines Menschen darstellen, die durch die ausgestellten fotografischen Bilder sichtbar gemacht werden. Tillmans' Arbeit spiegelt auch eine generationsbedingte Verschiebung in der Einstellung zum öffentlichen und privaten Leben wider (inzwischen fast überall beschleunigt durch die Selbstdarstellung in den sozialen Medien), wo traditionelle Unterscheidungen zwischen offiziellen öffentlichen Bildern von Menschen und ihrem Privatleben durch Szenen intimer Momente durchbrochen werden. Tillmans' Arbeit zeigt, dass das zeitgenössische Leben eine Mutation dieser Beziehungen ist, die nun alle miteinander verschmolzen und transformiert sind, wobei die Fotografie selbst auch in diesen Beziehungen agiert.

ALEC SOTH
USA, *1969

FOTOGRAF IM DOKUMENTARSTIL, ARBEITET IN GANZ AMERIKA

Alec Soths *Sleeping by the Mississippi* ist eines der beliebtesten Fotobücher der letzten Jahre, ein dreijähriges Projekt, bei dem er auf verschiedenen Reisen entlang des langen Mississippi fotografierte. Das Buch stellt Porträts und Landschaften in abwechselnder Folge nebeneinander, und der Erfolg des Werks beruht auf dieser intensiven Beschäftigung mit den Menschen und dem sozialen Leben, den Gesichtern und Orten entlang des Flusses. Die Idee einer geografischen Reise geht auf die Arbeit von Robert Frank (und Soths ehemaligem Lehrer Joel Sternfeld) zurück, ist aber eher mit einem Fluss als mit einem »Roadtrip« verbunden. Soths Motive erscheinen als Außenseiter, als Menschen an verschlafenen, isolierten Orten. Die Menschen auf seinen Bildern sehen ruhig und entspannt aus, aber die Bilder von Räumen in dem Buch sind von Leere und Einsamkeit geprägt. Zusammen ergeben sie ein Gefühl der Entfremdung und doch eine menschliche Wärme, die dadurch verstärkt wird, wie die Personen manchmal faulenzen, sich ausruhen oder lässig in die Kamera schauen, was darauf hindeutet, dass sie gerne für Soth und seine Kamera posieren. Aufgenommen mit einer großen 10 x 8-Zoll-Plattenkamera (dem Kameraformat der alten Pionierfotografen), verfolgen die Bilder thematisch viele der Themen, die in den USA heute an die Oberfläche treten: die »zurückgebliebenen« Kulturen, Fragen der Ethnizität, Diskriminierung und Armut.

Das Buch ist keine Dokumentation des Flusses selbst, der die USA von Norden nach Süden durchquert, sondern nutzt ihn als metaphorischen Faden, um seinen Mythos, einst eine Hauptverkehrsader für den amerikanischen Transit, und die Träume, die er schuf, zu kartografieren. Auch wenn diese Träume etwas verblasst sind, existieren sie noch in den einzelnen Bildern und den dünnen Verbindungen zwischen ihnen, da ein Bild den Betrachter fesselt und zum nächsten führt.

Alec Soth
Mother and Daughter,
2002

Die beiden Frauen sitzen eng beieinander auf einem Sofa, die Beine ineinander verschlungen. Das Doppelporträt lädt uns ein, sie als Mutter und Tochter gegenüberzustellen, während sie uns zu beobachten scheinen.

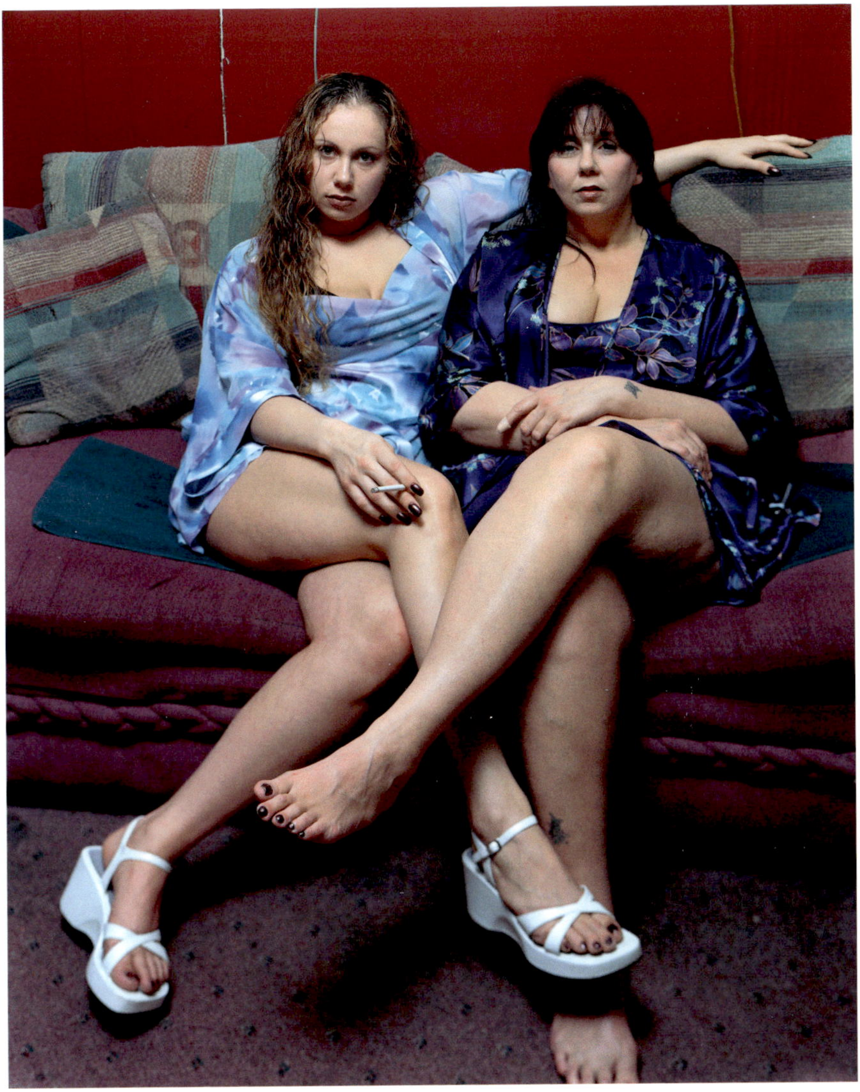

AUSSTELLUNG »PICTURES BY WOMEN: A HISTORY OF MODERN PHOTOGRAPHY«

Museum of Modern Art, USA, 2010

GROSSE UND WICHTIGE AUSSTELLUNG VON FOTOGRAFINNEN

Obwohl viele Frauen in der Geschichte der Fotografie eine Rolle gespielt haben, wurden sie in den Schriften zu diesem Thema oft ausgeklammert. Dass das Museum of Modern Art (MoMA) in New York die Notwendigkeit sah, mit der Ausstellung »Pictures by Women: A History of Modern Photography« und dem dazugehörigen Katalog im Jahr 2010 eine Gegengeschichte zu erforschen, ist sicherlich ein verspäteter Meilenstein. Die von Roxana Marcoci, Sarah Meister und Eva Respini organisierte Ausstellung zeigte rund 250 Werke, die ein ganzes Jahr lang fünf der Fotogalerien des Museums füllten. Obwohl die Ausstellung wegen ihrer linearen Chronologie und traditionellen Hängung kritisiert werden könnte, hat sie – und ihr reichhaltiger Katalog – dennoch eine fantastische Ressource und Sicht auf die Fotokunst von Frauen in der Geschichte geliefert. Sie zeigt 2010 auch den Schimmer einer viel internationaleren und globaleren Sicht im Museum, symptomatisch für die zeitgenössische Verschiebung hin zu einer mehr transnationalen Kunstkultur von heute.

CARRIE MAE WEEMS

USA, *1953

Als eine der bedeutendsten afroamerikanischen Künstlerinnen der Gegenwart arbeitet Carrie Mae Weems medienübergreifend, ist aber vor allem für ihre fotografischen Arbeiten bekannt. Sie hat ihre Kunst oft mit der Politik der Geschichte der Afroamerikaner verknüpft. Sie fordert den Betrachter auf, aktiv zu werden. Sie begann ihre Karriere mit Straßentheater und Tanz, und diese Spuren finden sich in der Art und Weise, wie sie ihre fotografischen Arbeiten inszeniert, in der subtilen Aufmerksamkeit für Gesten, Posen und verwandte Komponenten des bildhaften Geschichtenerzählens.

Carrie Mae Weems
»YOU BECOME A SCIENTIFIC PROFILE«
aus ihrer Serie »From here I Saw What Happened and I Cried«, 1995–96

Mitte der 1990er-Jahre ordnete Weems die sogenannten »wissenschaftlichen« Fotografien aus dem Jahr 1850 von afroamerikanischen Sklaven aus South Carolina wieder neu ein. Sie wählt kreisförmige Bildausschnitte wie bei einem Teleskop oder Mikroskop und färbt sie rot, um zu zeigen, wie solche Körper für die Betrachtung und Prüfung durch andere organisiert sind. Sie gibt den Personen eine Stimme.

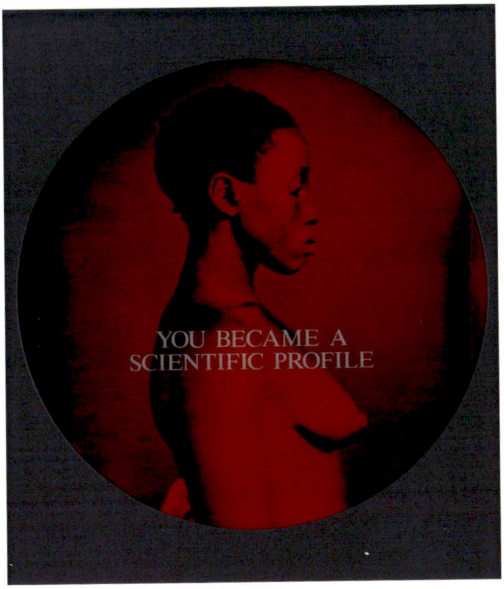

ELINOR CARUCCI

ISRAEL, *1971

Geboren in Israel, studierte Elinor Carucci dort zunächst Fotografie, bevor sie nach New York zog. Sie fotografiert intime Bilder des weiblichen Körpers, die sich seines kulturellen Wertes, seines sozialen Stigmas und seiner ästhetischen Geschichte sehr bewusst sind. Sie erforscht die Werte und Belastungsproben, die ihm auferlegt werden. In ihrem Werk *Mother* (2013) erforscht sie zum Beispiel die Komplexität der Beziehungen und Emotionen, die den verschiedenen Mutterrollen in einer Familie zugeschrieben werden.

Elinor Carucci
Revlon, 1997

Caruccis Bild spiegelt die surrealistische Faszination für das Bild der Weiblichkeit wider. Wie das Werk der Surrealisten eine Kritik am Bild der »Neuen Frau« der 1930er-Jahre darstellte, wird hier der Wunsch nach Schönheit, verkörpert durch die perfekte Wimper, fast als masochistische Geste aufgefasst.

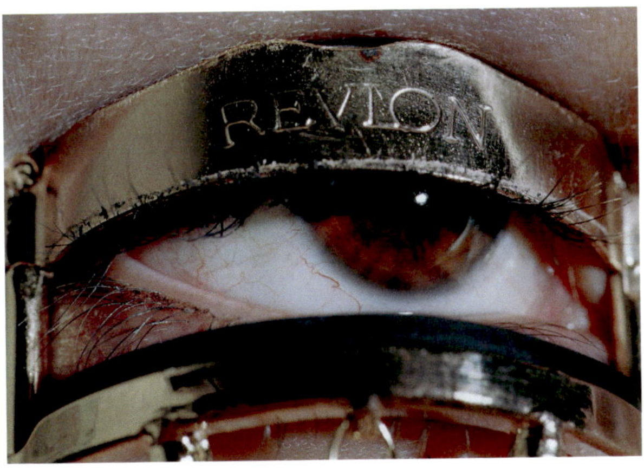

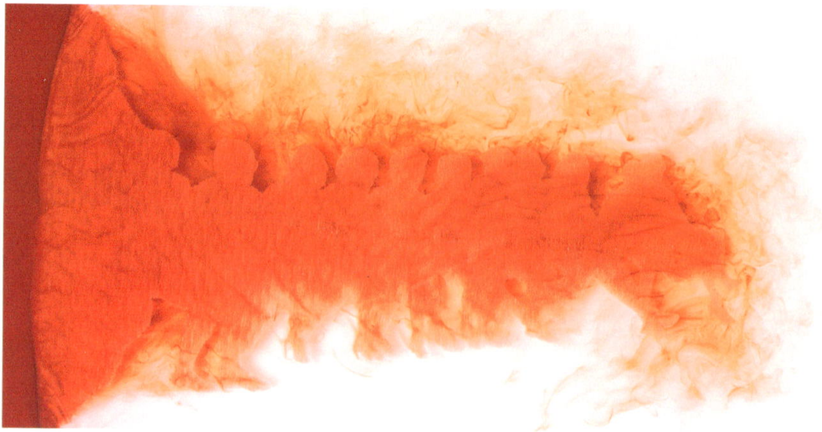

BERNI SEARLE

SÜDAFRIKA, *1964

Die in Kapstadt geborene Berni Searle nutzt bewegte Bilder und Fotografie, um Performances zu dokumentieren, die sowohl persönliche als auch kulturelle Dimensionen von Identität darstellen, die mit der besonderen Geschichte Südafrikas verbunden sind. Ihre Fotografien greifen auf die geografische Ikonografie Südafrikas als Land, Material und Motiv zurück. Eine solche Logik reflektiert die komplexe und oft schwierige Geschichte und die aktuellen sozialen und politischen Beziehungen in der zeitgenössischen südafrikanischen Kultur.

Berni Searle
On Either Side, 2005

Berni Searle hat durch den Einsatz verschiedener Medien sozial engagierte Arbeiten entwickelt. In dieser Fotografie verwendet sie Gewürze (wie Kurkuma und Paprika).

VALÉRIE BELIN

FRANKREICH, *1964

Die Kunst- und Philosophiestudentin Valérie Belin ist heute eine der bekanntesten Fotografinnen in Frankreich. In Paris ansässig, fertigt sie Fotografien, die immer wieder verschiedene ästhetische und historische Traditionen der Fotografie und Kunst so zusammenzuführen scheinen, dass sie nahtlos ineinander übergehen und die Wahrnehmung des Betrachters verwirren. Die Frage, ob etwas echt oder unecht ist, ist klischeehaft, aber Belin hat es geschafft, dass ihre Arbeiten den Raum zwischen dieser alten Opposition besetzen. Das offensichtliche Gefühl der Künstlichkeit beim ersten Blick auf Belins Porträts wird durch die Frage herausgefordert, die sich beim zweiten Blick stellt: Was und wen sehe ich da?

Valérie Belin
Ohne Titel, 2003

Die Arbeit von Valérie Belin erfreut sich an der Idee des fotografischen Gesichts als etwas Hergestelltes, als eine Art Fassade.

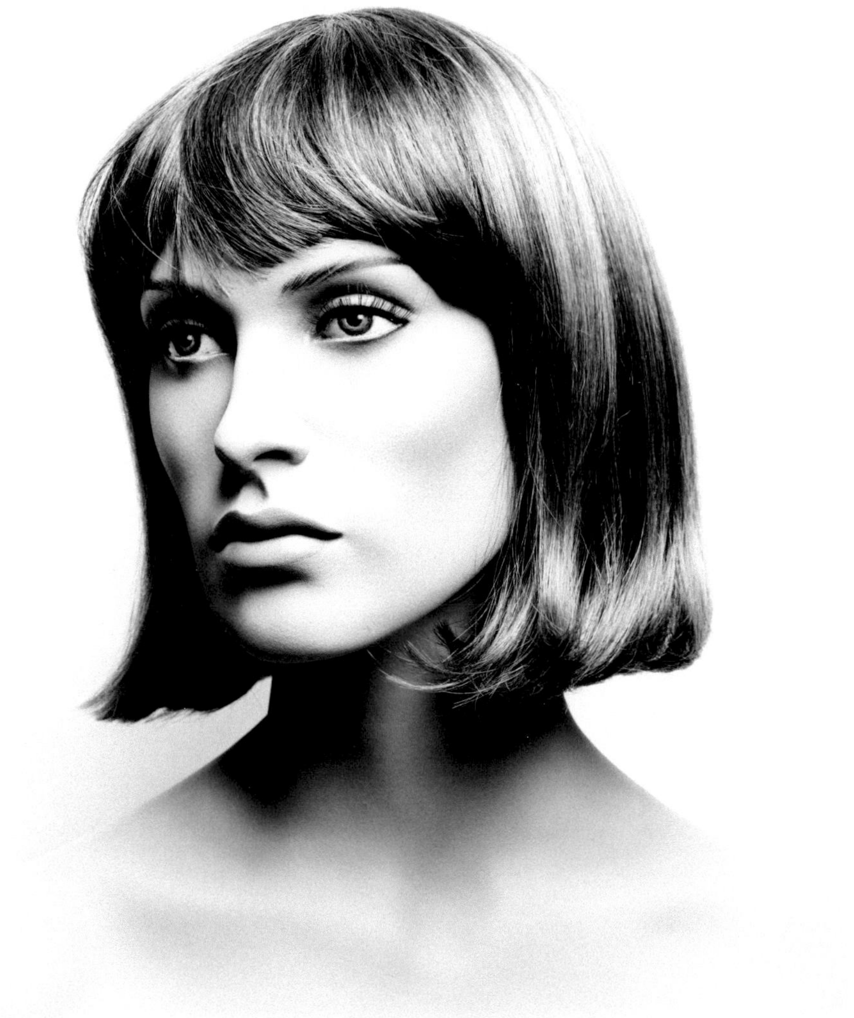

RINKO KAWAUCHI
Japan, *1972

VIELSEITIGE FOTOGRAFIN POETISCHER ALLTAGSVISIONEN

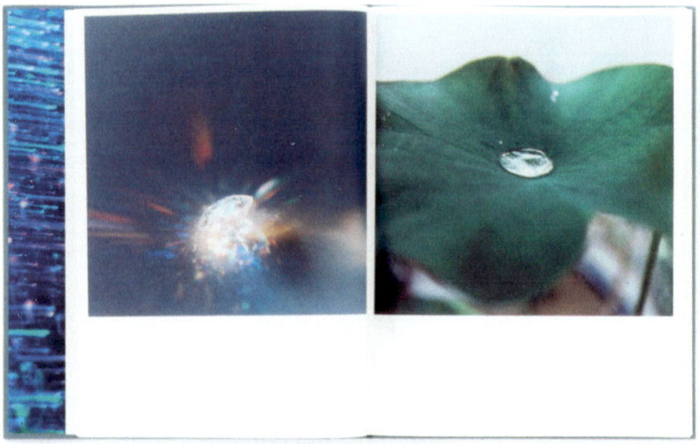

Rinko Kawauchi
Doppelseite aus
Illuminance, 2011

Kawauchis gefeiertes Buch *Illuminance* ist ein reizvolles Fotobuch, das zum Umblättern einlädt. Die Bilder im quadratischen Format sind auf den Seitenlayouts wunderschön abgesetzt und erinnern sowohl an persönliche als auch an gesellschaftliche Werte und Bedeutungen, ohne jedoch »offensichtlich« zu sein.

Rinko Kawauchis fotografiert mit einer Filmkamera (einer Rolleiflex 6 x 6 cm), was ihren Illuminance-Bildern ihre Charakteristik verleiht. Nachdem sie zunächst als kommerzielle Fotografin gearbeitet hatte, begann Kawauchi 2001 mit der Veröffentlichung von gleich drei Fotobüchern. Zwei davon gewannen Preise in ihrem Heimatland Japan, wo die Veröffentlichung von Fotobüchern für unabhängige Fotografen ebenso wichtig ist wie die Arbeit selbst. Das Buchformat bietet dem Betrachter einen intimen Raum, in dem er sich nach Belieben mit jedem Bild beschäftigen kann. Diese intime Freiheit passt sehr gut zu Kawauchis verträumten Fotografien. Die Bilder strahlen eine Beweglichkeit und subtile Undurchsichtigkeit aus; sie widersetzen sich der leichten Preisgabe von Bedeutungen. Wie ein japanisches Haiku sind die Fotografien perfekt lesbar und setzen doch irgendwie die Sprache außer Kraft, als ob die ganze Essenz der Welt in ihrer Darstellung verkörpert ist. Die spezifische Optik, das Licht und die Tonalität ihrer Fotografien scheinen spirituell zu sein, eher auf eine philosophische Weise als im religiösen Sinn. Die Arbeiten wecken die Leidenschaft für die abgebildeten Objekte, die »offensichtlich« wären, würden sie nicht durch die Fotografien zu etwas Besonderem gemacht. Der Betrachter verliert sich in wortlosen Gedanken, die keiner Erklärung bedürfen.

Rinko Kawauchis Arbeiten wurden in den 2000er-Jahren zunächst in Japan, dann in Europa gezeigt, mit einer ersten Ausstellung 2006 in Großbritannien in der Photographers' Gallery, London. Ausstellungen in Süd- und Nordamerika folgten bald.

OSCAR MUÑOZ

Kolumbien, *1951

MULTI-MEDIA-KÜNSTLER, ARBEITET ÜBER DIE ZERBRECHLICHKEIT VON ERINNERUNG UND SOZIALER IDENTITÄT

Oscar Muñoz
Cortinas de Baño [Duschvorhänge], 1985–86
Acryl auf Plastik, 5 Elemente, Maße variabel

In dieser Arbeit werden fotografische Bilder durch einen Siebdruckprozess (mit Airbrush und dem Aufsprühen von Wasser auf das Bild) auf alltägliche Plastikduschvorhänge übertragen. Der Effekt ist, dass die geisterhafte Erscheinung einer Person (wie es Duschvorhänge oft tun) in den Stadien des Waschens entsteht.

Die Arbeit von Oscar Muñoz steht in großem Kontrast zur stereotypen Wahrnehmung (z. B. im Kino) von Kolumbien, in denen Drogenkartelle endlos gegeneinander oder die militärischen Kräfte der Regierung kämpfen. Die Kurzlebigkeit von Muñoz' Arbeit lenkt die Aufmerksamkeit auf die flüchtige Natur der Lebenserfahrung, den fragilen Status des Selbst und die Art und Weise, wie unser Selbstbild mit der tatsächlichen Materie unserer Umgebung zusammenhängt. Muñoz ist insofern ein »Post-media«-Künstler, als er verschiedene Prozesse und Techniken wie Druckgrafik, Kohlezeichnung, Skulptur, Installation, Video und Fotografie einsetzt und sie miteinander kombiniert, sodass das endgültige Werk nicht als das eine oder andere »Medium« erkennbar ist. Eine solche Herangehensweise ist durchaus zeitgemäß, weil sie Materialien als miteinander verbunden, voneinander abhängig oder sogar unteilbar zeigt und dennoch Widersprüche zwischen Teilen des Werks hervorruft.

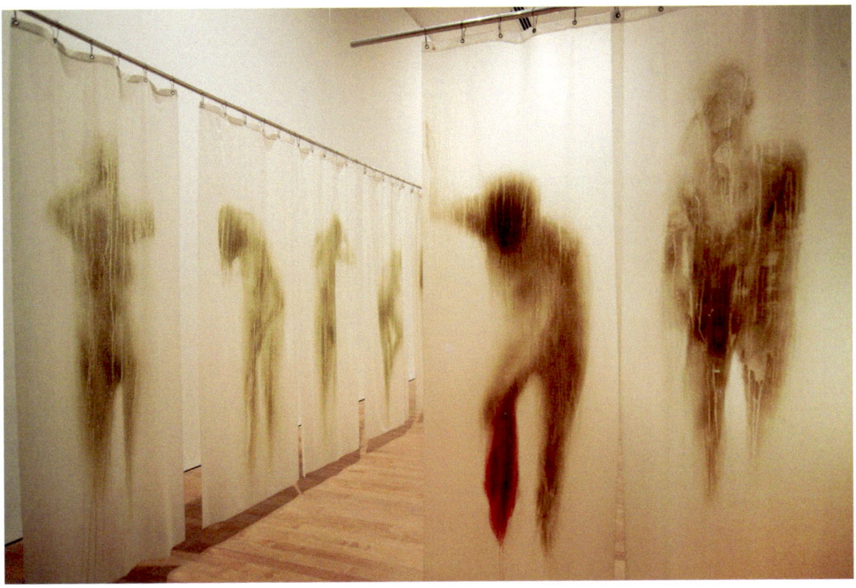

SHAO YINONG & MU CHEN

China, *1961 & *1970

ZUSAMMENARBEIT VON KÜNSTLERN, DIE SICH MIT DEM LEBEN UND DER GESCHICHTE CHINAS BESCHÄFTIGEN

Gemeinsam fotografieren Shao Yinong und Mu Chen (Ehemann und Ehefrau) soziale Räume in China. Die Bilder zeigen Säle, die auf die Kulturrevolution der 1960er-Jahre zurückgehen. Obwohl die Menschen auf den Fotografien buchstäblich abwesend sind, scheinen die Orte immer noch bewohnt zu sein, auf den Fotografien durch zeitgenössische Objekte oder winzige Spuren ihrer aktuellen Nutzung zum Leben erweckt. Die Menschen sind metaphorisch präsent. Während diese Orte von den Ereignissen, für die sie entworfen wurden, verfolgt zu werden scheinen, strahlen die Fotografien gleichzeitig eine schöne Leere aus. Beide legen großen Wert auf die Farben und Stoffe des Raums, damit werden die Details für den Betrachter faszinierend. Die Taktik, die Säle mit einem vollständig frontalen Blickwinkel zu fotografieren, gibt dem Betrachter einen zentralen Platz und fordert ihn so auf, dieses mit der Erinnerung verschmolzene Teleskop der Geschichte zu reflektieren.

Der Wunsch, diese historischen Räume durch Fotografien zu erhalten, ist eine Praxis, deren Werte sich auf unsere Beschäftigung mit der Zeit, der sich verändernden sozialen und kulturellen Landschaft und der Art und Weise beziehen, wie die Fotografie so zentral für unser Verständnis dieser verschiedenen Epochen ist. Wenn ein altes Gebäude durch Fotografie in der Gegenwart konserviert wird, zeigt es dann die Vergangenheit oder die Zukunft? Die Fotografie selbst hat großen Einfluss auf unsere Vorstellung von Zeit, und diese Fotografien holen diesen Aspekt in den Vordergrund.

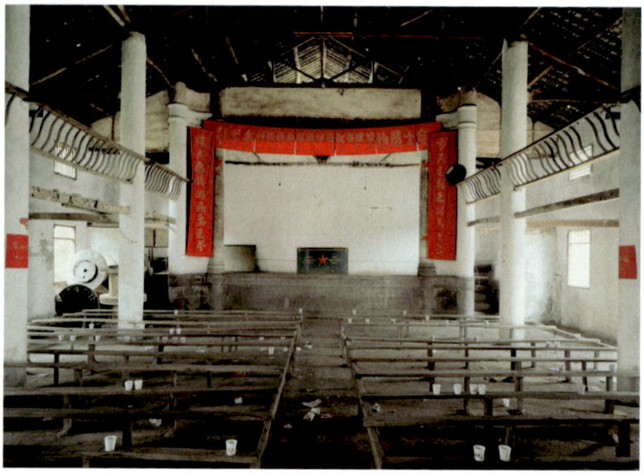

Shao Yinong & Mu Chen
Xianglong, 2004

Zunächst scheint die Szene leer zu sein, doch dann treten allmählich ihre Details in den Vordergrund: das leuchtend rote Tuch, das die Bühne einrahmt, die kleinen weißen Becher, die für die nun abwesenden Personen stehen, und so weiter.

FARAH AL QASIMI

Vereinigte Arabische Emirate, *1991

FOKUS AUF ARABISCHE KULTURELLE SZENARIEN

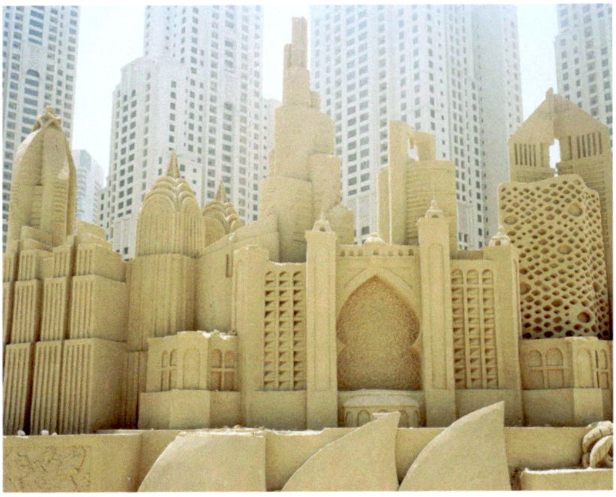

Farah Al Qasimi
Sandcastles, 2014

Der Begriff »Sandburg« wird, zumindest im westlichen Denken, mit dem Bau einer Festung assoziiert, die nicht von Dauer sein wird. Farah Al Qasimi spielt mit ihren Fotografien der neuen sozialen Landschaft in Dubai auf solche Motive an.

Obwohl Farah Al Qasimi in den USA Fotografie studiert hat, integriert sie in ihre Arbeiten die dekorative Ästhetik und Motive arabischer Kulturen. In einigen ihrer Fotografien tauchen Personen auf, die jedoch immer eingeschlossen oder sogar in den Umgebungen, die sie bewohnen, gefangen zu sein scheinen. Das Licht in den Fotografien ist gesättigt, glänzend und reich an Tonalität und verweist auf die Welt der Mode und des Kommerzes, wo Fotografie und Shopping untrennbar miteinander verbunden sind. Al Qasimis Bilder scheinen es zu genießen, die Welt auf diese Weise zu betrachten, in der beim Austausch und Kauf das Bild der Dinge entscheidend für die Identität ist.

Doch etwas anderes spukt in diesen Fotografien. Es liegt ein Hauch von gleichzeitig Unzufriedenheit und Vergnügen in ihnen. Gesten und kleine Dinge wirken trotz ihrer klaren Struktur im Bildraum leicht deplatziert oder rätselhaft. Es ist, als ob Al Qasimis Bilder mit einem ironischen Blick eine Philosophie des gewöhnlichen Lebens abarbeiten, die schiefgelaufen sind, obwohl man noch nicht genau weiß, was das ist. Vielleicht ist es die Atmosphäre der Entwurzelung in der Konsumkultur, die sich hier zeigt, die Entfremdung und Vereinzelung des gesellschaftlichen Lebens, zweifellos verschärft durch die Einkaufskultur, die für manche die Existenz bildet. Wenn die Objekte, Räume und Personen in Al Qasimis Fotografien zum Studieren hochgehalten werden, dann auch, damit der Betrachter sich damit auseinandersetzen kann, was sie bedeuten oder welchen Wert sie für Lebewesen haben.

ZANELE MUHOLI

Südafrika, *1972

AKTIVISTIN UND FOTOGRAFIN MIT SOZIALEM ENGAGEMENT

Zanele Muholi beschreibt ihre Arbeit als visuellen Aktivismus und lehnt auch die heteronormative Personalpronomen-Unterscheidung von »er« und »sie« ab, sich selbst bezeichnet sie als plurales »sie«. Dies ist keine Verweigerung von Identität, sondern die Infragestellung ihrer normativen Meistererzählung und der Nicht-Neutralität von Sprache. Muholis Porträts übertragen dieses Argument auf die visuelle Welt und untersuchen Darstellungen von Ethnizität, Geschlecht und Sexualität, indem sie die Lesben-, Schwulen-, Bisexuellen-, Transgender- und Intersex-Gemeinschaften (LGBTI) im Südafrika nach der Apartheid fotografieren, wo Hassverbrechen und Gewalt oft gegen sie gerichtet sind. Anstatt sich damit abzufinden, behaupten Muholis Porträtserien und Selbstporträts ihre Präsenz – und das ist der visuelle Aktivismus –, um zu zeigen, was es bedeutet, zu ihren eigenen Bedingungen sichtbar zu sein. In diesen Porträts starren die Personen häufig direkt auf den Betrachter zurück, um ihn mit ihrem Blick zu konfrontieren. Diese Absicht, die Begegnung mit dem Betrachter sowohl zu einer Konfrontation als auch zu einer Zusammenarbeit zu machen, wird durch die Ästhetik des Bildes verstärkt. Der auffällige Einsatz von kontrastreichem Schwarz-Weiß-Monochrom und geschärften Tönen verleiht den Fotografien und den darauf gezeigten Menschen mitunter eine fast grafitartige visuelle Qualität. Muholis Arbeiten navigieren auch sehr bewusst durch die komplexe und manchmal verflochtene Geschichte kolonialer und (nicht-kolonialer) afrikanischer Kunst, die einen historisch bedeutsamen und wichtigen Kontext für die zeitgenössische Kultur darstellen.

Zanele Muholi
MaID, Delaware, 2017

Zanele Muholis Porträts sind selbstbewusst konfrontativ und sind sich des sozialen Vertrages bewusst, den ein Porträt als Verhandlung zwischen Dargestelltem, Fotograf und Betrachter darstellt. Muholis Arbeit schwelgt in der tiefen, reichen und dunklen Tonalität des monochromen Bildes als positiver Indikator in der afrikanischen Ästhetik.

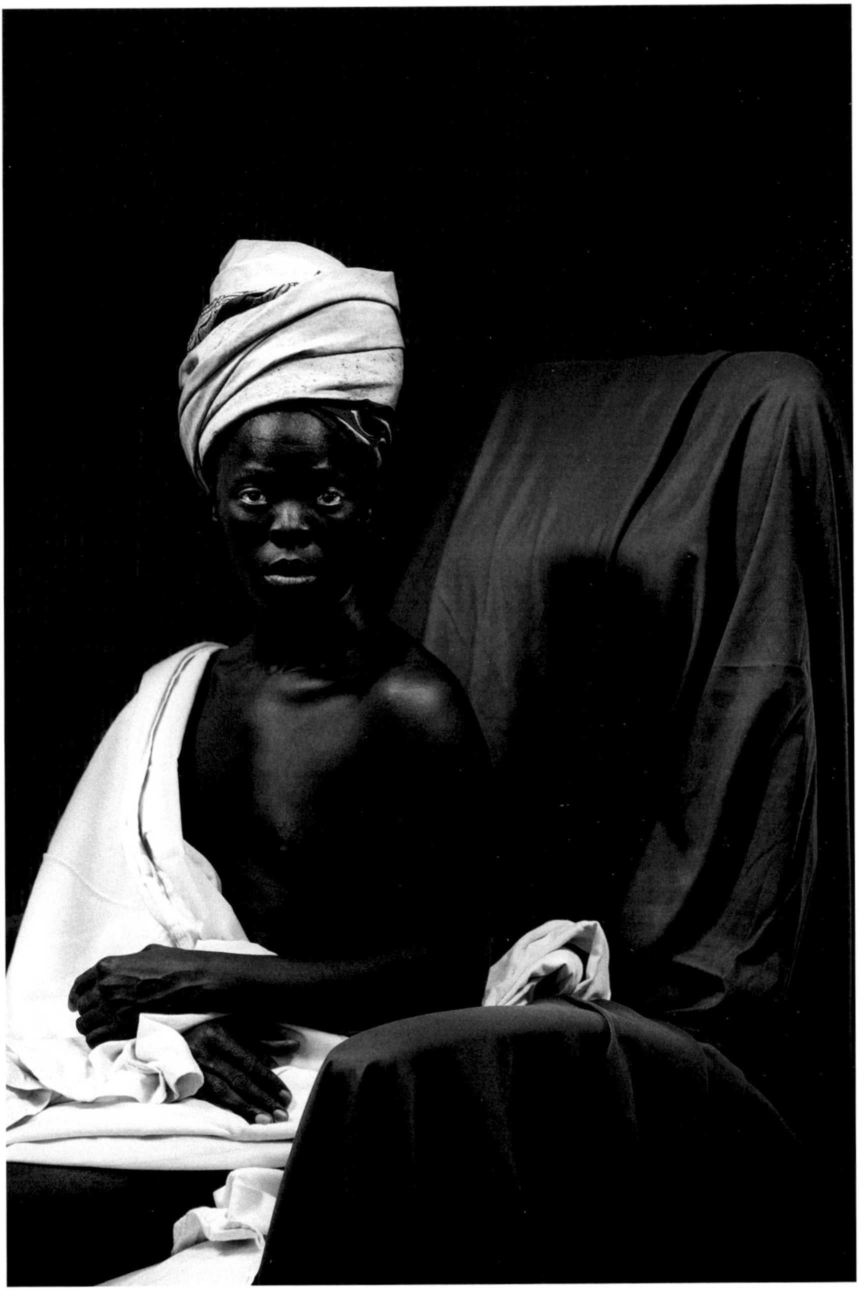

LETHA WILSON
USA, *1976

MIXED-MEDIA-FOTOGRAFIN, BILDHAUERIN UND RAUMKÜNSTLERIN

Wie die Arbeiten vieler jüngerer zeitgenössischer Künstler ist auch die Arbeit von Letha Wilson »transmedial«, das heißt, sie entsteht durch den Übergang von einem Medium zu einem anderen. Ihre Arbeiten verwenden sowohl fotografische als auch bildhauerische Praktiken, und doch sind sie weder das eine noch das andere, weder eine traditionelle Fotografie noch eine Skulptur. Obwohl in der Geschichte der modernen Kunst schon früher verschiedene Formen miteinander kombiniert wurden, werden in der heutigen Kunstpraxis die alten binären Unterscheidungen zwischen ihnen verweigert, verändert und hybridisiert.

Wilsons Arbeiten ordnen Bedeutungen neu an, indem sie fotografische Bilder mit verschiedenen Materien und Materialien zusammenmischen. Stahlplatten, Holz, Bretter, Beton und Metalle werden in Dialog gesetzt oder mit Fotos von Wüsten, Dschungeln, Felsen und Naturmaterialien verschmolzen. Diese dynamischen Assemblagen bilden neue Formen und stellen fast die Frage: Was kann eine Fotografie sein oder wo hört eine Skulptur auf? Was definiert die Möglichkeiten oder Grenzen dieser Beziehungen?

Wilsons Arbeiten intervenieren auch in Ideen über die Materialität der Umgebung. Indem sie Bilder und Objekte von verschiedenen Orten nebeneinander stellt, führen ihre Werke Elemente zusammen, die zu unterschiedlichen Orten und kulturellen Kontexten gehören. Als Foto-skulpturale Strukturen ermöglichen es Wilsons Werke, darüber nachzudenken, inwieweit viele unserer tatsächlichen Umgebungen nun auch von solch heterogener Materie aus verschiedenen Teilen durchdrungen sind und sich fotografische Bilder von Materialien in unserem Ökosystem mit diesen anderen Materialien vermischen. Wilsons Kunstwerke, ob wir sie nun als Foto, Skulptur oder Installation bezeichnen, fordern uns auf, uns auf die Dynamik zwischen diesen Objektbildern aus unterschiedlichen Materialien als neue elementare Konfigurationen unserer Welt einzulassen.

Letha Wilson
Headlands Beach Steel Pipe Bend, 2018
(Installationsansicht)

Das Landschaftsbild wird in Wilsons Werk skulptural, paradoxerweise oft mit industriellen Materialien geschaffen. Die Bild-Objekt-Arbeit verändert unsere Wahrnehmung von Landschaft, so wie die menschliche Kultur Landschaft und Natur im Laufe der Zeit verändert hat.

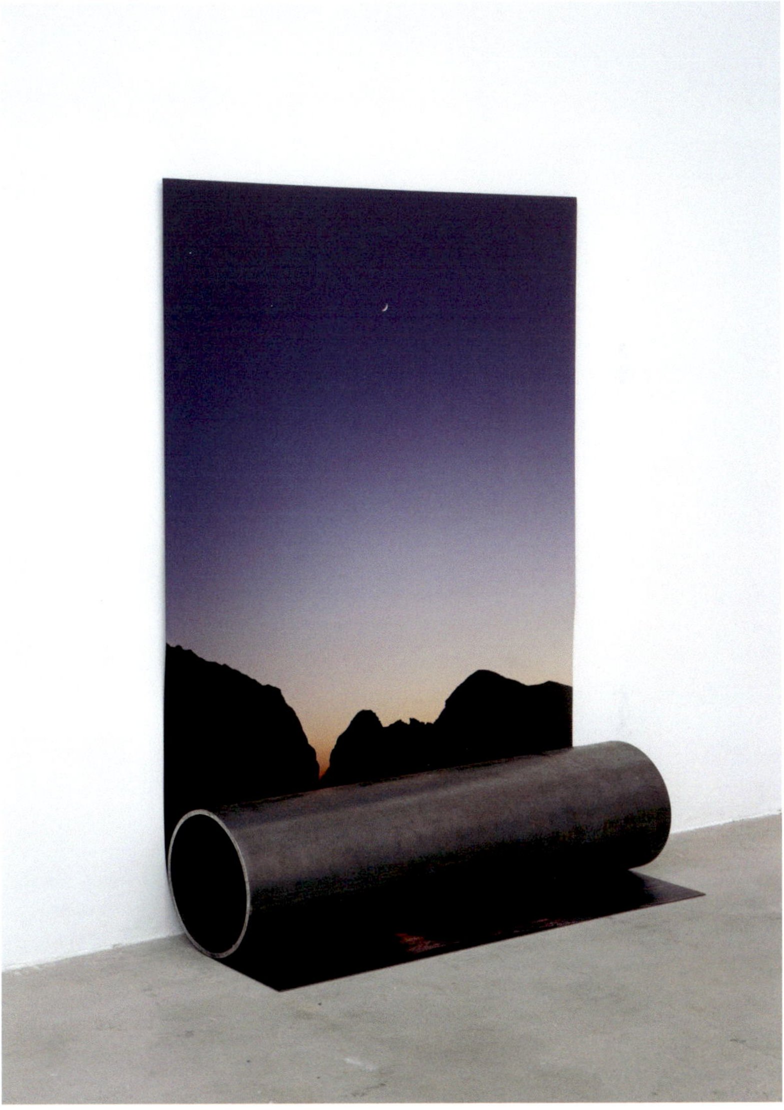

ANDREAS GURSKY

Deutschland, *1955

FOTOGRAF GROSSFORMATIGER, ZEITGENÖSSISCHER KULTURRÄUME

Andreas Gurskys fotografisches Werk dürfte zu den berühmtesten der Welt gehören, nicht nur wegen des Rekordverkaufspreises einer seiner Fotografien (das Werk *Rhein II* wurde im November 2011 bei einer Christie's-Auktion in New York für 4.338.500 US-Dollar verkauft), sondern auch wegen der schier epischen Ausmaße seiner vielen fotografischen Arbeiten in öffentlichen Museen und Ausstellungen. Obwohl Gurskys Bilder mit großen klassischen Gemälden konkurrieren, sind ihre Themen und Techniken zeitgenössisch. In seinen digital konstruierten Fotografien setzt sich Gursky zunehmend mit den Werten der globalen Kultur und ihrer Ökonomien auseinander, deren Erscheinungsbild sonst oft verborgen bleibt. Die Verwendung von »High-Tech«-Fotografie, um die Globalisierung zu thematisieren, ist wichtig, da die Fotografie selbst sowohl ein visuelles Mittel der Globalisierung als auch deren Produkt ist.

Großformatige Bilder erfordern mehrere Betrachtungsabstände in der Galerie, damit die Betrachter nah herantreten können, um winzige Details im Fokus zu sehen, und dann zurückgehen und das Ganze als Gesamtkomposition erfassen können. Für solche Bilder muss man eine großformatige Digitalkamera verwenden. Gursky fotografiert typischerweise Ausschnitte einer Szene und fügt sie dann digital nahtlos zusammen. Das digitale Konstruieren der Bilder erlaubt es Gursky, bestimmte Qualitäten und Aspekte der Szene zu betonen.

Andreas Gursky
Amazon, 2018

Für dieses Bild fotografierte Gursky mehrere verschiedene Aufnahmen in einem Lager der Firma Amazon in Phoenix, Arizona, und montierte die Dateien in der Nachbearbeitung digital, um die überwältigende Menge an Materialien, die gekauft und verkauft werden, zu betonen. Die Bücher und einzelnen Artikel sind zu erkennen, wenn der Betrachter das Galeriebild in voller Größe genau anschaut.

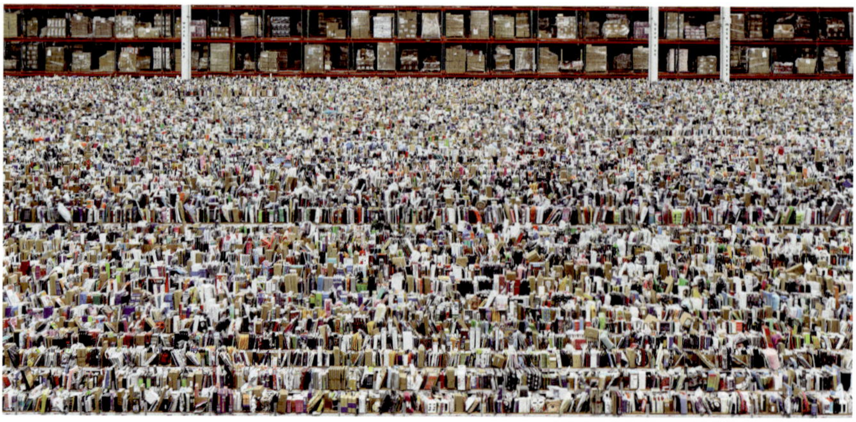

DAYANITA SINGH

Indien, *1961

FOTOGRAFIN, BERÜHMT FÜR IHRE BÜCHER UND AUSSTELLUNGEN ÜBER DEN RAUM

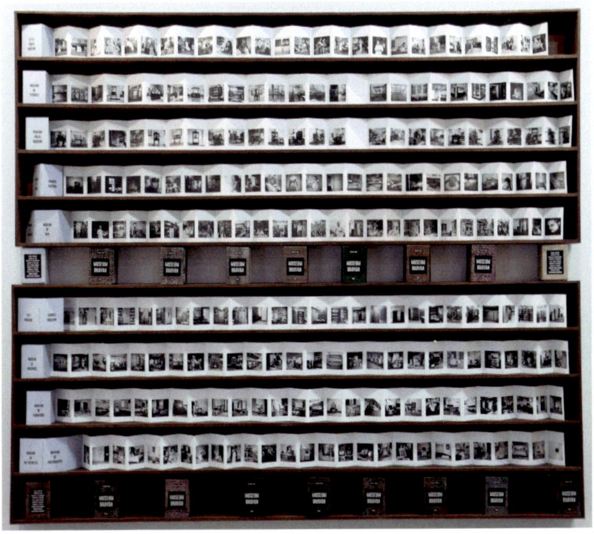

Dayanita Singh
Museum Bhavan, 2017

Mit dieser Arbeit schuf Singh eine zeitgenössische Version der »Ausstellung im Koffer« (Marcel Duchamps Boîte-en-valise), ein tragbares fotografisches Werk, das über einen riesigen Kontinent reisen kann, auch an Orte, an denen es keine nennenswerte Infrastruktur für Fotografie und Galerien gibt.

Dayanita Singh erforscht unsere Beziehung zum fotografischen Bild durch innovative Bucharbeiten und verschiedene Arten von fotografischen Displays und der Verbreitung von Fotografie. Ihre Arbeiten reflektieren nicht nur das Sujet ihrer Fotografien, den monochromen Raum und die Architektur, sondern auch die Art und Weise, wie wir solchen Bildern einen Sinn geben. Die Installationen von Singhs Arbeit ermöglichen es, ihren Fotografien eine offene Konfiguration zu geben, wie ein Rubik's Cube. Diese variablen Formen werfen das statische und träge Format von linearen Fotografien an einer Wand über den Haufen. Die in ihren Bildern fotografierten Räume sind anonym; uns wird keine Beschriftung gegeben, die ihre Bedeutung enthält. Wir müssen selbst denken. Diese Arbeiten widersetzen sich den einfachen Bedeutungen, die traditionelle Kombinationen von Bild und Bildunterschrift mit der Gewissheit eines Namens oder Ortes oft bieten. Sie »dekonstruieren« diese Tradition, indem sie uns zeigen, welche Rolle die Sprache dabei spielt, und ersetzen sie durch diese eleganten architektonischen Konfigurationen fotografischer Bedeutungen, mit denen wir jedoch selbst herausfinden müssen, was wir damit anfangen sollen.

RINEKE DIJKSTRA

Niederlande, *1959

PORTRÄTIERT MENSCHEN IN VERÄNDERUNG

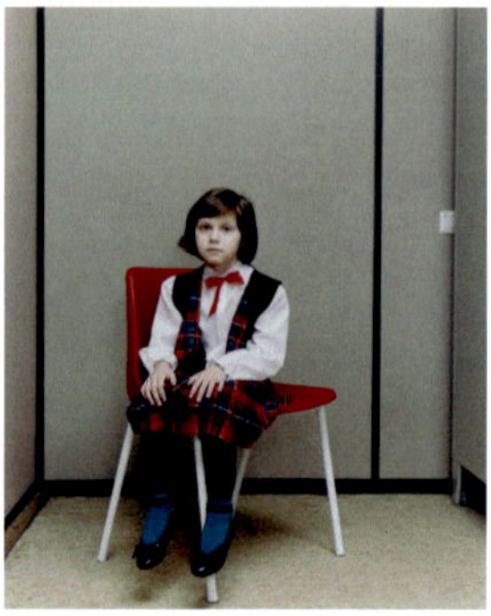
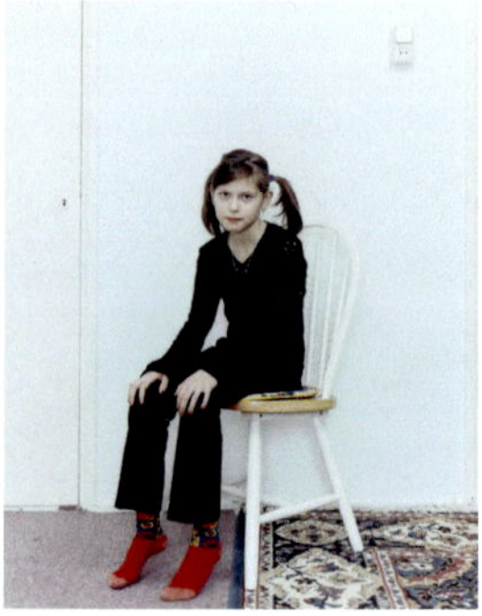
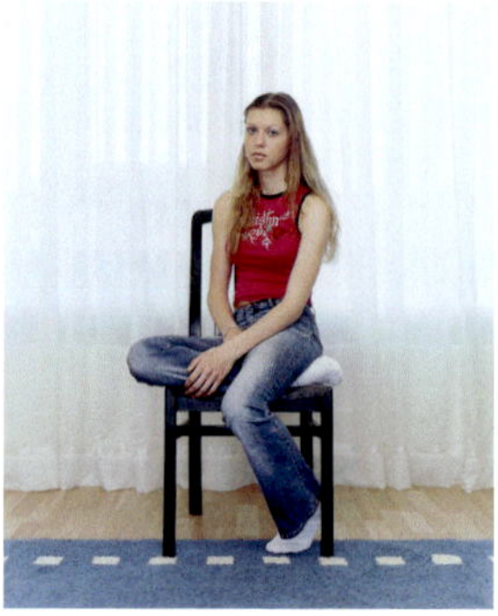

Rineke Dijkstras Porträtserien konzentrieren sich auf Menschen, die durch ein soziales Merkmal wie ihren Beruf, ihr Alter oder ihren Wohnort definiert sind (frischgebackene Mütter, Stierkämpfer, Teenager, Strände), die aber alle auch in einem bestimmten Übergangsmoment fotografiert werden. Ihre bekannte Serie von 1992 bis 2002 mit am Strand stehenden Kindern und Jugendlichen ist eine unverwechselbare kulturelle Studie der Adoleszenz an der Schwelle zur Weiblichkeit. Ihre Arbeit wird manchmal mit der niederländischen Tradition der Porträtmalerei verglichen und sie zeigt ein ausgeprägtes Interesse am Konzept der Zeit. Entwickelt aus der Konzeptkunst, wirken ihre Fotografien einfach, sind aber durchaus reich an Beschreibungskunst, die den Betrachter behutsam das Beschriebene selbst herausarbeiten lässt. Dijkstra wurde 2017 mit dem Hasselblad Award für Fotografie ausgezeichnet.

Rineke Dijkstra
»Almerisa«

»Almerisa« ist eine Serie von Porträts ein und derselben Person, die über mehrere Jahre hinweg aufgenommen wurden. Die Dargestellte ist Almerisa, eine junge Geflüchtete aus Bosnien. Dijkstra traf sie in einem Flüchtlingszentrum in Leiden, Niederlande, wo sie den Auftrag hatte, Fotos zu machen.

SAMEER TAWDE

Indien, *1978

INNOVATIVER BEOBACHTUNGSFOTOGRAF, SCHAFFT EINE VERTRÄUMTE ALLTAGSDOKUMENTATION

Sameer Tawde
No. 8 in der Serie »Daydreaming«, 2019

Eine Masse von Vögeln schart sich um die Stromleitungen und den Laternenpfahl, als ob sie vor den monumentalen Wohnhochhäusern fliehen würden, die im fernen Hintergrund noch im Bau sind. In dem Maße, wie die Prozesse der Modernisierung voranschreiten, werden die Fragen, wohin wir gehen oder wie wir leben, zu den gewöhnlichen Fragen, die im heutigen Leben oft unausgesprochen bleiben.

Die Fotografien von Sameer Tawde bewegen sich auf einem schmalen Grat zwischen dokumentarischen, traumhaften und skulpturalen Impulsen. Die Stand- und Videokamera wird als Mittel zur Erforschung dieser sich überschneidenden Arbeitsweisen eingesetzt. Mithilfe von Leuchtkraft verwandeln die Bilder scheinbar alltägliche Szenen oder Landschaftsräume in filigrane visuell-skulpturale Formen. Die Fotografien stellen träumerische Fragen über inkongruente Momente und multiple Komponenten des Lebens: Warum sehen diese Dinge in diesem Bild so aus? Tawdes Vision spricht die oft unausgesprochenen Fragen über diese Transformationen an und greift in sie ein, durch skulpturale Formen und visuelle Bewegungen. Es gibt in seinen Bildern einen Sinn für Mobilität und Fluss als etwas Neues und Frisches.

Da die Gesellschaften immer mehr mit Bildern überhäuft werden, kann die Rolle des Kunstfotografen darin bestehen, auf Möglichkeiten hinzuweisen, diese Ideen in poetischen oder ästhetischen Formen zu sehen, auf die neuen und anderen Beziehungen zwischen den Dingen im sozialen und psychischen Leben hinzuweisen, während sie sich kaleidoskopartig zu den Wendungen der Geschichte bewegen.

Die Visualität der Welt auf neue Weise zu gestalten, wie es Tawde hier tut, ist nicht nur eine Übung in poetischer Träumerei; es ist genau die Art und Weise, wie ästhetische Politik das bestehende Verständnis stört und neue Verständnisse und Herangehensweisen an die Visualität unserer heutigen Zeit entwickelt.

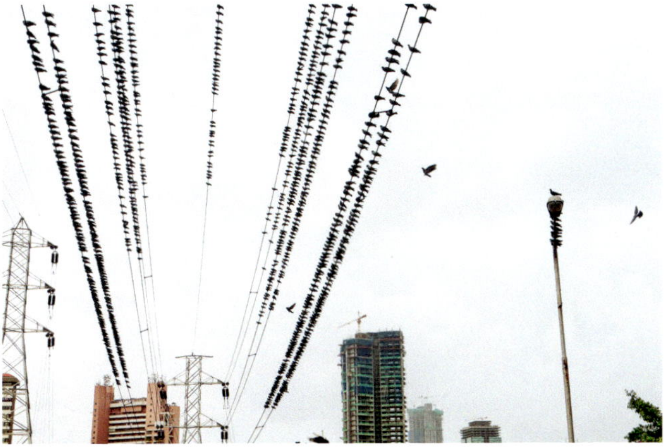

GLOSSAR

Albumindruck: die Verwendung von Eiklar zur Verbesserung von Druckverfahren. Erfunden in den späten 1840er-Jahren von dem Franzosen Louis Désiré Blanquart-Evrard (1802–72), war es ein beliebtes Verfahren, das ein klareres Bild lieferte und bis in die 1890er-Jahre verwendet wurde.

Autochrom: ein transparentes, farbiges Bild auf Glas, das man betrachtet, indem man es gegen das Licht hält oder es mit Durchlicht auf eine Wand oder Leinwand projiziert. Das Verfahren war von 1904 bis etwa 1940 populär. Die Gebrüder Lumière stellten diese Bilder her, und sie können als bedeutsam für die Erfindung des Kinos und die Projektion von transparenten bewegten Bildern auf eine Leinwand angesehen werden.

Avantgarde: ein von der militärischen »Vorhut« inspirierter Begriff, der gewöhnlich mit Bewegungen des 19. und 20. Jahrhunderts in Verbindung gebracht wird, die mit der Tradition brachen, wie Kubismus, Surrealismus, Futurismus und Konstruktivismus. Solche Bewegungen waren oft den Ideen des sozialen Wandels sowie einer radikalen Ästhetik verpflichtet. Die Avantgarde wird in der Regel von der Moderne unterschieden, bei der die Künstler in erster Linie die Kunst in ihren eigenen formalen Begriffen voranzubringen suchten und weniger eine soziale Veränderung oder Revolution. Das alte Motto »Kunst ins Leben!« war ein gemeinsames Thema für die Avantgarde-Kunst und -Fotografie, im Gegensatz zu dem Kunst-um-der-Kunst-selbst-Willen der Moderne.

Belichtung: die Menge des Lichts, die auf die lichtempfindliche Fläche in einer Kamera fällt. Dies wird durch das Verhältnis zwischen der Objektivblende (der Lichtmenge, die in die Kamera gelassen wird) und der Verschlusszeit (der Zeit der Belichtung) gesteuert. Es kann wie folgt ausgedrückt werden: Blende + Verschluss = Belichtung.

Bild: eine visuelle oder psychologische Darstellung von etwas, unabhängig davon, ob es real oder imaginär ist. Ein Bild kann visuell als Bild (Zeichnung, Gemälde, Fotografie, Film, Daten usw.) oder verbal in Sprache, mit Klang, Geruch oder anderen Sinnen dargestellt werden.

Camera lucida: eine Erfindung aus dem 19. Jahrhundert, die das Zeichnen erleichtern sollte. Das visuelle Prismengerät ermöglicht es dem Benutzer, das Motiv vor sich zu betrachten, während er die gleiche Szene als kleineres Bild auf dem Papier sieht. William Henry Fox Talbot benutzte ein solches Gerät und seine Frustration darüber führte zu seinem Drang, »die Natur direkter zu kopieren«: die Fotografie.

Camera obscura: der Vorgänger der Kamera, bei der das durch ein kleines Loch in eine dunkle Kammer übertragene Licht in geraden Linien ein umgekehrtes Bild an der gegenüberliegenden Wand erzeugte. Tragbare Camerae obscurae wurden für den Gebrauch durch Künstler und Wissenschaftler erfunden, um die Natur außerhalb der Kamera zu »kopieren«.

Collage: Teile verschiedener Fotografien und anderer Gegenstände werden zusammengeklebt, um ein neues Bild zu erzeugen. Das neue Bild erbt die vielfältigen Bedeutungen seiner Ausgangsbilder, kombiniert sie dann aber zu vielfältigen neuen Bedeutungen. Der Begriff und seine Praxis sind mit künstlerischen Bewegungen wie dem Kubismus, dem Konstruktivismus, dem Surrealismus und dem Vortizismus verbunden und später mit Vertretern, die Ideen einer mehrdimensionalen Realität propagieren. Der Begriff wird oft mit Montage oder Fotomontage in Verbindung gebracht.

Cyanotypie: Verfahren zur Herstellung von Abzügen, bei dem die Bildquelle (z. B. ein Objekt, ein Negativ oder ein Präparat) direkt auf das lichtempfindliche (mit Eisensalzen beschichtete) Abzugspapier gelegt, direkt belichtet und anschließend verarbeitet wird. Der charakteristische blaue Farbstich erscheint dort, wo das Licht die Papieroberfläche oxidiert hat. Erfunden von Sir John Herschel im Jahr 1842 wurde eine Variante des Verfahrens von Architekten verwendet, um Blaupausenzeichnungen von Gebäuden anzufertigen.

Daguerreotypie: frühes Verfahren zur Herstellung fotografischer Bilder, benannt nach seinem Erfinder Louis Daguerre. Eine Beschichtung von Silberjodid auf Kupfer wurde lichtempfindlich gemacht und konnte zur Fixierung eines Bildes nach der Entwicklung in Chemikalien verwendet werden. Die Daguerreotypie ist extrem scharf und hat eine erstaunliche Klarheit. Der Hauptnachteil war, dass sie weniger leicht zu reproduzieren oder zu kopieren war als die von Fox Talbot erfundene Kalotypie oder Talbotypie.

Dokument: Substantiv, das allgemein mit der Idee der Fotografie als Tatsache verbunden ist, die zuerst im Konzept der Fotografie als Beweismittel im 19. Jahrhundert postuliert wurde und dann, anders, als neue Vision in den 1920er- und 1930er-Jahren und als »New Documents« in den 1960er-Jahren. Der Begriff des Dokuments wird als eine Neupositionierung des Verhältnisses der Fotografie zum Realismus herangezogen.

Dokumentation: von progressiven sozialen Bewegungen geprägter Begriff, der sich auf spezifische Projekte bezieht, die darauf abzielen, eine Aufzeichnung sozialer Gruppen und ihrer Aktivitäten oder der sich daraus ergebenden sozialen Fragen und Bedingungen zu erstellen. Sozialdokumentarische Bewegungen setzten die Fotografie auf unterschiedliche Weise ein, neben Essays, Tagebüchern, Interviews, Tonaufnahmen.

Film: ein lichtempfindlicher Streifen aus Kunststoff oder anderem Material mit chemischer Emulsion, der verarbeitet werden muss, bevor ein manifestes Bild sichtbar wird. Film gehört damit zu dem, was heute allgemein als »analoges Zeitalter« der Fotografie bezeichnet wird.

Fotografie: der Prozess der Erzeugung visueller Bilder durch den Empfang von Licht auf einer Oberfläche, unabhängig davon, ob die Rezeptoren analog oder digital gebildet werden.

Fotogramm: ein Bild, das von Objekten gemacht wird, ohne eine Kamera zu benutzen, normalerweise indem sie direkt auf Fotopapier platziert werden und die Objekte und das Papier belichtet werden, wobei ihre Spuren zurückbleiben, sobald das Papier chemisch verarbeitet wird. Heute werden solche Praktiken oft allgemeiner als »kameralose« Fotografie bezeichnet.

Fotomontage: eine Technik, bei der ein Bild in irgendeiner Weise verändert wird, Farbe hinzugefügt wird oder zwei oder mehr Negative zu einem Abzug zusammengefügt werden. Ursprünglich, im 19. Jahrhundert, wurde die Technik eingesetzt, um technische Probleme oder Fehler des fotografischen Prozesses zu überwinden, und zielte darauf ab, ein naturalistisches Ergebnis zu erzielen. Im frühen 20. Jahrhundert wurde die Fotomontage mit kritischen Avantgarde-Praktiken wie visuellen Assemblagen in Verbindung gebracht und als »anti-realistische« Technik verwendet. Die Addition oder Subtraktion von Elementen einer Fotografie zeigt, dass ihre Bedeutung konstruiert, manipuliert und organisiert wurde, wodurch eine fertige Kritik am fotografischen Naturalismus entsteht.

Impressionismus: Kunstbewegung des späten 19. Jahrhunderts, die die Idee des subjektiven Sehens in den Vordergrund stellt und die, basierend auf der Malerei, darauf abzielt, die Bewegung des modernen Lebens darzustellen.

Kalotypie/Talbotypie: Verfahren zur Herstellung eines Negativbildes, von dem mehrere Abzüge gemacht werden konnten. Ursprünglich von William Henry Fox Talbot erfunden, wurde die Kalotypie danach schnell von anderen weiterentwickelt und durch stark verbesserte Versionen des Verfahrens ersetzt. Zelluloid-Rollfilm ermöglichte die Massenproduktion von Negativ/Positiv-Fotografien.

Kamera: ein lichtdichter Kasten mit einer Lochblende oder Linse, die den Lichteinfall in den Kasten steuert. Das Licht erzeugt ein Bild dessen, was sich außerhalb des Kastens befindet, auf der Innenfläche, die der Blende oder Linse gegenüberliegt. Das Bild erscheint auf dem Kopf stehend, wie im menschlichen Auge, und wird durch die Verwendung von Spiegeln invertiert (während es beim Menschen vom Gehirn invertiert wird).

Kamerablick: bezieht sich nicht nur auf die monokulare Sicht der Kamera als technisches Gerät, sondern auch auf die angeblich objektive Sichtweise der Maschine. Walter Benjamins Idee des »optischen Unbewussten« der Kamera aus den 1930er-Jahren bringt diese Vorstellung von fotografischem Realismus auf den Punkt, die suggeriert, dass die Kamera Dinge sehen kann und daher weniger subjektiv und unparteiischer ist als das menschliche Sehen.

Konzeptkunst: eine in den 1960er- und 1970er-Jahren entstandene Bewegung, die die vorherrschende formalistische Ästhetik und die Ziele eines »schönen« Bildes, von denen der Kunstmarkt lebte, ablehnte. Sie begann stattdessen mit kritischen Konzepten, die Sprache, Bilder und das Ziel von Kunstobjekten thematisieren, indem sie beeinflussten, was ein Publikum sieht und versteht. Konzeptkunst wird als »anti-ästhetisch« angesehen.

Kontaktabzug: Abzug direkt vom Negativ auf Papier (bzw. Glas, Film).

Moderne: eine Bewegung, die die ständige Entwicklung von Techniken und Praxis betonte, was unweigerlich zu Verbesserungen und Fortschritt in der Kunst führen würde. Die Thematik der Bilder wurde oft vom Diskurs der Bewegung getrennt, sodass der Formalismus (»Kunst um der Kunst willen«) zu ihrer dominanten Erzählung wurde. Die Moderne wird oft als mit der Postmoderne zu Ende gegangen angesehen, ist aber als Bestandteil der zeitgenössischen Kunst und ihrer pluralistischen Werte zurückgekehrt.

Narrativ: das Erzählen einer Geschichte. Ein einzelnes Bild kann eine Erzählung »auslösen«, wenn wir bereits mit der Geschichte vertraut sind. Die Historienmalerei, die Darstellung eines historischen Ereignisses als einzelner signifikanter Moment, wird von der Fotografie als »entscheidender Moment« einer Situation übernommen.

Naturalismus: die (widersprüchliche) Doktrin, dass Bilder die Welt zeigen sollten, »wie sie ist«. Die Idee geht davon aus, dass ein Bild gemacht werden kann, ohne dass visuelle Codes den Prozess vermitteln (oder sich einmischen).

Negativ/Positiv: bei der chemischen Fotoentwicklung ist ein Negativ ein Bild, bei dem die hellen und dunklen Töne umgekehrt sind. Beim Negativ muss eine Kopie oder ein Abzug gemacht werden, um die Töne umzukehren. Fox Talbot erfand das Verfahren, obwohl es Sir John Herschel war, der die Begriffe Negativ und Positiv prägte (er war auch der Erste, der den Begriff »Fotografie« vorschlug), um das Verfahren zu beschreiben.

Neue Objektivität: die europäische Aufregung des frühen zwanzigsten Jahrhunderts über das Potenzial der Fotografie, eine neue »Kamera-vision« zu schaffen, die besser als das menschliche Sehen war. Wenn die Fotografie ein Dokument ist, präsentiert sie Informationen, die das menschliche Sehen möglicherweise nicht bemerkt oder beabsichtigt hat.

Objektiv: der wichtigste Aspekt einer Kamera, um den »Charakter« des erzeugten Bildes zu bestimmen. Das Objektiv steuert die Größe der Blende, die sich darauf auswirkt, wie viel Licht in die Kamera gelangt, die Schärfentiefe und den Bildwinkel.

Piktorialismus: eine internationale Bewegung von Fotografen, die nach Kunst strebten, sich auf materielle Prozesse und Werte der Kunst beriefen und diese in die Fotografie integrierten. Verschiedene Techniken wie Zeichnung, Kohle und Radierung sowie kompositorische Ideen aus der Malerei (insbesondere aus dem Impressionismus) wurden neben neuen Techniken wie dem Gummidruck adaptiert und zu den neuen ästhetischen Werten der piktorialistischen Fotografie entwickelt. Diese neuen Werte und Verfahren beinhalteten oft eine beträchtliche »Nachbearbeitung« der eigentlichen Abzüge, zum Beispiel die Verwendung von Kohle oder das Zeichnen von Bereichen eines Abzugs, die dann erneut fotografiert wurden, um ihre Wirkung in das endgültige Bild zu integrieren.

Postmoderne: in der Regel negativ als Ablehnung der Moderne definiert, aber sinnvoller gesehen als ein Moment des Umsturzes traditioneller Hierarchien. Die Vermischung verschiedener, manchmal gegensätzlicher, kultureller Werte war plötzlich akzeptabel, aufregend oder sogar radikal. Die Kunstfotografie entdeckte auf schockierende Weise ihr anderes mediales Selbst wieder: Farbige Familienschnappschüsse, Werbeaufnahmen, Standbilder aus dem Trivialkino und der Populärkultur drängten aus den Köpfen der Künstler an die Galeriewände.

Realismus: Doktrin, die behauptet, dass die Erscheinung der Welt durch ihre Beschreibung sichtbar gemacht werden kann. Realismus sollte nicht mit »Realität« verwechselt werden, als der Name, den wir dem geben, was wir wissen oder glauben, dass es existiert. Fotografie wird oft als inhärent »realistisch« angesehen, was bedeutet, dass man annimmt, dass Fotografien die »Realität« zeigen.

Raster: Fotos haben kontinuierliche Farben, aber das Rasterverfahren wandelt diese in Tonblöcke um. Die feinen Punkte sind nur aus der Nähe oder unter Vergrößerung sichtbar. Heute sind Rasterverfahren durch elektronische Verarbeitung und Digitaldrucker weitgehend verdrängt worden.

Subjektive Fotografie: eine Idee der Nachkriegszeit der 1950er-Jahre, dass die »menschliche Sicht« tatsächlich besser sei als die sogenannte »objektive« Kameraperspektive. In der Nachkriegszeit wurde die Anerkennung der Bedeutung zwischenmenschlicher Subjektivität für die soziale Bedeutung zentraler, als ein Weg, das Versagen der »objektiven« Kriegspolitik zu korrigieren. Die Idee war mit der Essener Schule für Fotografie in Deutschland verbunden, wo Otto Steinert lehrte.

Surrealismus: wurde in den 1920er- und 1930er-Jahren in Frankreich als radikale literarische und künstlerische Bewegung initiiert und erlangte schnell großen Einfluss in vielen verschiedenen Teilen der Welt und mit Auswirkungen auf eine Vielzahl von Praktiken in den kreativen Künsten. Wie der gesamte Surrealismus versuchte auch die surrealistische Fotografie, die Widersprüche von psychischer Realität und sozialer Wirklichkeit hervorzuheben und sogar aufzulösen, indem sie diese in Bildern, durch Träume, Objekte und vielfältige andere ästhetische Formen zusammenbrachte.

Zeitgenössische Kunst und Fotografie: Konzept, das in den 1990er-Jahren aufkam und anerkennt, dass Kunst nicht mehr singulär und »modern« ist, sondern eklektisch, global und plural. Zeitgenössische Kunst setzt sich mit Ideen, Werten und Praktiken aus der ganzen Welt auseinander, verwendet alte und traditionelle Praktiken auf neue Weise, oft im Widerspruch zu ihren ursprünglichen Ideen, indem sie sie mit ihren Gegensätzen mischt oder ihre ursprünglichen Werte in neue hybride Formen auflöst.

LITERATUREMPFEHLUNGEN

Roland Barthes, *Die helle Kammer*, Bibliothek Suhrkamp, 2009

David Bate, *Photography: The Key Concepts*, Abingdon: Routledge, 2019

John Berger, *Understanding a Photograph*, London: Penguin, 2013

Victor Burgin, *The Remembered Film*, London: Reaktion, 2004

Ekow Eshun, *Africa State of Mind: Contemporary Photography Reimagines A Continent*, London: Thames & Hudson, 2020

Susie Linfield, *The Cruel Radiance: Photography and Political Violence*, Chicago: University of Chicago Press, 2012

Peter Szendy, Emmanuel Alloa und Marta Ponsa (eds), *The Supermarket of Images*, Paris: Editions Gallimard, 2020

Joel Meyerowitz und Colin Westerbeck, *Bystander: A History of Street Photography*, London: Laurence King, 2017

Susan Sontag, *Über Fotografie*, Carl Hanser Verlag, 2002

Lucy Soutter, *Why Art Photography?*, Abingdon: Routledge, 2018

Alan Trachtenberg (ed.), *Classic Essays on Photography*, Sedgwick: Leete's Island, 1980

Liz Wells, *Photography A Critical Introduction*, Abingdon: Routledge, 2015

INDEX

Haupteinträge **fett**
Illustrationen *kursiv*

BILDNACHWEISE

o=oben, **u**=unten, **l**=links, **r**=rechts

2 Mit. freundl. Gen. des Künstlers. © Sameer Tawde **8** Metropolitan Museum of Art, New York. Schenkung von Hans P. Kraus Jr., 1988 **12** Harry Ransom Center, University of Texas **15** New York Public Library, Spencer Collection **16** Metropolitan Museum of Art, New York. Schenkung von Hans P. Kraus Jr., 1988 **19** National Portrait Gallery, Smithsonian Institution, Washington, D.C., Gekauft und gestiftet von Betty Adler Schermer in Erinnerung an ihren Urgroßvater, August M. Bondi` 20-1 Aus der Sammlung von The Public Library of Cincinnati and Hamilton County **22** National Portrait Gallery, London. The History Collection/Alamy`Stock Photo **23** Metropolitan Museum of Art, New York. Gekauft und gestiftet von Jennifer und Jose Duke and Lila Acheson Wallace, 2000 **24** Scottish National Portrait Gallery, Edinburgh **25** Library of Congress Prints and Photographs Division, Washington, D.C.` **26** Princeton University Art Museum **27** Museo Universidad de Navarra, Inv. Nr. 000863 **29, 31** Metropolitan Museum of Art, New York. Gilman Collection, Gekauft und gestiftet von Robert Rosenkranz, 2005 **32** Heidelberg Universitätsbibliothek **37** Art Institute Chicago, Alfred Stieglitz Collection, 1949.850 **38** Minneapolis Institute of Art, Schenkung von Julia Marshall **39** Minneapolis Institute of Art, The William Hood Dunwoody Fund, Accession Number 64.34.7.8 **40** Museum of Modern Art, New York **41** National Gallery of Australia. Erworben 1982, 82.1215 **42** Library of Congress Prints and Photographs Division, Washington, D.C., Schenkung von Mina Turner, Käsebiers Enkelin, 1964 **43** The Preus Museum, Horten **48** Getty Research Institute, Los Angeles **49** © Estate of Ilse Bing **50** Smithsonian American Art Museum, Washington, D.C. **52** San Francisco Museum of Modern Art. © Rodchenko & Stepanova Archive, DACS, RAO 2021 **53** Foto Victoria and Albert Museum, London **54l** Museum of Modern Art, New York **54r** Getty Research Institute, Los Angeles **55** © Estate Germaine Krull, Museum Folkwang, Essen **56** © DACS 2021 **57** Tate, London **59** © Die Photographische Sammlung/ SK Stiftung Kultur - August Sander Archiv, Köln/DACS 2021 **60** Foto RMN-Grand Palais/Michèle Bellot. © Estate Brassaï/RMN-Grand Palais **63** Foto Trustees of the British Museum, London **64** Metropolitan Museum of Modern Art, New York/Art Resource/Scala, Florence. © TheNew YorkEstate of Edward Steichen/ARS, NY and DACS, London 2021 **66** © Marianne Breslauer/Fotostiftung Schweiz **67** © André Kertész **69** Tate, London **70** Museum Boijmans Van Beuningen, Rotterdam. © ADAGP, Paris and DACS, London 2021 **71** San Francisco Museum of Modern Art. © ADAGP, Paris and DACS, London 2021 **72** Library of Congress Prints and Photographs Division, Washington, D.C. **73** © Man Ray 2015 Trust/DACS, London 2021 **74** National Museum of the U.S. Air Force, Dayton **79** The Bancroft Library, Berkeley, University of California **80** © Henri Cartier-Bresson/Magnum Photos **81** © Lee Miller Archives **82** New York **83** © Tsuneko Sasamoto/Japan Professional Photographers Society **84** © Estate Otto Steinert, Museum Folkwang, Essen **85** © 1952, 1980 Ruth Orkin **86** Foto Carl Mydans/The LIFE Picture Collection via Getty Images **89** © 2021 Imogen Cunningham Trust. Alle Rechte vorbehalten **90** Mit freundl. Gen. Eggleston Artistic Trust and David Zwirner. © Eggleston Artistic Trust **94** © Andrea Frank Foundation, from The Americans **95** Mit freundl. Gen. Eggleston Artistic Trust and David Zwirner. © Eggleston Artistic Trust **97** © The Estate of Diane Arbus **98** Mit freundl. Gen. Fraenkel Gallery, San Francisco and Luhring Augustine, New York. © Lee Friedlander **99** © Nobuyoshi Araki **100 l und r** © Mike Mandel/Mit freundl. Gen. Robert Mann Gallery. © Larry Sultan/Mit freundl. Gen. von Estate of Larry Sultan and Casemore Kirkeby, San Francisco **102** Mit freundl. Gen. von Matthew Marks Gallery. © The Estate of Luigi Ghirri **103** Mit freundl. Gen. Nan Goldin and Marian Goodman Gallery, New York. © Nan Goldin **105** © Paul Hill **106** Arts Council Collection, Southbank Centre, London. © The Jo Spence Memorial Archive **107** Mit freundl. Gen. Richard Saltoun Gallery, London. © Victor Burgin **108** © Ishiuchi Miyako **109** © Estate of Francesca Woodman/Charles Woodman/Artists Rights Society (ARS), New York/DACS, London 2021 **114** Mit freundl. Gen. des Künstlers und Gagosian. © Ed Ruscha **115** Foto Shunk-Kender. © 2021 John Baldessari **116** Mit freundl. Gen. Sprüth Magers. © Keith Arnatt Estate. Alle Rechte vorbehalten. DACS/Artimage 2021 **117** © ADAGP, Paris and DACS, London 2021 **119** Mit freundl. Gen. des Künstlers und Marian Goodman Gallery. © ADAGP, Paris und DACS, London **120** Museum of Contemporary Art, Chicago. Foto: Nathan Keay. M. freundl. Gen. des Künstlers und Hauser & Wirth. © Lorna Simpson **121** Mit freundl. Gen. Maureen Paley, London/Hove, Tanya Bonakdar Gallery, New York/Los Angeles umd Regen Projects, Los Angeles. © Gillian Wearing **122** Mit freundl. Gen. des Künstlers und Metro Pictures, New York **127** Mit freundl. Gen. von © The Estate of Jack Goldstein **128** M. freundl. Gen. d. Künstlers und David Zwirner. © Sherrie Levine **129** Künstler und Glenstone Museum, Potomac, Maryland **131** Mit freundl. Gen. des Künstlers und Metro Pictures, New York **132** © Andrés Serrano **133a, 133b** Mit freundl. Gen. des Künstlers und Salon 94, New York. © Laurie Simmons **134** © Alec Soth/Magnum Images **139** Mit freundl. Gen. des Künstlers **141** ©Gabriele Basilico/ Archivio Gabriele Basilico **143** © Adam Fuss **144** Mit freundl. Gen. Hiroshi Sugimoto and Marian Goodman Gallery, New York. © Hiroshi Sugimoto **146** Mit freundl. Gen. Maureen Paley, London/Hove. © Wolfgang Tillmans **149** © Alec Soth/Magnum Images **151** o Mit freundl. Gen. des Künstlers und Jack Shainman Gallery, New York. © Carrie Mae Weems **151** u Mit freundl. Gen. des Künstlers **152** © 2021 Berni Searle **153** © Valérie Belin P154 © Rinko Kawauchi **155** Mit freundl. Gen. Banco de la República, Bogotá, Colombia and Sicardi Ayers Bacino, Houston, TX. © Oscar Muñoz **156** Mit freundl. Gen. des Künstlers und 10 Chancery Lane Gallery, Hong Kong **157** © Farah Al Qasimi **159** Mit freundl. Gen. Stevenson, Amsterdam/CaTown/Johannesburg und Yancey Richardson, New York. © Zanele Muholi **161** Mit freundl. Gen. des Künstlers und GRIMM Gallery **162** © Andreas Gursky/Courtesy Sprüth Magers Berlin London/DACS 2021 **163** Mit freundl. Gen. des Künstlers und Frith Street Gallery, London. © Dayanita Singh **164** Mit freundl. Gen. Rineke Dijkstra and Marian Goodman Gallery, New York. © Rineke Dijkstra **165** Mit freundl. Gen. des Künstlers. © Sameer Tawde

ART ESSENTIALS

www.artessentials.de
www.midascollection.com

IMPRESSUM

ISBN 978-3-03876-209-6

Herausgeber: Gregory C. Zäch
Übersetzung: Claudia Koch, Kathrin Lichtenberg
Korrektorat: Petra Heubach-Erdmann
Layout: Ulrich Borstelmann

Midas Verlag AG
Dunantstrasse 3
CH 8044 Zürich

www.midas.ch

Englische Originalausgabe:
Photography © 2021
Thames & Hudson Ltd, London
Text © David Bate
Design by April

Die deutsche Nationalbibliothek verzeichnet diese Publikation in der Deutschen Nationalbibliografie; detaillierte bibliografische Daten sind im Internet abrufbar unter: http://www.dnb.de

QUELLENANGABEN

Cover, vorn: Gillian Wearing, *Self Portrait at 17 Years Old*, 2003. 115,5 x 92 cm. © Gillian Wearing. Mit freundl. Gen. Maureen Paley, London/Hove, Tanya Bonakdar Gallery, New York/Los Angeles und Regen Projects, Los Angeles

Titelseite: Sameer Tawde, *No. 7* in der Serie »Daydreaming«, 2019. © Sameer Tawde

Kapiteleinstiege: Seite 8 William Henry Fox Talbot, *Büste von Patroclus*, 9. August 1843 (Detail von Seite 16); **Seite 32** Anne W. Brigman, *The Dying Cedar* (von *Camera Work*), 1909; **Seite 44** Eugène Atget, *Staircase*, 1927 (Detail von Seite 48); **Seite 74** Jerry J. Joswick/US Air Force, »US Air Force Bomber fliegen über Ploiești, Rumänien, nach einem Angriff am 1. August 1943; **Seite 90** William Eggleston, *Untitled*, ca. 1969–1971 (Detail von Seite 95); **Seite 110** Gillian Wearing, *Signs that Say What You Want Them to Say and Not Signs that Say What Someone Else Wants You To Say*, 1992–93; **Seite 122** Cindy Sherman, *Untitled Film Still #13* (Detail), 1978; **Seite 134** Alec Soth, *Sleeping by the Mississippi*, 2003